高等教育政策与管理研究丛书

主编：陈学飞　副主编：李春萍

三　编
第 **3** 册

德国博士研究生教育的结构化改革研究

秦　琳　著

花木兰文化事业有限公司

国家图书馆出版品预行编目资料

德国博士研究生教育的结构化改革研究／秦琳 著 -- 初版 --
花木兰文化事业有限公司，2019〔民108〕
目 4+242 面；19×26 公分
（高等教育政策与管理研究丛书　三编　第 3 册）
ISBN 978-986-485-826-2（精装）
1. 高等教育　2. 教育改革　3. 德国
526.08 108011551

ISBN-978-986-485-826-2

高等教育政策与管理研究丛书
三编　第三册　　　　ISBN：978-986-485-826-2

德国博士研究生教育的结构化改革研究

作　　者 秦　琳
主　　编 陈学飞
副 主 编 李春萍
总 编 辑 杜洁祥
副总编辑 杨嘉乐
编　　辑 许郁翎、王筑、张雅淋　美术编辑 陈逸婷
出　　版 花木兰文化事业有限公司
发 行 人 高小娟
联络地址 台湾 235 新北市中和区中安街七二号十三楼
　　　　　电话：02-2923-1455／传真：02-2923-1452
网　　址 http://www.huamulan.tw 信箱 hml810518@gmail.com
印　　刷 普罗文化出版广告事业
初　　版 2019 年 9 月
全书字数 221908 字
定　　价 三编 6 册（精装）台币 12,000 元　　　版权所有 请勿翻印

德国博士研究生教育的结构化改革研究

秦琳 著

作者简介

秦琳，毕业于北京大学，获文学学士（2004）和教育学博士（2012）学位，2008-2011 年作为联合培养博士生在柏林洪堡大学从事访问研究工作，现为中国教育科学研究院国际与比较教育研究所助理研究员。主要研究方向为高等教育和比较教育，长期关注研究生教育、德国教育、国际教育政策、教育国际化等议题，以第一作者出版专著《德国基础教育》，曾在《北京大学教育评论》《比较教育研究》《学位与研究生教育》等核心期刊发表论文十余篇。

提　　要

本书从知识生产转型理论出发，关注 20 世纪 80 年代以来德国博士研究生教育的改革。这一改革的核心是将传统上高度依赖教席制度、以自由研究为主、缺少系统组织和制度性规约的"师徒制"博士生培养模式，变为以人才培养为核心任务、有系统组织和完备制度约束的"结构化"模式。这一改革通过建立"研究训练小组"等结构化培养项目首先在局部展开，逐渐发展到提出整体的结构化目标并建立各类研究生院作为博士生教育的组织架构。在这个过程中，德国博士生教育从培养学科守门人的一元化目标，逐渐转变为强调跨学科和综合能力、追求科学卓越的同时兼顾效率、责任与就业的多元化目标。而新的结构化教育模式，可以看作是对知识生产全球化、情境化、社会化和市场化等趋势的回应。

德国博士生教育的改革路径受到其高等教育文化传统、组织基础及制度环境的制约。针对经济学、生命科学和文学－文化研究三个学科博士生教育改革的案例研究则表明，知识生产转型在不同领域中的影响并不均衡，因而各学科博士生教育改革的动因、路径以及新模式的特征也各不相同。这其中，学科知识的国际化程度、高级科研训练的核心内容以及学术交往和科研组织模式是影响学科博士生教育改革实践的关键因素。

序 言

　　这是一套比较特殊的丛书，主要选择在高等教育领域年轻作者的著作。这不仅是因为青年是我们的未来，也是因为未来的大师可能会从他们之中生成。丛书的主题所以确定为高等教育政策与管理，是因为政策与管理对高等教育的正向或负向发展具有重要、甚至是决定性的意义。公共政策是执政党、政府系统有目的的产出，是对教育领域社会价值的权威性分配。中国不仅是高等教育大国，更是独特的教育政策大国和强国，执政党和政府年复一年，持续不断的以条列、规章、通知、意见、讲话、决议等等形式来规范高等院校的行为。高等教育管理很大程度上则是政治系统产出政策的执行。包括宏观的管理系统，如党的教育工作委员会及各级政府的教育行政部门；微观管理系统，如高等学校内部的各党政管理机构及其作为。

　　这些政策和管理行为，不仅影响到公众对高等教育的权利和选择，影响到教师、学生的表现和前途，以及学科、学校的发展变化，从长远来看，还关乎国家和民族的兴盛或衰败。

　　尽管高等教育政策和管理现象自从有了大学即已产生，但将其作为对象的学术研究却到 19 世纪和 20 世纪中叶才在美国率先出现。中国的现代大学产生于 19 世纪后半叶，但对高等教育政策和管理的研究迟至 20 世纪 80 年代才发端。虽然近些年学术研究已有不少进展，但研究队伍还狭小分散，应然性研究、解释性研究较多，真实的高等教育政策和管理状况的研究偏少，理论也大多搬用国外的著述。恰如美国学者柯伯斯在回顾美国教育政策研究的状况时所言：“问题是与政策相关的基础研究太少。最为主要的是对教育政策进行更多的基础研究……如果不深化我们对政策过程的认识，提高和改进教育效果是无捷径可走的。仅仅对政策过程的认识程度不深这一弱点，就使我们远远缺乏那种可以对新政策一些变化做出英明预见的能力，缺乏那种自信地对某个建议付诸实施将会有何种成果做出预料的能力，缺乏对政策过程进行及时调整修正的能力”。（斯图亚特.S.纳格尔.政策研究百科全书，北京：科学技术文献出版社，1990:458）这里所言的基础研究，主要是指对于高等教育政策和管理实然状态的研究，探究其发生、发展、变化的过程、结果、原因、机理等等。

编辑本丛书的一个期望就是，凡是入选的著作，都能够在探索高等教育政策和管理的事实真相方面有新的发现，在探究方法方面较为严格规范，在理论分析和建构方面在前人的基础上有所创新。尽管这些著作大都聚焦于政策和管理过程中的某个问题，研究的结果可能只具有“局部”的、“片面”的深刻性，但只要方向正确，持续努力，总可以“积跬步以至千里,积小流以成江海”，逐步建构、丰富本领域的科学理论，为认识、理解、改善政策和管理过程提供有价值的视角和工具，成为相关领域学者、政策制定者、教育管理人员的良师和益友。

主编 陈学飞

目

次

表格索引

图示索引

第一章　绪　论

第一节　问题提出

在世界高等教育史上，1810 年柏林大学的建立是一个重要里程碑。以威廉·冯·洪堡（Wilhelm von Humboldt）为代表的德意志教育改革家将科研引入大学，基于"为科学而科学"、"科研与教学相统一"以及"学术自由"的原则建立起一种全新的大学模式，开创了现代意义上的研究型大学。科研训练成为大学教育的首要任务，学生在进入大学之后都被认为应当在教师的指导下进行科学研究；同时，这些原则又通过组织上的创新如研讨课、研究所以及实验室等得以制度化，因而形成了现代意义上的"研究生教育"[1]。柏林大学颁发的博士学位也被赋予了新的意义，它不再单纯是一项毕业文凭或者"授课执照"，而成为学术能力和科研能力的资质证明。随着 19 世纪后半期德国大学模式的广泛传播，这种新的人才培养模式和学位制度在世界范围内产生了重要影响，比如伯顿·克拉克等人通过比较研究提出，当代美、英、法、日等国不同组织形式的研究生教育都是以洪堡原则确立的"科研-教学-学习的统一体"为核心建立起来的。[2]

1　研究生教育是一个基于中国语境的概念，是按学历教育的不同层次和目标进行定义、包括硕士研究生教育和博士研究生教育在内的大学教育的高级层次。在本书此处所指的德国的历史语境中尚没有研究生教育这一概念，而是说柏林大学所确立的科研训练模式代表了今天研究生教育的基本特征。伯顿·克拉克将这种科研训练描述为现代大学的"高级教育"（Advanced Education）。参考：Burton R. Clark. Places of Inquiry: Research and Advanced Education in Modern Universities. Berkeley·Los Angeles·London: University of California Press, 1995.

2　Burton R. Clark. Places of Inquiry: Research and Advanced Education in Modern Universities. Berkeley·Los Angeles·London: University of California Press, 1995: 1-2.

在德国，博士研究生的培养长期以来遵循 19 世纪确立的基本模式。德国大学学术工作的组织以教席为基本单位，教席教授以绝对的权威独立负责教席之下包括科研、教学、人事、管理在内的一切事务。博士研究生在德国大学中并不算是一个独立的群体，他们当中的很多人以研究助手的身份跟随教席教授从事教学科研工作，博士论文的研究和撰写则被视为教学科研工作之外附带进行的活动，而非独立的学业过程。长期以来，德国大学没有统一的博士招生考试或选拔方案，往往由教授自行选拔优秀的青年学生攻读博士学位；也没有专门的培养方案，教授对于博士研究生的指导是非正式的，是融合于日常的学术工作之中的。这是一种基于个体独立研究的科研训练模式，没有系统的组织和复杂的制度性规约，高度依赖于教授对研究生非正式的个体指导，因而这种模式常被描述为"师徒制"[3]。在今天各国不同的博士生培养组织形式中，都可以看到这种师徒制模式的印记，由导师对于研究生进行科研指导，是当代博士生教育的一个核心特征。

长期以来，德国高校的科研水平及其博士学位都有很高的国际认可度。在 1820 年到 1920 年的一百年间，美国大约有 9000 名学生学者留学德国，其中很多人获得了博士学位，回国后致力于在美国大学实现专门化的科学研究，对美国现代研究型大学的建立影响深远。[4]二战后，联邦德国的科研体系得以迅速复建，成为欧洲和世界重要的科研中心。德国有 100 余所研究型大学和 300 多所参与应用型研究的高等专科学校，另外还有一个科研人员数量与高校相当的庞大的科研机构体系，其中拥有 80 个研究所的马克斯-普朗克学会在世界非大学科研机构排名中常年位列首位[5]。在 1999 到 2009 的十年间，德国学术机构发表的科研论文总数居世界第三，仅次于美国和日本。从论文被引次数来看，德国则排在美国之后位居世界第二。[6]2000 年以来，德国每年授予大约 25000 个博士学位，培养规模仅次于美国和中国，其中大约 15%的学位获

---

3 用"师徒制"（德语：Meister-Schüler-Modell，英语：Master-apprenticeship）来对德国博士生培养的传统模式进行描述见诸于多种研究文献，如 Kerstin Janson, Harald Schomburg, Ulrich Teichler (2008) Wege zur Professur: Qualifizierung und Beschäftigung an Hochschulen in Deutschland und den USA. Munster: Waxmann:60.

4 Hermann Roehrs.The classical German concept of the university and its influnce on higher education in the United States.Frankfurt/M: peter Lang, 1995:36-37.

5 参考英国《泰晤士报》高等教育副刊对世界非大学科研机构的排名。

6 Wissenschaftsrat. Emphelung zu Empfehlungen zur deutschen Wissenschaftspolitik im Europäischen Forschungsraum. Drs. 9866-10.Berlin: Wissenschaftsrat, 2010:14.

得者是外国人，而在蜚声国际的马克斯-普朗克研究所中从事科研的外国博士研究生则占到50%之多。

　　然而，从上世纪80年代开始，在德国国内，传统的博士生培养模式开始受到关注和批评。培养年限过长、过度专业化、导师对博士生指导不足等是博士生教育受到质疑的主要问题。从80年代中期开始，德国大学逐步开始对博士研究生的培养模式进行改革。这一改革进程以建立"研究训练小组"（Graduiertenkollegs）作为专门的博士生培养项目为开端，逐渐发展到建立不同类型的研究生院（Graduiertenschulen），以系统的组织化、制度化和跨学科的形式进行博士生培养，逐渐形成了一种培养理念、培养程序、培养内容、评价标准等与传统模式不同的新的培养模式——结构化模式（Strukturierte Promotion），而这整个发展过程则被称为"博士生培养的结构化"（Strukturierung der Doktorandenausbildung）。

　　从世界范围来看，德国的博士生教育改革并非个案。20世纪80年代末90年代初以来，在美、英、澳大利亚等很多国家，博士生教育在高等教育和科研政策讨论中受到持续关注，博士生培养的现状在很多国家受到质疑。被广泛批评的问题包括博士学业的修业年限过长、学生流失率高、科研训练过于狭隘、与就业市场脱节、论文质量不高、缺乏教学技能等等。[7]在美国、英国、澳大利亚、中国等国家，针对博士生教育的大规模的质量评估兴起，各种改革议程也随之启动，[8]学者们呼吁对博士生教育进行"重新思考"、"重新规划"和"重新塑造"。[9]在深受德国传统影响的欧洲，通过博洛尼亚进程（Bologna Process）第三层次的议题[10]和欧洲大学联合会（European University Association，简称EUA）等政策对话平台，博士生教育的结构化被纳入了统一的改革议程。博士生教育研究的国际网络也逐渐形成，学者们认为，在世界范围内，博士生教育面临压力和挑战，博士生教育的目标、程序和和评价

7　Barbara .E. Lovitts & Cary Nelson. The Hidden Crisis in Graduate Education: Attrition from PhD. Programs. Academe, 2000: 86(6): 44-50.

8　陈洪捷等. 博士质量：概念、评价与趋势. 北京：北京大学出版社，2010:5-7。

9　Jahn Armstrong. Rethinking the Ph.D. Issues in Scinece and Technology.1994: v10, no.4: 19-22.

10　博洛尼亚进程通过柏林会议（2002）、伯尔根会议（2005）和伦敦会议（2007），提出了第三层次——博士生教育的改革计划。参考：The European Higher Education Area-Achieving the Goals: Communiqué of European Ministers Responsible for Higher Education, Bergen,19-20 May 2005, 4.

都面临改革。[11]同时，在学术界之外，博士生教育也越来越多地受到来自政府、企业等各方面的广泛关注，其重要性被提高到国家科技创新和国际竞争力提升的战略层面进行讨论。

作为最早确立现代博士生教育、为世界树立典范的国家，德国对于理解博士生教育发展的历史脉络、分析博士生教育的普遍性问题而言是一个不可或缺的参考对象。特别是在世界各国博士生教育面临普遍的挑战和改革诉求的背景下，分析德国博士生培养的模式改革，对认识今天博士生教育经历的根本性变革有重要的意义。另一方面，德国也是当今世界经济发达、科研水平和创新能力最强的国家之一，在全球化竞争日趋激烈、科学技术和科研人才成为核心竞争力的今天，德国大学对其科研人才训练模式进行调整和改革的经验值得我们借鉴和参考。

所以本书将对德国博士生教育在过去三十年中经历的结构化改革进行研究。本书核心的研究问题是，**作为现代博士生教育的先行者，德国在很长的历史时间内都以其科学研究和博士生培养的高质量闻名。但是近三十年来，德国博士生教育为何面临挑战，为何开始改变其传统，建立新的博士生培养模式？这一变革背后有怎样的推动因素？**

具体而言，本书首先将对德国博士生培养模式改革的基本过程进行研究，分析这一改革是怎样发生和推进的，对改革的现状进行判断和描述。在这种宏观分析中，还将着重对传统模式与新模式的差别进行对比，归纳两种模式的基本特征。其次，博士研究生的培养是基于学科的专业知识和专业化的研究能力的学术活动，在系统层面的宏观培养模式和培养制度之下，其具体的培养目标、训练方式、考核评价与学科知识密切相关。因而本研究也希望探讨，在德国的博士生培养模式改革中，不同学科博士生培养模式的改革路径有什么不同，新的结构化培养模式的具体特征是否存在差异？学科的知识特征和科研方式对博士生培养模式及其改革有怎样的影响？在这些分析的基础上，本研究最后将归纳推动德国博士生教育改革的根本动因以及改革的核心目标，并讨论德国的改革实践对于认识博士生教育的整体发展趋势有怎样的参考意义。

---

11 Maresi Nerad & Mimi Heggelund eds. Toward a global PhD? Forces and forms in doctoral education worldwide. Seattle :University of Washington Press,2008:3-7.

第二节 研究视角

20 世纪后半期开始，科学知识的结构与科研活动的方式发生了若干重大的变化，知识社会学、高等教育、公共政策研究等不同领域的研究者对这些变化进行了分析和归纳，提出了知识生产模式转型的概念。本研究认为，从现代博士生教育的核心本质——科研训练出发，可以看到科学知识生产与博士研究生培养之间的密切关系。因而本研究从知识生产模式转型的视角出发，探讨德国博士生培养模式的改革问题，分析改革的动因、路径和根本特征。

一、研究视角的择取

人类社会的科学知识在过去半个多世纪中经历了爆炸性的增长，知识在社会中的重要性日益提升，出现了"知识社会"和"知识经济"的概念，并成为对当今世界社会形态和经济特征的基本描述。在这个过程之中，很多研究者观察到，科学研究、或者说科学知识的生产方式发生了一些重大变化。比如，科学研究不再仅仅是大学或科研院所这些"学术机构"所专有的活动，一些新的组织单位如企业研发实验室、咨询公司、智库组织等都越来越多地参与研究性的活动；产学研的结合越来越紧密，研究型大学纷纷开始兴建产学研基地和科技创业园区，基础研究与应用研究之间的界限变得模糊；在传统的学科结构之外，交叉学科和跨学科研究受到越来越高的重视，跨学科研究中心成为今天研究型大学中重要的科研组织单位；一些过去在企业和生产性部门中关注的问题，如质量、绩效、投入-产出等，成为今天评价科研活动的重要维度或指标；跨国的科研合作成为常态，科研人员的国际流动频繁，全球性的科研网络支脉延伸到世界的各个角落。不少学者对这些现象进行了分析和概括，认为这些现象之间存在某种一致性的关联，说明知识生产和科研活动正在经历重大的变迁，因而提出了"知识生产模式的转型"的观点。

本书将从知识生产模式转型的视角出发，研究和分析德国博士生教育的改革问题。事实上，结合德国整个高等教育系统和教育政策、科研政策的变迁，可以看到德国博士生教育改革牵涉的若干条相互交织的线索脉络，不管是从高等教育教育系统改革的层面，还是从欧洲教育一体化的政策层面，亦或是从全球化的视角出发，都可以对德国博士生教育改革问题展开讨论。本研究之所以选择知识生产模式转型的视角，则是从博士生教育的核心本质出发的。

在 19 世纪初的德国大学改革中，科学研究被确立为大学的核心任务，现代意义上的博士生教育正是基于这一核心任务确立的，科研训练成为博士生培养的本质特征。在今天各国的研究型大学中，不管博士生培养的具体组织形式有怎样的差别，通常博士生都被要求参与科研实践，独立完成一项原创性研究并以此作为学业考核和学位授予的依据。因而博士生培养是一项高度专业化的学术活动，博士生直接参与到本学科、本领域的知识生产和科研创新之中，科学知识的内在结构与科研活动的具体方式与博士生培养的目标、程序、评价方式有着不可分割的密切关系。当科学知识的内在结构以及科研活动的组织方式发生变化，博士生培养的目标、内容、程序和评价方式也必然随之调整。特别是在德国，博士研究生长期以来都是德国大学和科研机构科研工作的主要力量，对德国的科研工作、知识生产和研究创新而言都有着非常重要的意义。因而本研究认为，从知识生产模式转型的视角出发来研究德国的博士生教育改革问题，有助于揭示博士生教育发展变化的内在逻辑和根本动因。

二、知识生产模式转型的理论溯源

从 20 世纪 60 年代开始，西方不少学者观察到，科学研究的模式正在发生转变。学者们用不同的概念和理论对他们所观察到的现象进行了分析，这些分析各有侧重，但都指出了当代科研模式正在经历的若干重大变迁，支持了"知识生产模式转型"的观点。

1962 年，美国物理学家、科学史家普莱斯（D.J. Price）在一系列的演讲中提出了"大科学"（Big Science）的概念，用以描述二战之后出现的一种新的模式。大科学的主要特征是：依赖于政府主导的巨额资金投入，由来自不同学科的众多科研人员围绕宏大的科研目标进行长期的合作研究，这种科研合作经常是跨国的，依赖昂贵大型实验设备和大型实验室。物理、天文、航空航天领域的很多科研项目如国际空间站计划、大型强子对撞机计划等就是典型的大科学项目。而生命科学领域由多个国家科学家参与的人类基因组计划也属于大科学的一类。[12]这与二战之前的"小科学"有很大的不同。

---

12 Derek J. de Solla Price. Little Science, Big Science, New York: Columbia University Press ,1963.

1973 年，德国社会学家伯梅（G. Böhme）、戴勒（W. van den Daele）和克罗恩（W. Krohn）提出了"科学的终结"（Die Finalisierung der Wissenschaft）的概念。他们认为，当代科学理论的发展越来越以经济、社会和政治等"外部目标"为方针，而不是按照学科知识内在的逻辑寻求科研的方向，这种转变并不同于通常所说的将科学理论研究的成果应用于实践，而是由于当代科学内部自我规制的衰落而发生的根本的范式转变。因而他们把这种转变称为"科学的终结"，并认为当代科研有必要将科学研究的理论目标与社会标准更多地结合起来。[13]这是当代有关科学转型的最早的讨论之一。

1985 年，瑞典哥德堡大学教授埃尔津加（A. Elzinga）提出了"认知漂移"（Epistemic Drift）的概念来描述科研评价模式的转变。他认为，在政治和商业压力下，科学研究的质量评价正从基于学科的传统的声誉控制系统逐渐转变为向外部政治和商业控制开放的新系统。外部标准特别是官僚主义不仅仅影响到研究问题的选择，还影响到对于研究成果的评价标准。[14]

公共政策研究领域的学者们也观察到了当代科研模式的新特征。1988 年，美国学者萨尔特（L. Salter）在其著作《委托科学：标准制定中的科学与科学家》中提出了"委托科学"（Mandated Science）的概念来描述一种围绕政策目标进行的科研活动，这种科研既包括那些由政策制定方（主要是政府）直接委派的研究，也包括那些普通的科研成果被应用或部分应用于政策制定的情形。她的核心观点是，委托科学与传统的科学（Conventional Science）之间存在很大差异，在委托科研中，政策对科研和科学家带来直接或间接的压力，从而对科研过程和科研结果的阐释都会产生某种影响。具体而言，委托科学是一种被"理想化了的"科研模式、有其既不同于纯粹的学术话语也不同于通常的政策话语的特殊语言方式，委托科学中贯彻着法律问题、并且牵涉道德议题。[15]

同样是基于对公共政策决策进行的研究，冯托维茨（S. Funtowicz）和拉沃茨（J. Ravetz）在 90 年代初提出，相对于库恩（T. S. Kuhn）的"规范科学"，

13　Gernot Böhme, Wolfgang von den Daele & Wolfgang Krohn. Die Finalisierung der Wissenschaft. Zeitschrift für Soziologie, 1974(4):128-144.

14　Aant Elzinga .Research, Bureaucracy and the Drift of Epistemic Criteria.Björn Wittrock and Aant Elzinga(eds.). The University Research System.The Public Policies of the Home of Scientist.Stockholm: Almqvist & Wiksell International, 1985: 209.

15　Liora Salter. Mandated Science: Science and Scientists in the Making of Standards. Dordrecht: Kluwer Academic Publishers, 1988.

今天的科学参与决策时，根据"决策风险"和"系统不确性"的程度不同，可以区分出"应用科学"，"咨询科学"和"后规范科学"三种类型的科学。库恩所说的规范科学通常是确定的、价值无涉并且依赖固定范式的科学，而后规范科学则是高度不确定的、富有争议并且牵涉到复杂利益的，比如对于全球变暖、生物技术应用等议题的研究。后规范科学通常要依赖一个外部同行团体的参与，其科研没有固定的范式、知识的判断也是高度不确定并且存在风险的，但是这种科学模式又是当下科研所必须的。[16]

对知识生产模式转型的讨论影响最大的一本著作当属吉本斯（M. Gibbons）等六位学者在 1994 年出版的《知识生产的新模式：当代社会科学与研究的动力学》一书。这是一部由来自英、美、奥、法、巴西等国的科学政策研究、科学社会学、科学史、高等教育研究等多个领域的著名学者合作完成的著作。作者们基于当代科学研究中的若干现象提出，自 20 世纪五六十年代以来，科学研究和知识创新的模式发生了重大的转型，一种新的知识生产模式——模式 II 出现，而 19 世纪以来确立的基于学科知识、由学术人员在专门的学术机构中进行的知识生产则被称为模式 I。两种生产模式的差别主要体现在以下几个方面：

1）模式 II 的知识生产主要是在应用的情境中进行。在模式 I 中，设置和解决问题的情境主要基于学科的认知和操作规范。而模式 II 的知识处理则是在一种应用的情境中进行的。这种应用的情境并不能简单等同于通常所说的应用科学。在模式 I 中，"基础"和"应用"被明确区分开来，而模式 II 中，基础和应用、理论与实践不断交互，知识生产从一开始就受到多种因素和多方利益相关者的影响，是直接基于"问题的解决"而进行的。

2）模式 I 的知识生产是基于学科的，模式 II 则是跨学科或超学科的。模式 II 的知识生产往往基于应用组成临时性的跨学科的研究团队，其理论结构、方法和成果可能难以归属到任何一个现有的学科，并且这种知识生产的框架是动态的、不断发展的，根据研究问题的改变而变化。

3）模式 II 的知识生产在人员和组织上显现出异质性和多样性。模式 I 中知识生产场所和从业者具有高度的同质性，通常都是在大学和专门学术机构

---

16 Silvio Funtowicz, Jerome Ravetz.The Emergence of Post-Normal Science.Rene von Schomberg, ed., Science, Politics, and Morality. Scientific Uncertainty and Decision Making,Dordrecht, Boston, London: Kluwer Academic Publishers,1993.

中由专职学术人员进行；而模式 II 则是异质性的，企业研发部门、智库组织、咨询公司、政府部门等都参与到科研和知识生产的过程中，使知识生产呈现出"社会弥散"的特征，参与知识生产的人员身份多样化，不再仅限于传统上的学术人员。

4）模式 I 的知识生产是自我指涉的，而模式 II 则强调社会问责与反思性。传统上科学是自治的，较多关注于内在的知识性的价值规范而不是研究的后续社会影响；而今天的科技发展越来越多地受到公共的关注，诸如环保、医学伦理、信息交流、生育等问题牵涉到广泛的公共利益，社会问责渗透到知识生产的整个过程，也促使知识生产者进行反思，进而影响到研究本身的结构。

5）模式 I 的知识判定和科研评价主要依据由学科主导的同行评议制度，而模式 II 的质量评价则扩展到一个有众多外部因素参与的综合的、多维度的质量评价体系，知识生产不仅要满足科学意义上的卓越，还要受到资金提供者或项目委托方、"客户"甚至社会公众的监督和评判。[17]

这本书一问世就引起了极大的反响，在科研政策、公共政策、知识社会学和高等教育等领域受到广泛的关注。根据英国学者泰特（M. Tight）对 2000 年北美地区之外的 19 份英文类高等教育研究期刊的统计研究，《知识生产的新模式》一书的被引用次数排名第五。[18]Google 学术搜索也显示，截至 2012 年 6 月，这本书被引近 8300 次。

《知识生产的新模式》出版之后，围绕当代科研模式转型的讨论几乎都以模式 II 的概念为基础展开。比如，1996 年，齐曼（J. Ziman）对模式 II 的理论进行了进一步讨论，他认可吉本斯等人提出的知识生产模式转型的观点，并从制度文化的角度出发，将将新的科研模式称之为"后学院科学"。他以默顿提出的现代科学精神特质的四项制度规范作为对照，逐一分析了模式 II 科研在文化形式上与传统科研的差异。与学院科学的公有性、普遍主义、无私利性和"有组织的怀疑"相对的是，后学院科学是网络性的、地方性和利益关涉的，在知识的判定上，学术同行评议制度更多地让位于受政治、社会经

---

17 [英] 迈克尔·吉本斯等著. 知识生产的新模式——当代社会科学与研究的动力学. 陈洪捷，沈文钦等译. 北京：北京大学出版社，2011:3-8.

18 Tight, M. (2008) Higher education research as tribe, territory and/or community: a co-citation analysis, Higher Education, 55(5): 593–608.

济影响的、多元化的质量评价模式，并且后学院科学的客观性在某种程度上显现出下降的趋势。[19]

另外，高等教育研究领域在过去二三十年中的若干理论创见也印证了知识生产模式的转型。这其中影响较大的当属美国学者埃兹科维茨（H. Etzkowitz）的研究，他从 20 世纪 80 年代开始对大学与企业的关系进行了持续研究，通过一系列的论文和专著，他提出了著名的"三螺旋"结构（Triple Helix）和"创业大学"（Entrepreneurial University）、"创业科学"（Entrepreneurial Science）的概念，这些概念对于高等教育研究影响巨大。他提出的三螺旋结构是一种科研创新的模式，指大学-产业-政府三方在创新过程中密切合作、相互作用，每一方都表现出另外两方的一些能力，但同时也保持自己的原有作用和独特身份[20]。而三螺旋结构中的大学在知识的产业化过程中发挥着主导作用，因而显现出"创业大学"的特征。三螺旋结构中的科研模式不同于传统的科研，是一种与应用、成果转化和产业化密切结合的"创业科学"，其形成是科学对于经济发展日益重要的作用和科学研究自身的结构变化的体现，[21]而知识的资本化成为知识生产的新动力。[22]

高等教育领域另外一项重要的理论创见是"学术资本主义"的提出。1997年，美国乔治亚大学教授斯劳特（S. Slaughter）和莱斯利（L. L. Leslie）共同出版了《学术资本主义——政治、政策和创业型大学》一书，提出了学术资本主义（Academic Capitalism）的概念来描述高校及其学术人员为获取外部资金而进行的市场的或者类似市场的活动。[23]两位研究者重点以澳大利亚、加拿大、英国和美国四国的学术活动的变革为考察对象并特别强调了政治经济全球化对于学术活动的影响。他们指出，20 世纪 80 年代是一个转折点，教育科研人员和院校被纳入市场达到了一定程度，政治经济的全球化趋势打破了过去一百年发展起来的大学专业工作模式，专业工作开始出现实质上而不是程

19 Jahn Ziman. Postacademic Science: Constructing Knowledge with Networks and Norms. Science Studies, 1996(1): 67-80..

20 [美] 亨利·埃兹科维茨著. 三螺旋. 周春彦译. 北京：东方出版社，2005:1-3.

21 [美] 亨利·埃兹科维茨著. 麻省理工学院与创业科学的兴起. 王孙禺，袁本涛等译. 北京：清华大学出版社，2007: 13-23.

22 [美] 亨利·埃兹科维茨著. 三螺旋. 周春彦译. 北京：东方出版社，2005:230.

23 [美] 希拉·斯劳特，拉里·莱斯利著. 学术资本主义——政治、政策和创业型大学. 梁骁 黎丽译，潘发勤 蒋凯审校. 北京：北京大学出版社，2008:198.

度上不同的新模式。[24] "三螺旋"与"学术资本主义"描述的问题是相似的，都指出了市场逻辑、市场文化对于大学科研工作的影响，大学越来越多地显示出企业的特征，这也在很大程度上佐证了模式 II 所提出的应用的情境、异质性和社会弥散，但是也比模式 II 理论更直接地强调了市场对于知识生产活动的全面渗透。

三、知识生产模式转型的实质及其核心特征

以上本书追溯了围绕知识生产模式转型的若干理论讨论，但是，知识生产模式转型到底是怎样的一种变化，是否能够以模式 II 或者其他某个概念来指示一种全新的知识生产模式的出现？要回答这些问题，还应该从知识生产模式的概念入手进行历史回溯。

自有人类文明开始，知识生产活动就已经存在了，一切自然知识的发现、社会认知的演进以及技术的发明和革新都属于广义上的知识生产活动，可以说，知识生产与人类的其他经济生产活动一样，是人类社会发展必不可少的基础动力。而"模式"这一术语具有某种"标准模型"、"样式"之意，"知识生产模式"指的是一定时期内系统化的、制度化的知识生产活动的基本样式。知识生产的认识论特征、组织形式、制度、评价标准和从事知识生产的人员是构成知识生产模式的基本要素。

不同的历史发展阶段和社会形态中，知识生产的模式各不相同。比如从组织形式上看，欧洲文艺复兴和航海大发现时期出现的专业学校、以及十七、十八世纪建立的各类学会都使得有组织的知识生产活动成为可能[25]；如果对认识论的线索进行追溯，则从中世纪的经院哲学、到近代早期经验方法和理性主义的兴起，再到十七世纪牛顿学说的确立，知识的认识论内核发生了巨大的变化并导致新的文化形式的产生和制度上的社会进化[26]。但是，在 19 世纪之前，无论在东方还是西方，知识活动的认识论特征、知识机构、知识活动的人员和知识活动的制度并没有被统一到某种系统结构之中，知识生产活动

---

24 [美] 希拉·斯劳特，拉里·莱斯利著. 学术资本主义——政治、政策和创业型大学. 梁骁 黎丽译，潘发勤 蒋凯审校. 北京：北京大学出版社，2008:5.

25 [英] 彼得·柏克. 知识社会史：从古腾堡到狄德罗. 贾士蘅译. 台北：麦田出版，2003:75-97.

26 [英] 杰勒德·德兰迪. 知识社会中的大学. 黄建如译. 北京：北京大学出版社,2010:25.

是分散甚至分裂的。比如，在近代早期的欧洲，自然科学的新发现和技术发明往往是在那些并不被视为社会主要知识机构的私人实验室、手工业作坊或者是在生产实践中获得的；而在中国漫长的古代历史当中，自然和技术知识始终都被排除在正统的知识谱系和知识机构之外。

十八世纪末的欧洲，"研究"（research）、"调查"（investigation）和"实验"（experiment）等术语开始被普遍使用，在分散的学术组织和知识圈子中，逐渐形成了对于一种系统的、专业性的、有目的的知识探索活动的需求[27]。19世纪初，洪堡式的现代大学在德国建立，科学研究成为以大学为主的知识机构的专属活动；"一种新的知识认知体系和机构体系随着职业化和专门化的科学家代替通才而出现"，[28]知识以学科为单位被进行精确的制度化，而这种结构又因为19世纪后半期伴随第二次工业革命发生的知识分化和专业化而日益复杂，形成了基于学科结构的现代科学体系，这种科学体系的基本结构一直延续到今天，并直接塑造了各国高等教育和科研体系的格局。

科学社会学的创始人默顿（R. K. Merton）在20世纪40年代对现代科学的"精神特质"进行了分析，提出了四项制度上的必需规范——"普遍主义"、"公有性"、"无私利性"以及"有组织的怀疑"，[29]这被视为对现代科学范式的经典描述被广泛引用，因而在知识社会学中，现代科学的基本范式也被称为"默顿范式"。简而言之，在默顿范式下，制度化的知识活动以学科为单位在专门的知识机构——通常是大学中进行，科学研究是隶属于学术共同体的科学从业者的专门活动，科学的文化是独立的和自我指涉的，知识的判定和评价以同行评议的方式在学术共同体内部进行。尽管大学在历史上从来都不是唯一的知识生产机构，但是19世纪以来，大学在很大程度上垄断了科学研究活动。更重要的是，以教学与科研相统一为原则确立的现代大学垄断了专业知识的传授和科研人员的训练，成为各个学科共同体对未来的学科守门人进行规训的主要场所，而那些经过科研训练掌握科研技能的人员很大一部分

27 [英] 彼得·柏克. 知识社会史：从古腾堡到狄德罗. 贾士蘅译. 台北：麦田出版，2003:95-96.

28 Bjorn Wittrock. The modern university: the three transformations. Sheldom Rothblatt, and Bjorn Wittrock. The European and American University since 1800. Cambridge: Cambridge University Press, 1993:316.

29 [美] 罗伯特·K. 默顿. 知识社会学的范式（1945）. 科学社会学. 鲁旭东 林聚任译. 北京：商务印书馆，2003: 361-376.

也继续留在大学之中。所以说，基于默顿范式的科学研究活动在认知内核、组织形式、机构特征、人员和制度上形成了一种稳定统一的结构，也就是现代科学知识的生产模式。

"模式 II"等理论所描述的现代科学知识生产所发生的重大变化在根本上都指向现代科学的默顿范式，认为当代科学研究的若干特征已经超出了默顿范式所代表的现代科学的制度规范，基于学科的知识结构和以学科为基础的系科组织形式被消解，在隶属于学术共同体的职业化的科学从业者之外，研究者的身份显现出多样性，科学的文化难以维护其独立的和自我指涉原则，而是不断外化，与社会的互动前所未有地增强，并最终导致了知识的判定和评价方式的改变，在同行评议制度之外，科研评价变得更加复杂，这些基本的现象都有大量事实例证来支持。尽管严格意义上来说学术系统的结构从来都不是完全封闭的，跨学科、应用性科研等现象也并非是在过去二三十年中才出现，但是，当一系列的现象集中汇聚，并且围绕变迁的讨论上升到认识论和制度文化层面之后，这些现象内在的一致性逐渐被认知，显现出知识生产模式正在发生整体性的变化，这就是知识生产模式转型的含义所在。

但是，正如模式 II 理论所受的质疑，新的知识试生产模式与传统模式之间的关系是否能够用"模式 I-模式 II"或者"学院-后学院"、"规范-后规范"这样的二元概念来界定，以及二者之间的关系是扩展、延续还是替代都有待讨论。本研究认可的是，当代知识生产模式正在突破现代科学的默顿范式，经历重大的转型，呈现出明显不同于传统科研的新的趋势特征。本研究并不完全认同模式 II 理论将新旧模式进行割裂对比的分析方式，而是立足于正在发生的"转型"本身，对知识生产模式的变化趋势进行把握。因而本研究综合已有的多种理论和概念，将当下知识生产模式的转型的核心特征从如下几个方面进行归纳和呈现：

1. 知识生产的情境化（Contextualizaiton of Knowledge Production）

在围绕知识生产模式转型的讨论中，情境（Context）和情境化（Contextualization）是两个重要的概念。"后学院科学"认为科研中的问题解决是在地方情境[30]中进行，而"模式 II"中的知识生产则主要发生在应用的情

---

30 Jahn Ziman. Postacademic Science: Constructing Knowledge with Networks and Norms. Science Studies, 1996(1): 71.

境之中[31]。在"模式 II"理论的一本后续著作——《反思科学——不确定性时代的知识与公众》中，知识生产的这种特征被详细地阐释为"情境化"，代表了科学和社会之间的一种新型关系——在现代社会，科学总是在对社会"讲话"（Speak to），而现在，社会开始对科学做出"回应"（Speak back），这是吉本斯等人的情境化概念的最基本含义。[32]从更广泛的意义上看，本研究认为，相对于默顿范式的普遍性原则，"情境"强调的是当下知识生产活动的特殊性、地方性和即时性；而"情境化"不仅是指科学越来越受到社会和经济因素的影响，也是说科学研究不再遵循由坚硬的认识论内核和自我指涉的原则所决定的一种稳定的知识结构和制度文化，而是越来越由多方因素共同构成的一时一地的特定情境所决定，这种情境化既发生在认识论的层面，比如对于研究问题的设定以及研究意义和研究质量的评价；也发生在制度文化的层面，比如研究人员的组织和分布，研究机构的组织特征等。

情境化体现为多种具体的现象。对于"应用"的强调就是情境化的一项典型特征。此外，情境化也体现为知识的判定和研究评价越来越涉及复杂的政治、经济和社会因素。同时，本研究认为，知识谱系的重组、特别是跨学科现象也是情境化的体现。本研究并不准备从认识论出发讨论跨学科的根本性动力和知识内核发生的实质性变化，而是关注于"跨学科的现象学"。事实上，自从现代意义上的学科结构形成以来，学科的交叉、渗透在学科边界上一直都有发生，在学科分化的过程中，原有的学科分支交叉融汇实现"范式革命"从而形成新学科的例子也不鲜见，但是，现代科学的基本格局特别是组织体系确实是按照相对稳定的学科结构排列的，学科被认为是构成现代高等教育系统的第一原则[33]，是学术机构的显性结构（surface structure）[34]。但是，20 世纪后半期，跨学科与异质性、杂糅性、复合型成为知识的显著特征，[35]跨学科不仅是传统意义上的学科边界的交叉和渗透，而是更多地体现为方法

---

31 [英] 迈克尔·吉本斯等著. 知识生产的新模式——当代社会科学与研究的动力学. 陈洪捷，沈文钦等译. 北京：北京大学出版社，2011:4.

32 Helga Nowotny, Peter Scott, Michael Gibbons. Re-Thinking Science-knowledge and the Public in an Age of Uncertainty. Cambridge: Polity Press, 2001:50.

33 伯顿·克拉克. 高等教育系统——学术组织的跨国研究.王承绪徐辉殷企平蒋恒译. 杭州：杭州大学出版社，1994.

34 Julie T. Klein. Crossing Boundaries-Knowledge, Disciplinarities and Interdisciplinarities. Charlottesville and London: University Press of Virginia,1996:4.

35 Julie T. Klein. Crossing Boundaries-Knowledge, Disciplinarities and Interdisciplinarities. Charlottesville and London: University Press of Virginia,1996:4

论的互涉以及传统学科基于新的分析维度、新技术或者新的研究问题的重组或融合。甚至，跨学科成为成为知识探索的一种自觉意识并进入政策话语。科研的组织结构也由传统的系科、学院和独立的机构越来越多地转向研究项目、研究中心、研究计划、研究平台等等，这些新的组织形式打破了学科结构的局限，为跨学科研究及其不断增殖提供了场所。也有学者指出，有关知识世界图景的隐喻，已经从过去平面化的"领土"、"领域"转变为更加立体化的"网络"、"系统"或者"岛屿的崩裂与重组"，显现出跨学科不同于传统知识格局独特格局。[36]将跨学科视为情境化的一种体现，并不是针对那些传统上发生在学科边界的、系科结构当中的或者是局部的跨学科，而是特别针对跨学科成为一种主流的研究取向这样的新趋势，以及跨学科研究在组织形式上形成的新的结构。与此相关的，是科研人员布局的重组及其身份认同、社会化方式的改变。跨学科的发展使得越来越多的科研人员离开单一的学科属地，在一个广泛的、流动的网络上，基于特定问题进行临时的组合，或者，越来越多地科研人员被鼓励主动自觉地去选择不同学科的方法论、技术和经验，使得科研发展的可能性、不确定性成倍增长，知识的判定和评价方式也随之改变，从这个意义上说，跨学科的现象与情境化是一致的。

简而言之，知识生产的情境化是指科研活动不再遵循基于学科结构和自我指涉的普遍性原则，受到社会、经济等多种因素的影响，具有特殊性、地方性、即时性和不确定性；情境化也表现为跨学科研成为一种主要趋势并进入政策话语，基于特定问题、利于跨学科科研合作的新的研究组织形式——项目、中心、计划、平台大量出现并逐渐构成立体的网络系统，网络的每一个节点可以视为一个情境化的场所，这种结构并不是稳定的，而是灵活多变的，科研人员的流动也更加频繁。

2. 知识生产的社会化（Socialization of Knowledge Production）

知识生产的社会化有两个层面的含义。首先是指知识生产在社会中的广泛弥散，这是"模式II"理论所强调的[37]。在传统上的大学和专门科研机构之外，知识生产正在更多类型的社会机构中进行，受过科研训练具有知识生产

---

36 Julie T. Klein. Crossing Boundaries-Knowledge, Disciplinarities and Interdisciplinarities. Charlottesville and London: University Press of Virginia,1996:19.

37 [英]迈克尔·吉本斯等著. 知识生产的新模式——当代社会科学与研究的动力学. 陈洪捷，沈文钦等译. 北京：北京大学出版社，2011:13.

能力的人广泛分布在社会各个领域。在更深一层的认识论意义上，知识生产的社会化也体现为科研"自反性"（Reflexivity）的提升，由于知识系统与社会系统的相互渗透，知识生产者对于自身科研活动所产生的广泛的牵连更加敏感，因而对研究伦理、研究的复杂后果进行有意识的反思，这种反思逐渐成为科研本身的一部分。相应地，社会问责也建立起来。

知识生产的社会化撼动了传统知识机构对于科研的垄断和传统学术群体鲜明的专家身份，导致科研竞争、特别是科研经费的竞争以及研究话语权的竞争扩展到一个更广泛的系统中，传统知识机构甚至面临合法性危机；其次，社会问责的介入和日益强化的自反性也使得知识的判定、问题的表述、科研的程序和管制也都受到更加多面的因素影响。

3. 知识生产的市场化（Marketization of Knowledge Production）

市场化是当代知识生产模式转型最直观的一个特征。事实上，"知识生产"的概念本身就体现了一种经济学视野，是知识经济时代知识作为重要生产资料的性质得到认知之后兴起的术语。几乎所有关于知识生产模式转型的讨论都提及了经济因素对于科研的影响，"学术资本主义"和"创业科学"的理论都是基于知识的资本化和科研活动的产业化建立的。本研究认为，市场化涵盖了当代科研知识生产中的如下现象：首先，强调应用性科研，科研成果的转化大大加速，产业化甚至成为知识生产的一个环节，研究的运作越来越企业化，这种影响突出地体现在具有很强应用型导向的自然、工程和技术领域。而更根本的影响在于，市场原则全面渗透至科研的制度和文化层面，比如对于质量和效率、投入与产出的强调；科研工作者越来越被视为某种专业产品的提供者而非具有"贡献"的专家；科研资助越来越多地采用"投标"的竞争方式；新管理主义的原则被应用到科研的组织和管理中。

4. 知识生产的全球化（Globalization of Knowledge Production）

在前现代时期，通过宗教传播、国家扩张、远程贸易、移民以及不同文明间的交往，跨国乃至全球性的互联关系就已经存在[38]；而且相对于其他社会部门，知识机构——大学从建立自诞生之日起就代表了一种"全球性的机构"

---

38 Jürgen Schriewer. Globalisation in Education: process and discourse. Policy Futures in Education. 2003(2):272.

（Global Institutions）。[39]但是，今天被广泛认知并广泛讨论的全球化进程是在过去几十年中基于信息通讯技术的迅猛发展、经济上的新自由主义以及后冷战时期世界新格局的建立而开始并持续加速的。全球化主要是一种经济现象，但同时也是政治和文化现象。[40]对于知识生产的模式转型而言，全球化既是一个基本的背景，也是一个重要的推动因素，上述知识生产转型的各项特征——情境化、社会化和市场化都与全球化进程本身密切相关。本研究所说的知识生产的全球化，具体指以下几个方面的特征：由于知识、资本和人员的国际流动速率提高，传统的机构、系统边界进一步消解，国际间的科研竞争更加激烈；新的通讯技术改变了学术交流的方式，克服了时间和空间的障碍，个体层面的学术对话更加普遍和便捷，形成了覆盖全球的多重网络，也使得科研工作的组织形式越来越去地方化、情境化、网络化；科研政策、科研制度的同质性加强，质量评价的国际标准化趋势加剧，全球化本身成为重要的政策话语；在具体的情境中，政策和制度的同质性往往与地方知识和地方文化产生冲突，凸显了实践层面的异质性，也进一步强化了知识的反思性。

以上是本研究基于已有的理论探索和被广泛讨论的具体现象，归纳提出的当代知识生产模式转型的四个基本特征。进行这种归纳的前提假设是，本研究认可当代科学研究和知识生产模式正在经历重大的转型。本研究的关注点落在变化的部分也就是"转型"本身，通过对于趋势特征的概括来描述转型，而非建立二元对立的概念来明确区分新旧两种模式，这一视角是建立在对已有的理论探索进行批判性反思的基础之上的。当代知识生产模式转型的这四个核心特征并不是相互独立，而是密切相关、交叠并且具有内在一致性的。比如，知识生产的全球化同时促进了市场化，并强化了情境化的必要性；社会化构成了情境化的重要背景，其所提供的反思性也深化了知识生产的市场化和全球化。四个基本特征之间的关系可以用下面的图来呈现（图 1）。

39　Phlip G.Altbach. Globalisation and the Universitiy: myths and realities in an unequal world. Tertiary Education an Management. 2004(10):7-8.

40　[英] 罗杰·金等著. 全球化时代的大学. 赵卫平主译. 杭州：浙江大学出版社，2008:77-82.

图 1　当代知识生产模式转型的基本特征及其相互关系

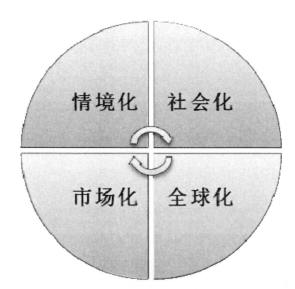

四、知识生产模式转型与博士研究生培养改革

　　如前所述，知识生产与博士研究生教育有着不可分割的关系，而现代意义上博士生教育正是在 19 世纪科研成为大学的核心任务以及现代学科体系的建立过程中逐步确立的，博士生教育遵循"为科学而科学"、"教学与科研相统一"的原则，以学科为单位，在基于学科的讲座或系科结构中进行科研训练，其目标是为本学科培养合格的研究人员，培养活动及科研评价由学科共同体主导，这是一种基于学科的传统知识生产模式下的科研训练方式。当知识生产突破默顿范式，呈现出新的模式特征，知识的判定、知识的布局结构、科研组织形式、科研人员分布、科研资助模式和管理模式等各个方面都可能发生变化，可以设想，这些改变将对博士生培养产生影响。事实上，前文所述的有关知识生产模式转型的理论讨论与各国对博士生教育改革议题的兴起也是次第发生的。因而可以将从知识生产模式转型的视角出发，探讨德国博士研究生培养改革问题。

　　具体而言，从知识生产模式转型的视角研究德国博士生教育的改革问题可以从两个层面进行分析。在宏观的层面上，从德国学术体系本身的理念基础、组织结构和制度特征出发讨论传统博士生培养模式形成的基础，并结合学术体系在过去三四十年中的发展变迁对博士生培养改革的宏观目标、核心问题、以及改革的基本过程进行分析。也就是分析传统的博士生培养模式与学术体系、也就是知识生产的基本体系之间的具体关系，结合体系的变迁分析博士生培养改革的基本诉求、内容和改革方式。

而更重要的分析应该是微观层面上的。博士研究生的科研训练是在具体的专业场域中进行的，这种专业场域基本上是按照学科划分的，这也是现代科学系统的基本结构。科研活动的具体制度特征——问题设置、科研组织、科研资助、管理、研究评价以学科为结构呈现，不同学科之间这些具体特征各不相同，也使得科研人才的训练呈现出不同的制度特征。就知识生产的模式转型而言，前文所概括的转型的基本趋势在具体学科或知识领域中的呈现可能是不同的，也可能导致博士生培养改革具体目标、动因、方式和效果的差异，因而有必要从学科的微观实践的层面，分析博士生教育改革的具体问题。

在学科的微观场域中研究博士生培养模式改革问题还有更进一层的意义。现有的关于知识生产模式转型的理论讨论中，对于学科差异的分析相对薄弱，大量的案例来自于自然科学和工程技术科学的新兴领域，对于传统学科特别是人文学科的分析相对较少，这也是知识生产模式转型理论受到质疑的一个方面。从这个意义上讲，关注学科差异，对不同学科知识生产模式转型的具体特征进行呈现，对转型与博士生培养模式改革的具体关系进行比较，区分内生的和外来的改革动力，这对于反思、验证或修正知识生产模式转型理论本身也有重要的意义。

第三节　文献述评

一、博士生教育的挑战与改革——从国别问题到全球化主题

20 世纪六七十年代，随着美国研究生教育的急剧扩张，"研究生教育研究"在美国兴起。随后，研究生教育在英、美和澳大利亚成为高等教育政策讨论和研究的一个重要议题。在这几个国家中，高等教育以通识教育为主的本科层次与学术导向的研究生教育层次被明确地区分开来，对于"研究生教育"（graduate education 或 postgraduate education）有比较明确的界定。相关的宏观政策讨论和专题性的研究文献涉及研究生教育的不同方面，如研究生教育的规模和布局、研究生教育的组织形式、教育质量等，也有针对具体学科专

业培养问题的研究。在很长的时期内，博士生教育问题只是作为研究生教育的一部分被加以讨论，并没有形成独立的问题领域。

在欧洲大陆，受德国大学模式的影响，包括德国、瑞士、奥地利、荷兰在内的很多国家的高等教育在 2000 年之前还都是两级学位体系，即，相当于通常意义上硕士学历水平的第一级学位和博士学位。在这些国家，"研究生教育"的概念事实上是不存在的。而这些国家中攻读博士学位的候选人往往同时也是大学或科研机构的科研从业人员而不是一个独立的学生群体，博士生教育也不被视为一个独立的学业层次，因而很少有相关的专门研究。有关博士科研训练的问题分散在科研资助、科研管理、高等教育人事结构、学科社会化等多个主题之中。所以传统上，无论"研究生教育"还是"博士生教育"在欧洲大陆都没有相应的语境。

研究生教育成为一个国际性的研究主题大致是在 20 世纪 80 年代末 90 年代初。1987 年，经济与合作组织（OECD）发布了《80 年代的研究生教育》（Postgraduate Education in the 1980s），这份报告指出，研究生教育一方面属于高等教育系统的议题，另一方面又与科研体系和科研政策密切相关，但是"迄今为止"研究生教育本身并没有在政策讨论中受到专门的关注。这份报告基于 70 年代末以来的数据从规模、结构、投入、学业时间、毕业生就业等几个方面对美、英、法、德、日、瑞典、芬兰、澳大利亚等国研究生教育的基本状况进行了比较，并指出了研究生教育发展的若干共同趋势。这是较早在国际层面对研究生教育进行系统比较的研究[41]。随后，OECD 又分别在 1991 年和 1995 年发布了两份有关研究生教育的报告，同样强调了研究生教育、特别欧洲研究生教育规模和结构正在经历重大变迁。[42] 几乎是同一时期，美国著名的高等教育研究学者伯顿·克拉克（B. Clark）集合了一个国际同行小组完成了一项以"研究生教育的科研基础"为主题的研究，对英、美、德、法、日五国的研究生教育进行了比较，并出版了两部经典著作——《研究生教育的科学研究基础》[43]（1993）和《探究的场所》[44]（1995）。这两部著作在国

---

41 OECD.Postgraduate Education in the 1980s. Paris: OECD, 1987.

42 OECD.Postgraduate Education Today: Changing Structures for a Changing Europe. Paris:1991.以及 OECD.Research Training.Present & Future. Paris:1995.

43 Burton R. Clark ed.. The Research Foundation of Graduate Education: Germany, Britian, France, United States, Japan. Berkeley. Los Angeles. London: University of California Press, 1993.

44 Burton R. Clark. Places of Inquiry: Research and Advanced Education in Modern Universities. Berkeley · Los Angeles · London: University of California Press, 1995.

际高等教育领域引起了很大反响，其主要贡献在于，抓住了研究生教育作为一个"教学科研统一体"的核心本质，建立了对研究生教育进行跨国比较的基础，进而结合不同国家高等教育系统的特定组织模式，归纳出了不同的研究生教育的制度化类型。这一时期的欧洲，各国在经历了七八十年代高等教育规模扩张后面临教育目标多元化和教育层级分化的现实压力，研究训练和博士生培养层面的相关问题逐渐显现出来，欧洲高等教育研究者联合会（Consortium of Higher Education Researcher，简称 CHER）1993 年的年会主题即定为"研究生教育"[45]。1999 年博洛尼亚进程启动之后，欧洲在学制层次上逐渐向美国的三级模式靠拢，研究生教育的跨国研究在欧洲兴起。同样是在这一时期，亚洲和南美很多新兴国家的研究生教育参考美国的基本模式和学制建立并发展起，亦开始关注研究生教育问题，特别是对于发达国家研究生教育经验的介绍和借鉴性研究。这一阶段的研究主题相对分散，但已经有相当多的研究专门关注于博士生教育问题。

博士生教育从研究生教育中独立出来成为一个国际性的热点问题领域大致是在 2000 年之后。首先是各国兴起了博士生教育的质量评估及信息系统建设的工作。如美国、英国、澳大利亚对博士生教育进行了大规模的调查，德国、荷兰、丹麦等国则对新兴的博士生培养的结构化项目展开评估。围绕博士生教育的历史、基本规模与结构、教育质量、不同学科博士研究生的训练模式等主题，也有了相当数量的研究。更重要的是，这一时期，研究博士生教育问题的学术机构和学术网络逐渐形成。研究机构方面，美国华盛顿大学的"研究生教育创新与研究中心"（Center for Innovation and Research in Graduate Education，简称 CIRGE）是世界范围内首个专门研究博士生教育问题的机构；联合国教科文组织欧洲高等教育中心（UNESCO-CEPES）以及欧洲大学联合会都专门成立了博士生教育的研究机构。而以华盛顿大学研究生教育创新与研究中心为核心形成的"博士生教育研究国际网络"分别于 2005、2007 和 2009 年召开了三次国际会议并出版了系列著作，对博士生教育的国别状况和国际趋势进行了比较研究。[46]

---

45 转引自：陈洪捷等. 博士质量：概念、评价与趋势. 北京：北京大学出版社，2010:5-7, 249.

46 参考：Stuart Powell, Howard Green（eds.）. The Doctorate Worldwide.Berkshire: Open University Press,2007.以及 Maresi Nerad & Mimi Heggelund eds. Toward a global PhD? Forces and forms in doctoral education worldwide. Seattle :University of Washington Press,2008.

中国于 1978 年正式恢复研究生教育，随后进入了研究生教育全面发展的时期。1984 年，《学位与研究生教育》创刊，这是国内最早以研究生教育为主题的刊物。1999 年之后，中国的研究生教育规模迅速增长。从 1999 年到 2009 年的十年间，中国硕士和博士学位授予数分别增加了 7 倍和 5 倍。[47]随着规模的迅速扩张，中国对于研究生教育和博士生教育的系统性研究也逐渐兴起，而且研究生教育研究从一开始就立足于国际比较的视野。例如，陈学飞等（2002）对英、法、德、美四国的博士生培养模式进行的系统介绍和比较研究[48]，这是国内学界最早针对博士生教育进行的国际比较研究。周洪宇（2004）则从历史的视角，对中外学位与研究生教育发展史进行了梳理，其中对德、英、法、美、俄、日、印各国近现代研究生教育的状况有系统的描述。[49]徐希元以博士生教育为主题，结合国外博士生教育的基本发展线索，对中国博士生教育的系统状况、基本制度与模式进行了归纳和分析。[50]2007 年以来，国务院学位与研究生办公室先后组织了若干项研究课题，对中国研究生教育发展历程、研究生教育质量、博士生教育质量等进行了大规模的调查研究，发布了《中国学位与研究生教育发展报告》[51]、《中国博士质量报告》[52]等一系列研究报告。刘献君等则围绕"创新人才培养"的主题对德、美、日、荷、加等国博士研究生培养模式进行了比较研究。[53]

简言之，在过去十多年中，博士生教育在世界范围内逐渐成为高等教育、科研政策等研究领域的一个研究主题，研究者对于博士生教育的特殊性和重要性都有基本的共识，也从目标、规模、结构、培养模式、博士生指导、专业学位、质量评价等几个主要方面开展了丰富的研究。而"质量"、"变革"、"挑战"、"危机"等成为各国博士生教育研究的共同主题，显示出在世界范

47 中国学位与研究生教育信息网.盘点三十年:我国历年学位授予情况统计图. http://www.chinadegrees.cn/xwyyjsjyxx/xw30/pdssn/270849.shtml.2012-02-01.

48 陈学飞等.西方怎样培养博士:法、英、德、美的模式与经验.北京:教育科学出版社，2002.

49 周洪宇.学位与研究生教育史.北京:高等教育出版社，2004.

50 徐希元.当代中国博士生教育研究.北京:知识产权出版社，2006.

51 中国学位与研究生教育发展报告课题组:中国学位与研究生教育发展报告.北京:高等教育出版社，2006.

52 中国博士质量分析课题组.中国博士质量报告.北京:北京大学出版社，2010.

53 刘献君主编.发达国家博士生教育中的创新人才培养.武汉:华中科技大学出版社，2011.

围内，博士生教育正处于一个重要的转型期。对于这种转型，已有研究者开始进行分析和解释，比如从全球化视角比较各国博士生教育面临的挑战以及正在进行的改革。[54]也有学者开始尝试从知识生产模式转型的视角，特别是"模式Ⅱ"理论出发讨论博士生教育变革的问题。[55]

二、德国本土的博士生教育研究

在德国传统的师徒制博士生培养模式下，"博士生教育"在 20 世纪 80 年代之前并不能算是德国学术系统一个问题范畴，文献中甚至鲜见"博士生培养"（Doktorandenausbildung）的概念。与博士生培养的相关的一些问题通常分散在几个不同的研究领域之内，特别是在学术史和大学史研究中从考试制度、学位制度等视角对于"博士考试"（Promotion）的历史研究。而随着 20 世纪六七十年代以来德国国内对于高等教育各方面问题的关注增多，包括博士研究生在内的"学术后备力量"（Wissenschaftliche Nachwuchs）[56]这一德国学术系统中的特定群体成为政策讨论的一个关注对象，但关注的重点在于学术后备力量的职业发展问题，如对于高校执教资格考试（Habilitation）及教职制度改革的讨论等，讨论的核心在于如何赋予学术后备力量更多的独立性，为他们提供更好的经济支持和职业发展前景，并没有聚焦博士生培养具体内容和方式的问题。

20 世纪 80 年代中期，在有关德国大学学业结构问题的政策讨论中，"研究生学业"（Graduiertenstudien）的概念被提出，用以描述大学第一级学位学习结束之后的学业阶段，主要就是指博士学业（Doktorandenstudien）[57]。德国博士研究生科研训练中存在的问题也受到越来越多的关注，有关博士生培养的政策讨论和相关问题研究逐渐兴起。概括而言，这些讨论和研究可以归为以下几类：

---

54 Maresi Nerad & Mimi Heggelund eds. Toward a global PhD? Forces and forms in doctoral education worldwide. Seattle :University of Washington Press,2008.

55 陈洪捷.知识生产模式的转型与博士质量的危机. 高等教育研究，2010(1).

56 "学术后备力量"是一个具有德国特色的专有名词，指德国学术系统中所有那些尚未获得教授席位的教学科研人员，包括博士生和已经博士毕业的学术助理、学术助教、私授讲师等。

57 Wissenschaftsrat. Empfehlungen zur Struktur des Studiums, Köln: Wissenschaftsrat, 1986.

1. 政策讨论

1986 年，德国科学审议会（Wissenscahftsrat，简称 WR）在其《关于高校学业结构的建议》中首次提出应加强对于博士生学业的支持，开设博士生课程，并建立"研究训练小组"（Graudiertenkollegs）来对优秀的博士研究生进行系统培养；1988 年又发布了《关于促进研究训练小组的建议》[58]，这两个政策文本直接推动了德国科研基金会（DFG）"研究训练小组"项目的启动和发展。1995 年，科学审议会在其新的《关于博士研究生教育和支持结构化的建议》中，明确了"结构化"（Strukturierung）作为博士研究生培养的改革方向[59]；同一时期，高校校长联席会议（Hochschulrektorenkonferenz，简称 HRK）也组织了若干次政策讨论，发布了多份研究报告。2002 年，科学审议会在其《关于博士生培养的建议》中进一步明确了结构化改革的主要内容，并提出了在"研究训练小组"的基础上建立"研究生中心"（Zentren für Graduiertenstudien）作为促进博士生培养的新的组织结构[60]，这成为随后德国大学建立研究生院的雏形。

围绕政策讨论及新博士生培养项目的改革实践，很多政策机构和科研机构以会议的形式对相关问题进行讨论，并发布了一系列的研讨论文。其中影响较大的包括下萨克森州学术委员会在 1999 年就改革该州研究生教育问题的会议及报告，2003 年德国科研基金会集合了当时由若干所大学建立的 7 个博士生培养项目和研究生院的负责人召开的结构化博士生培养经验讨论交流会[61]，2006 年德国科研基金会举办的结合国际经验讨论德国博士生教育问题的会议"博士生教育走向何方——国际经验下的德国博士研究生培养"[62]等等。另外，柏林国际教育论坛和 2003 年成立的德国科研质量研究所（Institut für Forschungsinformation und Qualitätssicherung，简称 iFQ）等也以会议和论文的形式参与到博士生培养问题的讨论中。这些研讨的核心议题包括：改革传统

58 Wissenschaftsrat. Empfehlung zur Förderung von Graduiertenkollegs, Köln: Wissenschaftsrat, 1988.
59 Wissenschaftsrat. Empfelungen zur Neustrukturierung der Doktorandenausbildung und Förderung. Drs. 2040/95. Saarbrücken:Wissenschaftsrat, 1995.
60 Wissenschaftrat. Empfehlungen zur Doktorandenausbildung, Köln: Wissenschaftsrat, 2002
61 Deutsche Forschungsgemeinschaft. Strukturiert Promovieren in Deutschland- Dokumentation eines Symposiums. Weinheim: Wiley-VCH Verlag, 2004.
62 DFG. Quo vadis Promotion?Doktorandenausbildungin Deutschland imSpiegel internationaler Erfahrungen. Bonn: 2006.

的博士生培养模式，促进博士生培养项目的结构化、透明化、国际化，提高德国博士项目的国际竞争力和吸引力，提高博士生培养的效率和质量等。

2. 对博士生培养现状、模式和问题的专门研究

除了上述政策文本、会议讨论和有组织的机构调查报告之外，德国围绕博士生培养问题进行的研究大多是论文散篇的形式，较少有理论化的专著，专门的研究人员也不多。就博士生培养问题论述较多的德国本土学者有恩德斯（J. Enders）、科姆（B. Kehm）、克莱克尔（R. Kreckel）等。恩德斯从90年代后期开始从事有关德国高校学术职业的相关研究，特别是包括博士生在内的学术后备力量和中层人员科研训练、学术工作和职业发展的问题[63]，2000之后，博士学业与博士毕业生的职业发展成为其研究的一个独立的主题[64]。大致从2004年开始，德国高等教育研究者科姆开始系统地关注和研究博士生教育问题，是迄今德国关于博士生教育著述最多的学者。她的研究从一开始就立足于国际比较，特别是在德国传统影响下欧洲博士生教育的主要模式在全球化背景下面临的问题及改革对策[65]，对于德国问题的专门研究也关注了在欧洲高等教育和科研一体化框架中的德国博士生教育改革[66]。克莱克尔主要关注的是高校学术人员结构及职业发展路径的国际比较，特别是德国高校包括博士生在内的"学术中层"的职业发展路径的相关问题。[67]

---

63 Jürgen Enders. Die wissenschaftlichen Mitarbeiter: Ausbildung, Beschäftigung und Karriere der Nachwuchswissenschaftler und Mittelbauangehörigen an den Universitäten. Frankfurt/Main, New York: Campus Verlag, 1996.

64 Jürgen Enders, Lutz Bornmann. Karriere mit Doktortitel? Frankfurt a.M. / New York: Campus, 2001.

65 Barbara M. Kehm. KEHM, (2004): Developing Doctoral Degrees and Qualifications in Europe. In: SADLAK, Jan (eds.).Doctoral Studies and Qualifications in Europe and the United States.Status and Prospects. Bucarest: Studies on Higher Education, 2004: 279-298; Barbara M. Kehm. Doctoral Education – Quo Vadis?European Developments in a Global Context.European Journal of Education, 2007(3).

66 Barbara M. Kehm: Doctoral Education in Germany within the European Framework. In: Gabriele Gorzka & Ute Lanzendorg (eds.).Europeanising Doctoral Studies. The Russian Federation and Germany on the Way to Bologna.Kassel: kassel university press (Ost-West Dialog, 8), 2005:51-70.

67 Kreckel, Reinhard, „Die akademische Juniorposition zwischen Beharrung und Reformdruck: Deutschland im Strukturvergleich mit Frankreich, Großbritannien und USA sowie Schweiz und Österreich". In: Gützkow, F. / Quaißer, G. (Hg.), Jahrbuch Hochschule gestalten 2007/2008. Denkanstöße in einer föderalisierten Hochschullandschaft, Bielefeld: UVW 2008, S. 117-135.

2000 年之后，随着结构化培养项目的日益增多、博洛尼亚改革进入第三层次，关于博士生教育的研究专著和论文集在德国逐渐增多。例如，2005 年，由巴伐利亚高校研究与规划统计中心（Bayerisches Staatsinstitut fürHochschulforschung und Hochschulplannung，简称 IHF）主办的德国最重要的高等教育研究期刊之一的《高校研究》（Beiträge zur Hochschulforschung）以专刊的形式讨论德国博士生教育问题，11 篇论文分别讨论了国际比较视野下德国博士生教育的问题、德国博士生培养模式转型、结构化项目的典型案例等，这是德国高等教育研究期刊首次组织关于博士生教育的专题讨论。[68] 在"卓越倡议"（Exzellenzinitiative）的推动下，2008 年之后相关的研究迅速增多，如博斯巴赫（E. Bosbach）在从制度基础、组织结构、选拔、资助、质量保障、国际化、毕业生发展七个方面对德国和美国的博士生培养模式进行了系统的比较，并将这一研究定位于德国博士生培养改革视角和举措的一项参考。[69]2009 年，吉根森（K. Girgensohn）集合十余位研究者编写了《胜任博士头衔——对于博士研究生的支持理念》一书，从实践的角度，以不同的案例探讨促进博士学业的具体措施。[70]2010 年，高校校长联席会议（HRK）前主席、德意志学术交流中心（DAAD）现主席温特曼特尔（M. Wintermantel）主编出版了《当今的博士学业——在欧洲高等教育区框架内发展德国博士研究生教育》一书，收录了 20 篇研究文献，从传统培养模式与结构化模式的比较、博士生的生活和职业状况、博士生培养的合作形式等几个方面，讨论了当前德国博士生教育的问题，并特别强调了博士生培养的机构责任，以及德国博士生培养改革与欧洲高等教育和科研一体化进程的一致性。[71]

3. 结构化培养项目的评估性研究

自 20 世纪 80 年代末德国开始建立结构化的博士生培养项目以来，便一直都有对于这一新培养形式实践效果的研究、评估和讨论。早在 1994 年，内

68　IHF. Beiträge zur Hochschulforschung. 2005(1).

69　Eva Bosbach: Von Bologna nach Boston? -Perspektiven und Reformansätze in der Doktorandenausbildung anhand eines Vergleichs zwischen Dütschland und den USA. Akademische Verlagsanstalt, Leipzig:2009.

70　Kartrin Girgensohn(Hrsg.):Kompetent zum Doktortitel-Konzepte zur Förderung Promovierender, VS Verlag, Wiesbaden, 2009.

71　Marget Wintermantel(Hrsg.): Promovieren heute-Zur Entwicklung der deutschen Doktorandenausbildung im europäischen Hochschulraum, Edition Koerber-Stiftung, Hamburg:2010.

拉德（M. Nerad）便对德国黑森州的德国科研基金会研究训练小组项目和美国加州的研究生院项目进行了比较研究。[72]从 1997 年到 2004 年，DFG 对其所资助的研究生院进行了多次问卷调查和评估，结果显示，研究生院项目下的博士生在"拓宽思维"、"团队工作"、"跨学科科研能力"等多个方面优于传统培养模式下的博士生，在招收外国学生方面，研究生院项目也显示出更强的吸引力。2009 年恩德斯（J. Enders）和柯特曼（A. Kottmann）首次对结构化培养项目的毕业生进行了追踪研究，对他们的职业发展状况进行了分析，其中一个重要结论是，研究生院的毕业生在职业发展方面与其它培养模式的毕业生相比并无突出优势，并建议博士生培养应保持现有的多样性。[73]

2006 年"卓越倡议"启动之后，德国科研基金会和科学审议会在 2008 年发布报告，对包括研究生院在内的三个资助层次的基本情况进行了全面的评估。[74]德国科研质量研究所（iFQ）则对卓越倡议研究生院项目进行了追踪研究，[75]通讨问卷调查和访谈探究，对项目目标的实施情况进行了评估。

4. 有关学术生涯和学术职业发展的研究

在德国学术系统中，有关学术生涯和学术职业发展的研究通常与博士研究生培养直接相关。这是因为，博士阶段在德国传统中并不算一个独立的学业过程，博士研究生也不被视为一个独立的群体，而是与博士后研究人员，学术助理（Wissenscahftliche Mitarbeiter），学术助教（Wissenscahftliche Assistant），讲师（Privatdozent）等，一并归入"学术后备力量"的范畴，而那些以学术助理岗位攻读博士学位的人员也是构成高校的"学术中层"（Akademischer Mittelbau）的最大群体。自 20 世纪 70 年代以来，关于学术中层人员职业发展和青年研究人员支持的政策讨论和研究非常多，主要围绕如何

72 Maresi Nerad. Postgraduale Qualifizierung und Studienstrukturreform: Untersuchung ausgewählter Graduiertenkollegs in Hessen im Vergleich mit dem Promotionsstudium in den USA. Kassel: Arbeispapiere des Wissenschaftlichen Zentrums für Berufs- und Hochschulforschung an der Gesamthochschule Kassel. Nr.32. 1994.

73 Jürgen Enders, Andrea Kottmann: Neü Ausbildungsformen –Andere Werdegänge? Ausbildungsbedingungen in den DFG-Graduiertenkollegs der 1990er-Jahre, DFG Forschungsberichte, 2009.

74 Deutsche Forschungsgemeinschaft,Wissenschaftsrat: Bericht der Gemeinsamen Kommission zur Exzellenzinitiative an die Gemeinsame Wissenschaftskonferenz, Bonn:2008.

75 Michael Sondermann, Dagmar Simon, Anne-Marie Scholz, Stefan Hornbostel: Monitorung der Exzellenzinitiative des Bundes und der Länder: Bericht zur Implementierungsphase: iFQ:2008.

尽早实现这些学术人员的学术独立性，为其提供更好的职业发展前景和资金支持等等。如，泰希勒（U. Teichler）与舒伯格（H. Schomburg）、詹森（K. Jason）在《通往教授之路》一书中对德国和美国学术人员的职业生涯路径进行了比较研究，其中对德、美两国博士生培养模式也进行了较为详细的比较。[76]2008年，德国教育科研部发布了《"学术后备力量"联邦报告》（Bundesberichts zur Förderung des Wissenschaftlichen Nachwuchses），这是教育科研部首次发布有关学术后备力量在"资格获取阶段"（qualifizierungsphase）的工作方式、研究条件、资金支持等情况的全面报告，教育科研部计划今后定期发布此报告。[77]同年，哈勒大学高等教育研究中心（Institut für Hochschulforschung Wittenberg，简称 HoF）以"科研冒险"为题发布了关于德国学术职业路径及其支持体系的报告，这项研究同样是在教育科研部的支持下完成的[78]。这两份报告及类似的研究都认为，德国存在着学术人员资格准备阶段过长，缺乏独立性，常任职位（tenure track）比例过小等问题，不利于吸引人才；建议通过增加多样化的资助和支持项目，进行人事制度改革，设立助理教授（Junior Professor）职位等，提升学术后备人员职业发展的多样性和独立性。

三、本研究的选题意义

就德国的博士研究生培养及其改革这一主题而言，国际和德国国内现有的研究有以下的特点和局限：

第一，现有研究主要从政策讨论和国际经验出发，较多地围绕德国博士生教育的问题现象和改革的必要性进行讨论，从深层原因或理论视角进行分析的研究较少。在国际比较研究中，德国的博士生教育都是与其他国家的问题放在类似的框架下进行分析，比如按照"目标、招生、培养、资助、考核、毕业率、职业发展"等"一般化"的问题逻辑进行比较，尚不能与各国的具体制度环境和学术传统结合起来。相比之下，伯顿·克拉克的研究非常深入，将研究生培养问题与各国学术系统的基本特征结合了起来，虽然他有关研究

76　Kerstin Janson, Harald Schomburg, Ulrich Teichler: Wege zur Professur: Qualifizierung und Beschäftigung an Hochschulen in Deutschland und den USA. Munster: Waxmann:2008.

77　Bundesministerium für Bildung und Forschung: Bundesbericht zur Förderung des Wissenscahftlichen Nachwuchses(BuWin), 2008.

78　Anke Burkhardt (Hrsg.).Wagnis Wissenschaft-Akademische Karrierewege und das Foerdersystem in Deutschland. Leipzig: Akademische Verlagsanstalt, 2008.

生教育的系列著作写于 20 年前，今天看来依然有很重要的参考价值，当然，他对德国问题的分析就资料而言已经远远不能涵盖今天的现实问题。而德国本土学者对于博士生教育问题的关注起步较晚，直到 2000 年之后才开始有比较多的研究，并且多以政策性的讨论、国际经验的比较为主，尚有待深化、理论化和系统化。另外也因为博士学业在德国传统上不被视为一个独立的学业层次，相关的问题很多是交织在其他讨论范畴之中，博士生教育研究本身在德国没有形成体系以及量的优势。

第二，就德国博士生教育的模式改革这一具体问题而言，现有研究已有涉及。但大多数研究都是关于特定结构化项目的阶段性分析，特别是对德国科研基金会研究训练小组项目的评估性分析，还没有一项研究对过去近三十年的整体趋势发展和阶段性特色进行回顾和分析；也没有研究对各种不同的培养项目和结构化组织形式进行系统的归纳和比较。比如，"研究训练小组"、"研究生院"、"博士院"、"研究生中心"等这些博士生培养的结构化组织形式有什么样的相似和不同，彼此之间有怎样的关系，等等这些问题还有待回答。另外，对于德国博士生教育改革的一些核心问题，比如什么是结构化？博士生教育的结构化与结构化的培养项目是什么关系？研究生院制度在德国有什么独特性？等等，多停留在泛泛而谈的层面，缺乏理论化的分析。

第一，对于当前德国新的博士生培养模式的实践情况，整体的评估调研已经启动，但是差异化的分析，特别是基于知识视角对学科差异的分析还非常少。从方法上看，则体现为以定量研究为主，缺乏基于质性研究方法的深入现场的分析。

从研究者的身份立场来看，国际学者对于德国博士生教育改革的研究相对较少，现有研究主要集中于对相关政策讨论以及改革具体措施的梳理；而德国本土研究者的出发点则主要是分析德国学术体系内部的具体问题特别是学术中层的职业发展，以及讨论改革的具体方式和途径。

相对于现有研究，本研究选题最根本的独到之处在于，不同于德国本土学者的研究，本研究基于一种"外部"视角，从对当下博士生教育普遍性问题的上位关注出发来研究德国博士生教育改革的具体问题，作为"旁观者"去观察改革的发生、发展；同时也不同于已有的国际视角的研究，本研究以德国本土文献和实地的调查研究作为资料基础，使研究能够更加深入。具体而言，本研究的选题还能在以下三个方面对现有研究做出贡献：

首先，本研究抓住"科研训练"这一博士生教育的根本特征，从知识生产模式转型的视角研究博士生教育改革问题，希望从根本上探讨博士生教育改革的动因和内在逻辑。

其次，本研究以"结构化改革"为核心主线，对德国 20 世纪 80 年代中期以来博士生培养的模式变迁进行系统的整理和呈现，这对于国际学界和德国的相关研究领域而言，都是具有原创性意义的贡献。

最后，本研究将学科差异考虑在内，通过基于质性方法的案例研究对博士生培养模式改革的学科实践进行比较，一方面从微观上呈现博士生培养的模式改革的具体实践，另一方面也能够为深入探讨学科差异对于科研训练模式的影响作用，以及为知识生产模式变迁这一理论的研究应用提供参考。

第四节　研究设计

一、研究方法

1. 文献分析

文献分析对于社会科学研究而言是一项不可或缺的基础性工作，特别是在理论研究、历史研究以及政策研究中，文献分析往往是最主要的研究方法。本研究是一项对于本土学界而言并不熟悉的外国问题研究，并涉及到一定历史时段内的教育改革及政策变迁的宏观问题，必须首先依据大量的文献资料对研究问题的背景及历史发展的基本事实做详细的描述，因而文献分析、特别是德文文献的分析对于本研究而言是一项非常重要的工作。具体而言，本研究中用于分析的文献主要包括以下几类：

1. 德国高等教育研究的经典文献

2. 20 世纪 80 年代以来德国有关博士生教育的政策文本

3. 权威的统计数据和评估报告：主要是德国教育科研部（BMBF）、德国科研基金会（DFG）、科学审议会（WR）、高校校长联席会议（HRK）、科研质量研究所（iFQ）等机构有关德国博士生教育发展基本状况以及结构化培养项目的统计数据、分析报告、评估报告等。

4. 与德国博士生培养模式变化相关的研究文献

5. 研究案例的相关文本资料：与本研究所选的八所研究生院/结构化博士

生培养项目相关的文本资料，如规章制度、课程表、年度报告、项目申请书、内部评估等。

通过文献分析，本研究可以对德国传统博士生培养模式的形成基础及其核心特征进行呈现，对过去三十年中博士生教育改革的基本发展脉络进行勾勒，对新的培养模式组织形式和制度特征进行归纳分析。而与研究生院案例相关的文本资料则可以与访谈资料进行结合分析，呈现各学科博士生培养模式改革的具体特征并比较不同学科之间的差异。

2. 访谈

在本书的基础资料收集和学科案例研究中，本研究均采用了访谈的研究方法。这一方法的选择是为了深入了解和分析博士生培养模式改革的具体动因、改革过程，特别是在政策讨论和改革文本之外，从改革实践的角度了解博士生培养的参与主体——教授、博士生、管理人员对于培养模式改革的理解、经历和评价，从而对改革作出客观深入的分析，并对不同知识领域的改革实践进行比较。

本研究进行的访谈分为两个部分的工作，在基础资料收集阶段，研究者对 5 位"政策组"的对象进行了访谈。这 5 位对象来自与德国结构化博士生培养项目的建立、发展及项目资助密切相关的政策部门、资助机构，或者曾直接参与过关键政策的制定和实施的人员，包括：

DFG 前管理人员 1 人；

DFG "研究训练小组、研究生院和学术后备人员资助的项目"负责人 1 人；

DAAD 博士研究生资助部门项目管理人员 1 人；

曾参与"研究训练小组"资助计划的私人基金会负责人 1 人；

德国早期"研究训练小组"发起人 1 人。

这一部分访谈全部采用半结构型访谈。除 1 次电话访谈，其余 4 场访谈为一对一当面访谈，3 场进行了录音记录，两场笔录。这一组访谈研究主要是为论文的宏观分析部分收集资料，以访谈资料结合文献对德国博士生培养模式改革的政策目标和进程进行分析。

第二部分是学科案例研究部分的访谈，涉及来自 8 个案例研究生院的 18 人，包括教授、管理人员和博士生三类群体。案例选择的方法和访谈设计见下文。这 18 场访谈全部是半结构型访谈，其中 15 场进行了访谈录音，其他 3

场以笔录形式进行了记录。这一部分访谈是本书案例研究部分最重要的分析资料，是不同学科改革实践比较研究的基础。

二、案例选择

1.案例选择

在基于学科实践的案例研究部分，本研究选择了三个不同学科/研究领域的 8 所研究生院或结构化博士生培养项目作为案例（表1），在具体的学科实践情境中，分析结构化博士生培养模式改革的具体动因和改革路径，讨论这些具体学科或知识领域知识生产模式变迁对于博士生培养模式的具体影响。

表1 案例基本信息

学科	项目名称	所在城市/地区	所属大学	所属资助项目
经济学	波恩经济研究生院	波恩	波恩大学	"卓越倡议"研究生院项目
	鲁尔经济研究生院	鲁尔区	波鸿大学，多特蒙德工业大学，杜伊斯堡-埃森大学	"北威州研究生院项目"
	柏林经济与管理学博士项目	柏林	柏林洪堡大学、柏林自由大学、柏林工业大学	
生命科学	哈特穆特·霍夫曼-伯灵分子与细胞生物学国际研究生院	海德堡	海德堡大学	"卓越倡议"研究生院项目
	哥廷根神经科学、生物物理及分子生物研究生院	哥廷根	哥廷根大学	"卓越倡议"研究生院项目
文学·文化研究	弗里德里希·施雷格尔文学研究生院	柏林	柏林自由大学	"卓越倡议"研究生院项目
	吉森文化研究国际研究生中心	吉森	吉森大学	"卓越倡议"研究生院项目
	"作为知识范畴的性别"研究训练小组	柏林	柏林洪堡大学	德国科研基金会研究训练小组

这些案例的选择基于以下三个维度的标准：

（1）机构

德国高等教育系统具有去中心化、均衡发展的传统特征，各州独立性强，高等教育的立法权、管理权主要在州的层面，地区差异大。而由于经济发展的不平衡，德国高校、科研机构和学术人员的分布具有地区集聚的特征，拜仁、巴登-符腾堡（简称巴符州）、北莱茵-威斯特法伦（简称北威州）、黑森、下萨克森和柏林是德国科研机构和学术人员最集中的几个州，其学术人员数量占到了德国学术人员总数的 80%（图 2）。同时德国传统上没有精英大学的概念，各个大学都有自己的优势学科和特色专业，各个大学在声誉、文凭认知度等方面没有特别明显的差异。虽然德国高等教育系统虽然近年来系统分化、资源聚集的趋势不断加强，但如果仅仅聚焦于一所大学、一座城市或者一个州来研究德国高等教育问题，都难以有系统层面上的代表性。

图 2　德国各州全职学术人员数量（2008）

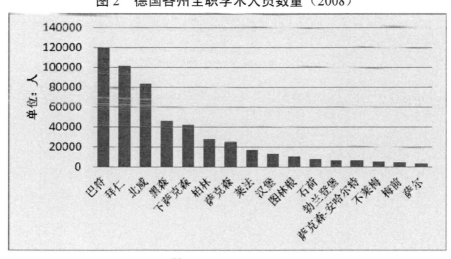

数据来源：德国教育科研部[79]

因而本研究在案例机构的选择上综合了地理因素和重要性因素，在德国学术机构和学术人员较多的柏林、北莱茵-威斯特法伦（简称北威州）、巴登-符腾堡（简称巴符州）、黑森和下萨克森五个不同的州选择了 8 所研究生院案例，具体涉及柏林、波恩、海德堡、吉森、哥廷根五个城市和鲁尔区一个城市密集区（图 3）。这 8 所研究生院涉及 10 所大学，这些大学各有特色，既包

---

79 德国教育科研部数据库：Fü-Personal der Bundesrepublik Deutschland insgesamt in regionaler Aufteilung,http://www.datenportal.bmbf.de/portal/K17.gus, 2012-02-29.

括具有 600 年历史的海德堡大学，也有鲁尔区 20 世纪六七十年代建立的新兴大学；既有在历史上产生过深远影响的柏林洪堡大学，也有国际影响不大但却有突出优势学科的吉森大学。案例大学的总数占德国所有 106 所大学的 9%，其中柏林自由大学、波恩大学、哥廷根大学和海德堡大学入选了"卓越倡议"[80]第一、二期的"未来构想"计划，占全部 9 所入选大学的近一半。

图 3　德国大学分布与本研究案例机构所在城市/地区

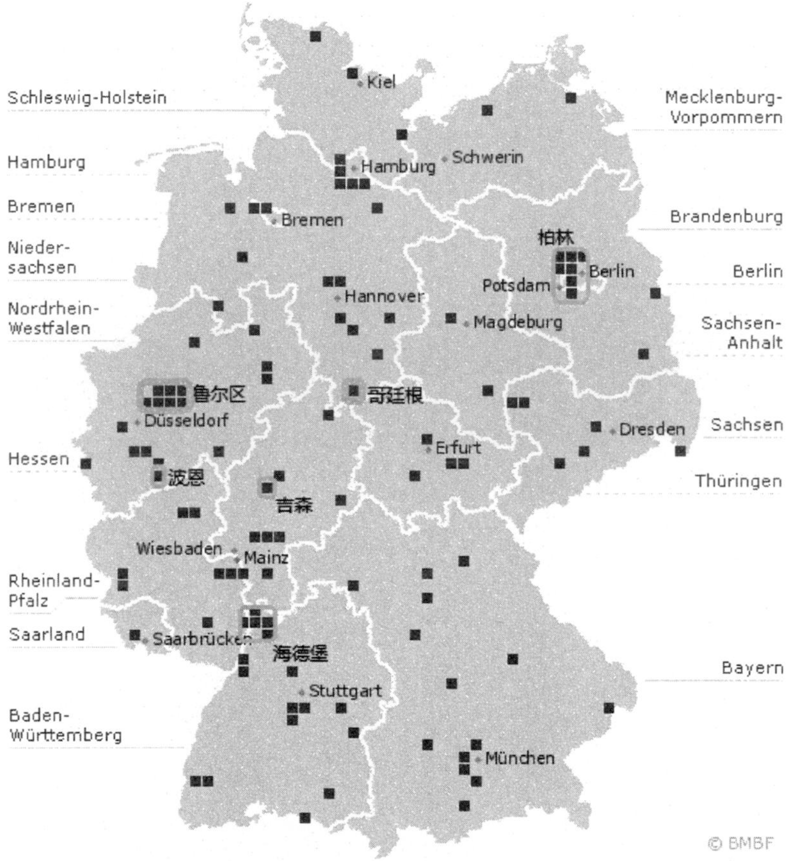

图片说明：每一个方块代表一所大学，用方框标出的是本研究涉及的 8 个案例项目所在城市或地区，原始图片来源：德国教育科研部[81]

---

80 德国 2006 年启动的旨在打造德国精英大学的资助计划，其中的研究生院项目是德国当前结构化博士生培养最终要的组织形式，详见第三章第二节。

81 BMBF. Forschungslandkarten. http://www.bmbf.de/de/6574.php?F=3&LANG=DEU&M=55&T=8, 2012-01-20.

（2）学科

在案例学科的选择上，本研究参考了德国权威部门对于博士学位授予数的统计方法。在德国联邦教育科研部的统计数据中，学科通常被分为语言文化、体育运动、法律/经济/社会科学，数学/自然科学、医学、兽医学、农/林/营养学、工程学、艺术学 9 大门类。而从博士学位授予数量来看，则授予学位最多的几个学科类别依次是数学/自然科学（32%）、医学（28%）、法律/经济/社会科学（14%）、语言文化（11%）以及工学（10%）（图 4），除去医学[82]，则德国绝大多数博士学位都属于数学/自然科学、法律/经济/社会科学、语言文化以及工学这四大领域。这也符合通常意义上惯用的学科分类法，即人文-社会科学-自然科学-工科的四个维度的分类。

图 4　德国大学所授博士学位的学科领域分布（2010）

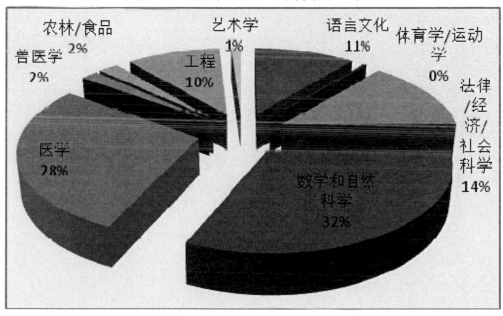

数据来源：德国联邦统计局[83]

---

82 医学博士培养在德国博士生培养中属于一个特殊的类别，即，定位于临床医生职业资质的训练，德国大多数执业医师都具有医学博士学位。医学博士的学业方式、培养年限都与其他博士学位有很大的不同，因而在针对学术型博士生培养的讨论中，医学博士通常被排除在外。本研究的讨论也不涉及医学博士生培养。

83 Statistisches Bundesamt. Fachserie 11 Reihe 4.2 Bildung und Kultur-Prüfungen an Hochschulen 2010. Wiesbaden: Statistisches Bundesamt, 2011.

　　基于这一分类方法，结合研究实际的时间和可行性安排，本研究择了经济学、文学-文化研究、生命科学三个学科/领域作为案例学科领域。以下对这三个学科分别进行简要说明：

　　经济学（Wirtschaftswissenschaft）在德国的学术系统中分为"国民经济学"（Volkswirtschaftslehre，简称 VWL）和"企业经济学"（Betriebswirtschaftslehre，简称 BWL）两大分支学科。其中国民经济学偏重于经济现象的基础性和宏观性理论研究，也就是通常理解的经济学；而企业经济学则侧重于企业内部和企业层面的管理、运营等商业活动各个环节的问题，相当于通常意义上的商学或（经济）管理学。本研究所选的经济学科的三个案例研究生院和博士项目都是以国民经济学研究为主，对企业经济学的问题略有涉及。

　　生命科学（Lebenswissenschaften）在广义上是探索生命本质、研究生命活动和生命现象的科研领域的总称，传统上是生物学的研究范畴。20 世纪 50 年代，遗传物质 DNA 双螺旋结构的发现开创了从分子水平研究生命活动的新纪元，随着基因工程、蛋白质人工合成等技术的发展，人类在揭示生命本质的道路上大步迈进，生命科学因而成为 20 世纪和 21 世纪最有影响的知识领域。[84]生命科学的版图被重新进行了规划，分子层面的研究高度依赖于化学和物理的知识、理论与技术，传统的生物学研究延伸到化学、物理、医学、心理学、计算机科学等多个领域，使生命科学成为一个以分子生物为核心的交叉学科。本研究在生命科学领域选取的两个研究生院案例代表了生命科学最前沿的研究领域，虽然这两个研究生院都是以大学的生物学院为主建立起来的，但都具有典型的跨学科特征。

　　"文学-文化研究"在德国学术体系中也有特定的意义。在德国语境中，以单数形式使用的"文化学"（Kulturwissenschaft）接近于美国学术体系中的 Culture Studies，是基于批判理论和文学批评发展起来的一个研究领域，关注意识形态、性别研究、大众传媒、民族和种族、日常文化等问题，以文本分析、反思、阐释和批判、解构为主要的研究范式，并以教席或研究所的形式得以制度化。而复数形式的"文化研究"（Kulturwissenschaften）则是一个更广的概念，是人类学、艺术学、文学、语言学、传播学、民族学、哲学、神学、心理学、社会学等学科领域中以"文化"为主题的所有研究的总称。[85]20

---

84 德国教育科研部：http://www.bmbf.de/de/2350.php，2012-03-01.

85 Aleida Assmann. Einführung in die Kulturwissenschaft. Grundbegriffe, Themen, Fragestellungen. Berlin 2006

世纪 80 年代以来，广义上"文化研究"（Kulturwissenschaften）的概念有时也用来指代传统上德语中的"精神科学"（Geistwissenschaften），也就是英语中的"人文学科"（Humanities）。[86]不管是"文化学"还是"文化研究"，都有明显的跨学科特征，且并未超出传统意义上的"人文学科"的范畴。在德国的结构化博士生培养项目和研究生院中，人文学科的案例数量相对较少，很难再聚焦在一个更具体的、边界清晰的学科如文学、历史或哲学。因而本研究选择了"文学-文化研究"作为一个整体类别确定研究案例。本研究所选的弗里德里希·施雷格尔文学研究生院和吉森文化研究国际研究生中心是"卓越倡议"中唯一两所可以划归为"人文学科"领域的项目，分别以文学和广义上的文化研究为主题，但是也都有明显的跨学科特色，涉及人文学科的多个领域；而柏林洪堡大学的研究训练小组——"作为知识范畴的性别"则属于狭义上的文化研究范畴。

（3）组织类型

德国的结构化博士生培养涉及多种不同的组织形式，单从名称上看，有研究训练小组（Graduiertenkollegs）、研究生院（Graduiertenschulen）、博士院（Promotionskollegs）、研究院（Forschungsschulen）、博士中心（Promotionszentrum）等多种形式，从组织结构和功能出发，则可以分为结构化培养项目、学科研究生院和学校研究生院三种主要的类型（详见第四章第四节）。其中学科研究生院是在早期结构化培养项目的基础上发展而成的，是德国目前规模较大、涉及人员较多、组织结构和管理相对完善的结构化培养的组织形式，同时研究生院通常会整合其他不同形式的结构化培养项目在其框架之下，因而是本研究考察的主要组织类型。本研究所选的 8 个案例有 5 个都属于这类学科研究生院，并且是受"卓越倡议"资助的项目。"卓越倡议"中的研究生院项目是目前德国受资助力度最大也是影响最大的研究生院项目，并且卓越倡议对研究生院项目有一定的规范化要求，使跨学科的比较也有一定的框架可循。此外，根据方便性原则，本研究选择了一所州政府资助的研究生院、一个具有"准研究生院"性质的经济学结构化博士项目和一个研究训练小组项目进行参照比较。

---

86 Hartmut Boehme, Klaus R. Scherpe (Hrsg.). Literatur und Kulturwissenschaften. Positionen, Theorien, Modelle. Reinbek bei Hamburg: Rowohlt-Taschenbuch-Verlag, 1996.

2. 访谈对象

在针对案例研究生院的访谈研究中，本研究确定了博士生导师、研究生院管理人员和博士生三类群体为访谈对象。这三类群体是博士生培养的直接参与者，对博士生培养在本领域的具体实施、培养模式改革的动因、改革的过程、实践情况都有直接的体验和感受，相关的教授和管理人员甚至见证和参与了过去二三十年本领域博士生教育逐步结构化的改革过程，并且了解本领域整体的科研发展、人才需求和科研文化，因而能够为本研究的研究问题提供重要的经验性资料支持。

在实际访谈的过程中，教授与行政岗位人员被归入一类访谈人员，依照类似的访谈提纲。因为受访的教授大多同时是研究生院的负责人或院委会成员，对研究生院的背景、组织管理较为熟悉；而受访的行政岗位人员，即行政主任（Geschäftsführer）或科研协调人（Wissenschaftlicher Koordinator）也都有本领域的专业背景和博士学位，对研究生院科研活动和知识特色有较好的理解。

三、研究思路与论文结构

从知识生产模式转型的视角出发，本研究的基本假设是，在知识生产的模式转型中，由于知识的判定、知识活动的结构布局、组织方式、人员分布、资助方式和管理模式都发生了改变，博士生培养面临挑战，其理念、目标、组织方式和培养制度都可能随之调整，这是当今各国博士生教育的共同背景。

但是，各国应对挑战的具体方式和措施各有不同，这种特殊性与各国高等教育的组织基础、制度以及文化特征密切相关。作为一项国别研究，本书必须将德国博士生培养的模式改革放到德国学术系统的组织结构、制度基础和社会、文化语境中，首先对其基本特征、政策背景和发展脉络进行描述，并对原有的培养模式和改革模式进行对比。因而，本研究首先涉及到在宏观层面上基于德国学术系统的基本特征及其变迁对博士生培养模式变迁的历时性的研究，特别是在学术系统变迁的大背景下，对传统培养模式和新的结构化培养模式进行比较。

同时，博士生培养迄今依然是一项基于特定学科或知识领域的学术活动，依照知识社会学和科学社会学的核心观点，知识的认识论特征与知识的社会学现象——学术团体/学科的特征之间有着不可分割的紧密联系，知识特征的不同决定了不同学科、不同领域的研究者有各自的科研方式、学术生活特征和学术交往方式，因而，不同领域的科研训练方式也各不相同，从而也体现出博士研究生培养模式的具体差异。[87]今天，虽然知识生产模式转型的基本趋势和特征具有普遍性意义，但学科或知识领域之间的差异依然存在，并且这种差异本身也是深刻认识知识生产转型不可或缺的一个因素。但迄今为止，针对学科/知识领域差异的相关研究并不多。对于博士生培养模式的改革而言，深入微观现场，在具体的知识领域或学科背景中分析改革的具体动力、过程和模式并对学科/知识领域之间的差异进行比较对于深入理解改革的具体情况以及理解知识生产模式的转型都有着不可或缺的重要意义。

因而，本研究在根本上遵循一个历时性的逻辑，即，知识生产模式的转变。在这个大的逻辑下，本研究关注于德国博士生培养模式目标、组织和制度特征的转变；这种分析首先是宏观层面的，是以德国学术系统的总体变迁为背景的。而在宏观分析的基础之上，本研究也将这种转型的逻辑引入对具体学科的改革实践的分析之中，研究并比较不同学科知识转型特征的差异，及其博士生培养模式改革的特殊性（图5）。

图5 本书逻辑框架

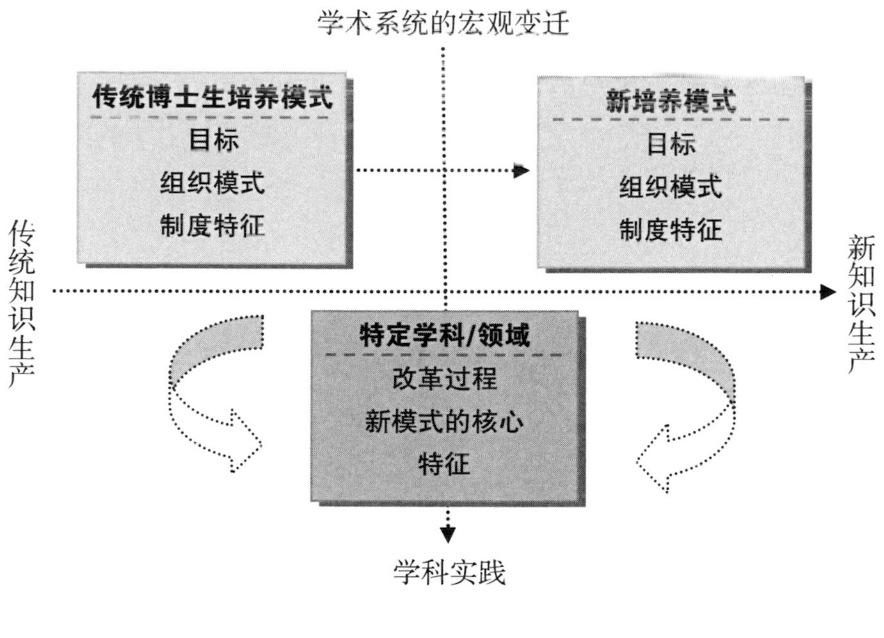

87 参考：[英]托尼·比彻，保罗·特罗勒尔. 学术部落及其领地：知识探索与学科文化. 唐跃勤 蒲茂华 陈洪捷译，北京：北京大学出版社，2008 以及 [美]R.K. 默顿. 科学社会学. 鲁旭东林聚任译，北京：商务印书馆，2004.

具体而言，本书的结构安排如下：

首先从宏观的和历史的视角出发，（1）对当代德国博士生培养的基本特征进行描述（第二章）；（2）将德国博士研究生培养改革放到德国高等教育系统的组织环境之中，对传统博士生培养模式的基本特征及其知识和组织基础进行分析，并结合德国高等教育过去三十年发生的重大变革来分析博士生培养知识、组织和制度基础的改变以及传统培养模式面临的问题和挑战（第三章）；（3）按照历史发展的脉络，详细描述德国新的博士生培养模式建立、发展的阶段性特征，并对改革的基本方向、动力模式、新培养模式的组织形式及其核心特征进行分析（第四章）。

然后，本研究将在微观情景中转入对于学科案例的分析（第五、六、七章），探讨在具体的改革实践中，新的培养模式在不同学科/领域是如何建立起来的？新模式的具体特征在不同情境中有怎样的一致性和异质性？不同学科/领域的知识生产模式及其转型与博士生培养模式及其改革有什么样的关系？这些问题只有进入学科的具体情景，才能深入探究。因而本研究在三个案例学科中对八所研究生院案例进行相对深入的探究，通过对比分析，理解学科知识及其知识生产方式与博士生培养模式之间的关系，讨论改革的参考模式在学科实践中实现的程度及其限制性条件，并对突出的影响因素进行专门分析。

最后，本研究将结合宏观和微观层面上的分析，对论文的研究问题予以总结和回应（第八章）。这一部分首先从知识生产模式转型的视角探讨德国博士生培养模式改革的根本动因和目标；然后总结、归纳德国的博士生培养模式改革在本土制度环境中呈现的具体改革路径和改革方式；最后，通过对不同学科/知识领域改革实践的比较，分析不同学科知识生产模式转型对博士生培养模式改革的具体影响，比较学科差异，并对知识生产模式转型理论进行反思。最后，论文还将对研究的贡献和不足进行总结。

第二章　当代德国博士生教育的总体特征

　　本章是对德国博士生教育总体特征的基本描述，涉及规模、结构、博士生培养中的参与主体、法律法规、重要机构等几个方面。对于本研究而言，对德国博士生教育总体特征的描述是一项不可或缺的基础性工作：一方面，对规模、结构等博士生教育的基本面问题进行描述能够为后文针对具体问题的分析搭建一个宏观框架，特别是为后文相关的量化分析提供基础；另一方面，在德国的特定制度情境之中，博士生教育的参与主体、相关机构、法律法规等是博士生教育重要的影响因素，德国博士生教育改革议题的产生、改革路径的选择和过程的推进都与这些因素有着不可或缺的重要联系，因而对这些影响因素进行描述是理解德国博士生教育特殊性的重要基础。

第一节　规模与结构

　　德国是一个博士生培养大国，过去三十年中，其博士生培养规模经历了显著的扩张，博士学位授予数量排名世界第三。医学和自然科学博士数量占到德国博士学位授予总数的一半。德国没有进行学术性博士学位和专业博士学位的专门区分，在通常的理解中，除医学博士之外，德国其他学科授予的博士学位都被认为是学术性学位。

一、培养规模

在过去十年中，德国每年的博士学位授予数都在 25000 人左右，在国际比较中仅次于美国和中国，是欧洲授予博士数量最多的国家(图 6)。根据经济与合作组织（OECD）2002 年的一项统计，德国 25 岁以上人口中博士学位拥有者的比例为 1.8%，美国为 1.2%，而 OECD 国家的平均水平为 1.0%。[1]2008 年的一项统计研究则显示，德国博士学位拥有者占到相应人口年龄组的 2%，美国约为 1.5%。如果除去德国的医学博士[2]，则德国学术性博士学位拥有者的比例与美国相当。[3]

图 6　各国博士学位授予数（1998-2009）[4]

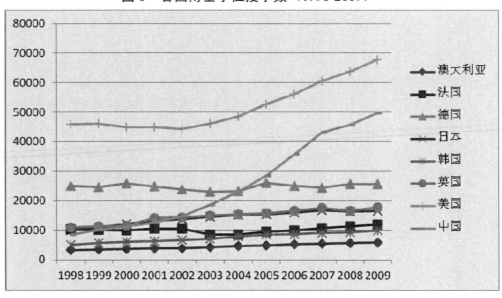

1　OECD . science, technology and industry outlook. Paris: OECD,2002.

2　在德国，医学博士学位通常被视为"专业学位"，与其他博士学位的培养年限、培养目标有所不同，因而在大多数德国博士生教育的研究文献和政策文本中，医学博士通常不被纳入讨论范围。详见本节后文内容。

3　Kerstin Janson, Harald Schomburg, Ulrich Teichler. Wege zur Professur: Qualifizierung und Beschäftigung an Hochschulen in Deutschland und den USA.Munster: Waxmann, 2008: 69.

4　数据来源：中国数据来自中国学位与研究生信息网
http://www.chinadegrees.cn/xwyyjsjyxx/xw30/pdssn/270849.shtml，2012-02-01
其他国家数据来自 OECD 网站"Graduates by field of education（Advanced research prorammes）"，http://stats.oecd.org，2012-02-01。

与博士学位获得者在人口年龄组中所占的高比例形成对比的是，德国高等教育总体的入学率并不算高。以 2008 年为例，德国包括大学和各类高等专科学校在内的整个第三级的教育入学人数约占年龄组的 36%，远低于OECD 国家 56%的平均水平。[5]所以相比而言，德国博士生教育规模占高等教育总规模的比例也就相对更高，这也进一步印证了德国作为博士生教育大国的地位。

上世纪 70 年代，德国高等教育的规模急剧扩张，高校在校生人数在 1975年到 1990 年间翻了一番（图 7）。博士生教育的规模也迅速扩张，特别是从1980 年到 2000 年的 20 年间，德国年度博士学位授予数量增长了一倍之多（图8）。

图 7　德国高校在校学生总数（1975-2010）

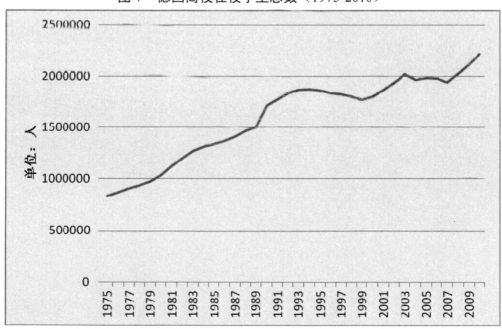

数据来源：德国联邦统计局[6]（1989 年之前的统计数据仅指前联邦德国）

5　Anja Kühne. Bildung bringt´s. Der Tagesspiegel, 2010-09-08(24).

6　Statistische Bundesamt. Bildung.
http://www.destatis.de/jetspeed/portal/cms/Sites/destatis/Internet/DE/Content/Statistiken/Zeitreihen/LangeReihen/Bildung/Content100/lrbil01a,templateId=renderPrint.psml,2012-02-29.

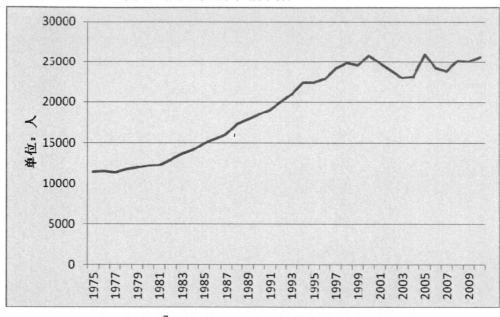

图 8　德国博士学位授予数（1975-2010）

数据来源：德国联邦统计局[7]（1992 年之前的统计数据仅指前联邦德国）

2000 年之后，德国博士生培养总量保持稳定，但留学生比例以及女性比例却有很大的提高，特别是留学生比例从 2000 年的 1926 人，上升到 2010 年的 3831 人，翻了一番（图 9）。目前德国博士学位获得者中外国人所占比例已经达到 15%[8]。德国博士毕业生的平均年龄为 32.7 岁（2010 年）。

二、学科分布

在德国联邦统计部门的统计数据中，博士学位授予数被按照九个学科大类进行划分。其中培养规模最大的是数学/自然科学，占到博士学位授予总数的 32%，其次是临床医学（28%），法律/经济/社会科学学位授予数占 14%，语言文化占 11%，工程类学科占到 10%，其余三个少于 10%的学科大类依次是兽医学、农/林/营养学、艺术学/体育运动学（图 10）。

7　Statistische Bundesamt.　Bildung.
http://www.destatis.de/jetspeed/portal/cms/Sites/destatis/Internet/DE/Content/Statistiken/Zeitreihen/LangeReihen/Bildung/Content100/lrbil11a,templateId=renderPrint.psml. 2011-04-13.

8　Statistisches Bundesamt. Fachserie 11 Reihe 4.2：Bildung und Kultur-Prüfungen an Hochschulen 2010. Wiesbaden: Statistisches Bundesamt, 2011: 15.

图9　1988-2010年德国所授博士学位的数量变化

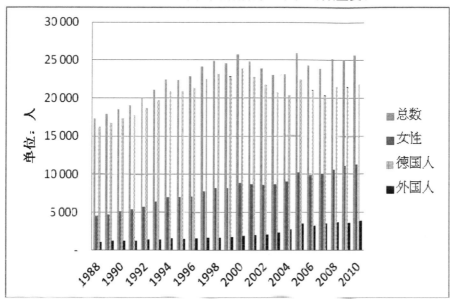

数据来源：德国联邦统计局[9]

图10　德国大学授予博士学位的学科领域分布（2010）

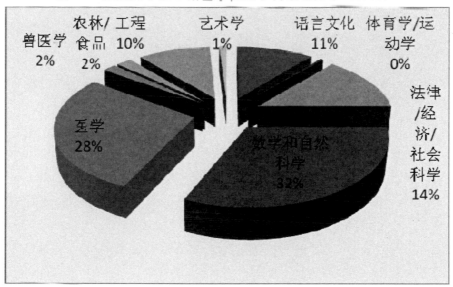

数据来源：德国联邦统计局[10]

9　Statistisches Bundesamt. Fachserie 11 Reihe 4.2 : Bildung und Kultur-Prüfungen an Hochschulen 2010. Wiesbaden: Statistisches Bundesamt, 2011: 15.

　　从具体的学科来看，学位授予数最多（千人以上）的几个学科依次是临床医学、生物、化学、法律、物理/天文学、机械制造和工艺流程学以及经济学（表 2）：

表 2　德国学位授予数最多的前 12 个学科（2010）[11]

学　科	学位授予数
临床医学（不包括口腔医学）	6 267
生物	2 607
化学	1 841
法律	1 506
物理学、天文学	1 408
机械制造/工艺流程学	1 246
经济学	1 226
口腔医学	981
信息与计算机科学	832
电器工程	656
数学	519
心理学	509

三、学位类型

　　在德国，博士学位基本上依照学科类别由各大学自行颁发。不同学科的博士学位有不同的拉丁文缩写名称，比如数学、化学、物理等自然科学学科博士在很多大学被授予"自然科学博士"学位（Dr. rer. nat.），而属于传统上"哲学学院"的学科如哲学、历史学、文化学、教育学、心理学、政治学等学科被授予"哲学博士"学位（Dr. Phi），再如"经济学"（Dr. rer. Oec.），"法学博士"（Dr. iur.）或（Dr. Iuris.）。在一些大学里，具体学科有各自特定博士学位名称，如"数学博士"（Dr. math.），文化学博士（Dr. cult.）。在 1899

10　Statistisches Bundesamt. Fachserie 11 Reihe 4.2 : Bildung und Kultur-Prüfungen an Hochschulen 2010. Wiesbaden: Statistisches Bundesamt, 2011: 15.

11　Statistisches Bundesamt. Fachserie 11 Reihe 4.2 : Bildung und Kultur-Prüfungen an Hochschulen 2010. Wiesbaden: Statistisches Bundesamt, 2011: 15.

年才在德国首次设立的工学博士学位没有沿用拉丁语名称，而是德语缩写的Dr.-Ing. 值得注意的是，近年来，一些德国大学为了与国际接轨，开始在国际合作博士项目或一些特定学科设立 Ph.D 学位，作为传统博士学位的补充或替代。

德国的博士学位没有学术性学位和专业学位之分，学位按照学科不同分别命名，所有的博士学位都被认为是学术性的，是科研能力的证明。但这其中"医学博士"（Dr.med.以及 Dr.med.dent.）是个例外，普通的医学博士学业在涉及的知识范围的广度和科研深度上都不及其他学科的博士学业。医学院学生无需在完成相当于硕士水平的毕业考试，即国家考试中的医师考试（ärztliche Prüfung）之后才开始攻读博士，而是通常在学业过程当中就可以开始撰写博士论文，并在毕业后半年到一年时间内获得博士学位，博士生教育并不是德国医学教育体系中独立的一个学业阶段。在德国，大约有80%的执业医师拥有博士学位，[12]因而在政策讨论和相关研究中，医学博士学位通常被认为是事实上的"专业学位"，需单独讨论，本研究也不涉及德国的医学博生培养。

第二节　博士生教育的参与主体

一、学位授予单位和博士生培养单位

在德国，415 所"高校"（Hochschulen）构成了高等教育体系。这其中包括 106 所大学（Universitäten）、207 所高等专科学校（Fachhochschulen，也被译作 "应用技术大学"）、6 所师范高校（Pädagogische Hochschulen）、16所神学高校（Thologiesche Hochschulen）、51 所艺术高校（Kunsthochschulen）和 29 所管理高等专科学校（Verwaltungsfachhochschulen）。在这些机构当中，大学具有法定的博士学位授予权，部分师范、艺术和神学高校也拥有颁发特定学科博士学位的权力，而高等专科学校没有博士学位授予权，这是由德国高等教育的历史传统决定的。19 世纪以来，大学在德国成为从事科研和科研训练的专门高等教育机构，科研训练是博士生培养的核心内容，博士学位作为大学文凭被视为科研能力和资质的证明。而高等专科学校主要是 20 世纪 60年代以来建立的，以应用性、实践性和职业导向的专业知识传授和职业准备为核心任务，这在德国的传统中与博士生培养的目标并不相符。德国的 106

---

12 Wissenschaftsrat. Empfehlungen zur Doktorandenausbildung. Köln: Wissenschaftsrat, 2002:5.

所大学都有独立授予博士学位的权力，并在院系的层面依据《博士考试章程》（Promotionsordnung）对博士学位的授予做出具体规定。

但需要特别指出的是，在德国，博士生培养单位与博士学位授予单位并不完全重合。在大学之外，德国还有一个由众多科研院所组成的庞大的科研体系担任着"博士生培养单位"的角色。这其中绝大部分机构都属于"四大学会"，即，以前沿基础研究为主的马克斯普朗克学会（Max-Planck-Gesellschaft）、致力于大型战略性科研项目和跨学科前瞻性研究的亥姆霍兹国家研究中心联合会（Helmholtz-Gemeinschaft）、以应用技术研究和合作科研资助为目标的弗劳恩霍夫学会（Fraunhöfer-Gesellschaft）以及主要由前民主德国科学院体系转制形成的莱布尼兹联合会（Leibniz-Gemeinschaft）。这四大学会下属的近 250 家研究机构在德国科研体系中占据了极为重要的位置，以 2010 年为例，政府向各类公共科研机构以及非营利性私立科研机构投入的总预算达 103.5 亿欧元，其中 75% 的预算、约 75.8 亿欧元投向上述四大学会下属的科研机构；而同年投向所有高校的科研经费为 126 亿欧元。从学术人员的数量来看，2010 年德国共有约 9 万科研人员全时任职于公共科研机构或非营利性私立科研机构，同年高校的各类科研人员总数约为 12 万。[13]可以看到，大学之外的这些科研机构在德国的科研体系中占据了跟高校不相上下的重要地位。据估算，目前大约有 20% 的博士研究生在这些科研院所中进行科研工作，撰写博士论文，这个比例在自然科学和工科的比例则更高。[14]所以，这些科研机构在德国博士研究生的培养中占有重要地位。这些科研院所通常与就近的大学有密切的科研合作和密集的人员交叉，博士生大多在这些合作大学注册为博士候选人，通过论文考核和答辩即获得该校博士学位。

二、博士生导师与博士生

在国际比较中，对德国博士生导师和博士生的身份进行界定和描述相对比较复杂，这主要是因为，德国高校学术人员结构本身有其特殊性。比如，博士生群体与高校学术人员群体本身存在交叉，而拥有博士生指导资格的学术人员与实际的博士生导师也并不完全相符。因而，本研究首先对德国高校学术人员总体结构进行解释，而后再分别对博士生导师和博士生进行界定。

---

13 Statistische Bundesamt. Forschung und Entwicklung. http://www.destatis.de/.

14 Anke Burkhardt (Hrsg.).Wagnis Wissenschaft-Akademische Karrierewege und das Foerdersystem in Deutschland. Leipzig: Akademische Verlagsanstalt, 2008:180.

1. 德国高校学术人员结构

德国高校学术（包括大学、高等专科学校和其他类型高校）人员的构成比较复杂（表 3），首先可以分为专职人员和兼职人员两大类，而专职学术人员又分为教授和"学术中层"（Akademische Mittelbau）两个群体。

教授是德国高校教学和科研的主要承担者，按照教授级别的不同主要分为 C2、C3、C4 和 W2、W3 五个等级。其中 C4 和 W3 是最高级别，也就是拥有教席的讲座教授（Lehrstuhlinhaber），其中绝大多数在大学任职，他们通常配有多个学术助理的岗位编制和较多的预算经费。C3、W2 和 C2 教授级别低于 C4-W3 教授，他们任教和研究的范围受到一定限制，有很少或者根本没有学术助理的岗位，经费也少于高级教授。德国绝大部分教授是终身制岗位的国家公职人员和独立的法人，但是 C2 级别教授有一部分是非终身制岗位。无论何种教授职位，都需要需要通过高校执教资格考试（Habilitation）。助理教授（Juniorprofessur）是 2002 年通过联邦《高校框架法》（Hochschulrahmengesetz）修订新确立的一种教授职位，担任助理教授无需通过高校执教资格考试，这一职位设立的初衷是为了给予学术中层人员更好职业发展机会，帮助他们更早的实现学术工作中的独立地位。但是助理教授的总数非常少，不同联邦州对助理教授的具体职位规定也有很大差异。

"学术中层"是非常有德国特色的一个群体，在一定程度上体现了德国学术体系由教授所主导的"学术寡头"式的组织传统。通常教授之下的各类学术人员都被归为中层人员。其中讲师（Dozenten）是已经通过了高校执教资格考试的学术人员，被视为教授职位的后备力量，他们可以独立进行教学和学术研究、申请科研经费，并具有评定博士论文的考试权（Prüfungsberechtigung）。助教（Wissenschaftliche und künstlerische Assistenten）原则上必须具有博士学位，在工作中受教席教授领导，除担任一部分教学工作大部分时间用于科研工作和个人的学术提高。学术助理（Wissenschaftliche Mitarbeiter）是学术中层人员的主体（图 11），其基本的任职资格的是高校毕业（获得传统学制中文凭学位、文科硕士学位或者新学制中的硕士学位），工作内容主要辅助教授进行教学和科研工作。学术助理岗位具体又可以分为两类，一类是编制内岗位（Planstellen）的学术助理，这类岗位通常依据教席而设，即，每一个学术助理岗位都附属于某教席，其岗位工资从大学预算中支付，这类学术助理通常要承担本教席的教学科研工作，并参与学生事务和学校管理。另一类是项目学术助理，这一类岗位根据特定的科研项目而设，其收入由项目经费、即第三方资金（Drittmittel）支持，这类研究员通常只承担科研工作，不参与教学。大多数学术助理岗位都是有限期合同岗位。

专聘教师是为传授一些特定的实际知识和技能而专门聘任的老师，这部分教师没有科研任务，专职授课。比较常见的是高校中外语课程的授课教师。

除了上述专职学术人员之外，高校教学科研人员中还有很大一个群体是兼职人员。包括客座教授、名誉教授，合同教师以及学术辅助人员和学生指导人员，这一部分人员主要是为补充大学教学安排的不足和提供学生指导上的辅助性支持，他们的工作时间通常是专职工作人员的一半或者更少。从人员比例上看，兼职人员约为专职学术人员的一半，所以这个群体对于高校的科研教学工作而言也是非常重要的。

表3　德国高校学术人员结构（2010）

人员		大学		高等专科学校		所有高校合计	
		人数	百分比	人数	百分比	人数	百分比
专职学术人员							
教授	C4/W3	13422	54%	191	1%	13613	33%
	C3/W2	8180	33%	11355	69%	19535	47%
	C2	1687	7%	4892	30%	6579	16%
	助理教授	1235	5%	1	0%	1236	3%
	客座教授	410	1%	89	0%	499	1%
	教授总计	24934	100%	16528	100%	41462	100%
中层人员	讲师/助教	3002	2%	1036	10%	4038	2%
	学术助理	149028	94%	7469	68%	156497	93%
	专聘教师	6111	4%	2441	22%	8552	5%
	中层人员总计	158141	100%	10946	100%	169087	100%
专职学术人员总数		183075		27474		210549	
兼职学术人员							
客座教授、名誉教授		1276	2%	97	0%	1373	1%

合同教师	42062	64%	42069	88%	84131	74%
学术辅助人员、学生指导	22482	34%	5832	12%	28314	25%
兼职学术人员总数	65820		47998		113818	

数据来源：德国教育科研部[15]

图 11　德国大学各类专职学术人员比例（2010）

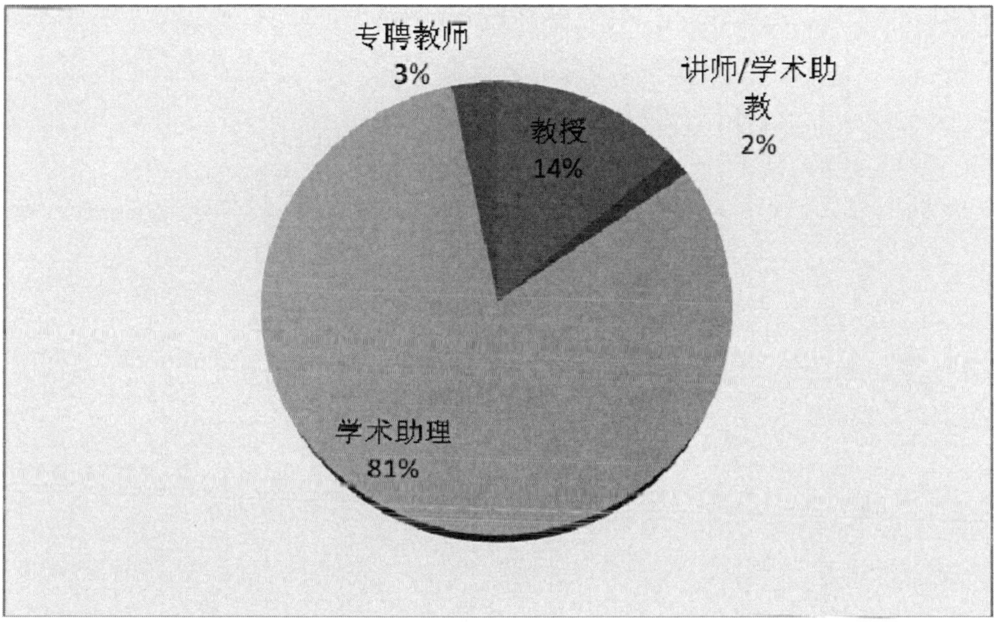

数据来源：德国教育科研部[16]

2. 博士生导师

在德国，博士生导师被称为"博士之父"（Doktorvater）、"博士之母"（Doktormutter），他们既是博士论文的指导人（Betreuer），指导博士生从事科研并撰写博士论文，通常也同时是博士论文的评阅人（Gutachter），作为答辩委员会的主席主持博士论文评定和学位授予。传统上，德国高校中通过了高校执教资格考试的人员，就被视为已经结束了学术资质的准备阶段

---

15 德国教育科研部数据库.Tab 2.5.58 Hauptberufliches wissenschaftliches und künstlerisches Personal nach Hochschularten und Personal-/Vergütungsgruppen Zeitreihe: 2000-2010. // http://www.datenportal.bmbf.de/.

16 德国科研教育部数据库.Tab 2.5.58 Hauptberufliches wissenschaftliches und künstlerisches Personal nach Hochschularten und Personal-/Vergütungsgruppen Zeitreihe: 2000-2010. // http://www.datenportal.bmbf.de/.

（Qualifikationsphase），具备了担任大学教授的资格，并被赋予了博士论文的考试权。但事实上，通常只有教授才有学术助理的岗位和较多的科研资金和学术资源支持，所以博士生导师几乎全部由教授担任。

这一传统在最近几年刚刚开始发生改变。德国当下高等教育人事体制改革的一个重点就是改变高校执教资格考试作为教授聘任的必要条件，让学术人员能够较早地获得研究工作中的独立地位。目前，替代的方案一是设立助理教授职位；二是在自然科学和工程类的一些学科领域学习马克斯-普朗克研究所等专门科研机构的做法，将那些虽然没有教授席位，但是已经独立领导研究团队，有独立科研经费的研究团队或实验室负责人通过一定的评审程序确认为"青年研究团队负责人"（Nachwuchsgruppenleiter 或者 Forschungsgruppenleiter），赋予他们独立的人事权和博士论文的考试权。目前，这些改革还只是在非常有限的范围内进行。

3. 博士生

严格意义上说，博士生培养目前在德国总体上还不算一个独立、完整的学业层次和学习过程，"博士研究生"也不是一个独立的、明确的群体。通常所说的"博士生"（Doktoranden 或 Promovierenden）是指所有那些正在为博士学位考试而进行研究和撰写博士论文的人。德国学术体系通常是按照资助和攻读学位方式的不同来对这个群体进行划分，即分为学术助理、奖学金学生（Stipendiaten）和外部博士生（自费生）三类。

如前所述，学术助理是高校或科研院所聘任的、辅助教授从事教学科研工作的人员，也是德国高校各类学术人员中占比例最大的一个群体（图 11）。德国大学中的很大一部分学术助理在进行科研工作的同时"在职"攻读博士学位，但学术助理并不等同于博士研究生，他们当中也有已经获得博士学位的人员。

奖学金学生是依靠奖学金资助完成博士学业的人员。德国博士生奖学金的来源和种类有很多，主要的资助单位包括德国科研基金会、各州政府、德意志学术交流中心（DAAD）以及其他各类私人和公共基金会等；从资助对象上来看有分别针对本国学生和留学生的奖学金，也有专门针对特定专业或特定群体的奖学金；从奖学金经费性质来看有公共财政、私人资金和国外奖学金等不同类型；有的奖学金与特定的结构化培养项目挂钩，如德国科研基金会的研究训练小组项目等。奖学金学生通常不承担教学科研工作，而是专门进行博士论文的研究和撰写，奖学金资助都有一到三年不等的资助期限。

学术助理和奖学金学生的一个很大差别在于，前者是高校或科研单位正式聘任的工作人员，签订相关工作合同，需要缴纳收入所得税；而奖学金生则属于学生群体，无需缴税。这两类人员在社会福利体系（主要是医疗保险体系）中也分属不同的对象群体。

还有极少部分博士生不在学术系统内任职、也没有奖学金资助，他们或者在从事其他职业的同时撰写博士论文，或者靠积蓄或家庭支持完成学业，这个群体通常被称为"外部博士生"。

在德国，由于攻读博士学位的人并不一定在大学注册，因而没有关于"在读"博士研究生数量的准确统计，研究者只能以不同的方式对这个群体的数量进行估算。霍夫纳（K. Hüfner）曾经估算，在2000-2001年度，在学术系统内的博士生（学术助理和奖学金学生）约有57000人，"外部博士生"的人数大概为 40000 人，即总共有近 10 万人的博士研究生群体。[17]而泰希勒（U. Teichler）等人估算，1999年度大概有7万到8万人在德国攻读博士学位。[18]根据哈勒大学高等教育研究中心（HoF）2008年的最新统计，除去医学专业之外，2005-2006年，德国约有53100到63300名博士生，其中约有40%的博士生在高校任学术助理，任职于科研单位的博士生、奖学金博士生和外部博士生各占约20%的比例。（表4）

表4 按照资助方式估算的德国博士研究生总数[19]
2005/06 年度（不包括医学专业）

博士生类别	按最小值估算		按最大值估算	
	博士生数	百分比（%）	博士生数	百分比（%）
高校学术助理	20700	39	26000	41
研究机构学术助理	8800	17	11600	18

---

17 K. Hüfner. Germany.Jan Sadlak (ed.) Doctoral Studies and Qualifications in Europe and the United States: Status and Prospects. Bucarest: UNESCO-CEPES, 2004:56.

18 Kerstin Janson, Harald Schomburg, Ulrich Teichler. Wege zur Professur: Qualifizierung und Beschäftigung an Hochschulen in Deutschland und den USA. Munster: Waxmann, 2008:32.

19 Anke Burkhardt (Hrsg.).Wagnis Wissenschaft-Akademische Karrierewege und das Foerdersystem in Deutschland, Akademische Verlagsanstalt,Leipzig:2008:180.

奖学金学生	13000	24	13000	21
外部博士生	10600	20	12700	20
总数	53100	100	63300	100

第三节　法律法规与相关机构

在德国，博士生教育有一套完善的法律法规作为制度和管理基础；同时，科学审议会、德国科研基金会等机构是德国博士生教育政策制定的主导机构和培养资助的重要参与单位，对德国博士生教育改革有重要的推动作用。这些机构与相关的法律法规共同构成了德国博士生培养改革的制度环境。

一、法律法规

在德国的高等教育系统中，并不存在一个权威部门对博士生培养或学位授予进行统一的管理。德国联邦《基本法》（Grundgesetzes）中对于艺术、科学、研究、教学的自由权、公民对学业和职业的自由选择权以及大学的自治权做出了规定，这被认为是德国博士生教育的基本法理依据。[20]在联邦的层面，1976年颁布的《高校框架法》（Hochschulrahmengesetz）是德国高等教育的基本法律，但其中没有关于博士生培养和博士考试的具体条款。在州的层面，各州有各自的《高等学校法》（Landeshochschulgesetzen）对博士学业的各个方面进行规定，包括有权授予博士学位的机构、获得学位的前提条件，博士学业的目标、博士学位的授予程序等。依据本州《高等学校法》，大学及其学院（Fakultäten）或专业领域（Fachbereiche）制定各自具体的《博士考试章程》（Promotionsordnungen），对于博士学业和博士学位授予的具体问题和程序做出详细规定。

二、相关机构

1. 科学审议会

科学审议会（Wissenschaftsrat，简称 WR）建立于 1957 年，是德国最重

---

20 Hochshculrektorenkonferenz (HRK). Ungewoehnliche Wege zur Promotion?. Bonn: HRK, 2006:11.以及 Eva Bosbach. Von Bologna nach Boston? Perspektiven und Reformansätze in dier Doktorandenausbildung anhand eines Vergleichs zwischen Deutschland und den USA. Leipzig: Akademische Verlagsanstalt, 2009:85-86.

要的科研政策建议组织，其主要职能是作为一个协商平台，让学术界与政府之间，以及州政府和联邦政府之间就德国科学研究和高等教育发展的各个方面问题进行讨论并提出政策建议。其议题主要涉及以下两个方面：

一是德国所有学术机构（大学、高等专科学校以及科研机构）的运行状况、结构布局、财政和发展规划；二是有关科研系统和高等教育的一般性问题，比如研究和教学的特定结构性问题，以及特定专业、学科的战略规划、评估、管理等。

科学审议会的核心组织是一个学术委员会和一个管理委员会，所有的政策建议都要由这两个委员会共同表决。学术委员会有 32 名委员，包括由德国科研基金会、德国高校校长联席会议、马克斯普朗克学会、亥姆霍兹国家研究中心联合会、弗劳恩霍夫学会和莱布尼兹联合会推举的 24 名学术人员代表和由联邦政府和各州政府联合推举出的 8 名公共部门代表。管理委员会则有 22 名委员，包括州政府和联邦政府的代表。科学审议会的所有报告、建议都要获得两个委员会三分之二以上赞成票才能通过。科学审议会每年制定工作方案，确立主题并成立工作组，除了两个委员会的委员外，工作组通常也包括外部专家。工作组提交的报告和建议草案在每年的四次审议会全体委员会议上进行表决。[21]

从 1986 年开始，科学审议会一共发布了 5 份政策建议，讨论德国博士学业的改革问题，分别是《关于高校学业结构的建议》（1986）[22]，《关于促进研究训练小组的建议》（1988）[23]，《博士研究生培养与支持的结构化建议》（1995）[24]，《在德国引入新的学业结构和毕业文凭的建议》（2000）[25]以及《关于博士研究生培养的建议》（2002）[26]。

2. 德国科研基金会

德国科研基金会（Deutsche Forschungsgemeinschaft，简称 DFG）是德国科学与研究的自治组织和科研资助机构。在法律性质上，德国科研基金会是

---

21 http://www.wissenschaftsrat.de/home/.

22 Wissenschaftsrat. Empfehlungen zur Struktur des Studiums, Köln: 1986.

23 Wissenschaftsrat. Empfehlung zur Förderung von Graduiertenkollegs, Köln: 1988.

24 Wissenschaftsrat. Empfelungen zur Neustrukturierung der Doktorandenausbildung und Foerderung. Drs.2040/95. Saarbrücken: 1995.

25 Wissenschaftsrat. Empfehlungen zur Einführung neür Studienstrukturen und abschlüsse in Deutschland. Drs.4418/00. Berlin: 2000. 4-12.

26 Wissenschaftrat. Empfehlungen zur Doktorandenausbildung, Köln: 2002.

一个非营利性的私立协会，面向科学研究的所有学科和领域。其成员包括德国多数大学、一部分研究院所、专业学会、以及科学院等科研组织。德国科研基金会的核心任务包括四个方面：对通过竞争性评比选出的卓越科研项目进行资助；支持青年科研人员的发展；促进跨学科合作；为议会、政府和公共机构就科研议题提供政策咨询。

德国科研基金会每年用于科研资助的经费约为 13 亿欧元，主要来自联邦和州政府，资助项目形式多样，包括科研课题、针对个人的研究基金或奖学金项目、科研奖项、国际合作项目、科研设备等。德国 2006 年启动的"卓越倡议"（Exzellenzinitiative）也由德国科研基金会执行资助。德国科研基金会也是欧洲最大的科研促进机构。

3. 高校校长联席会议

高校校长联席会议（Hochschulrektorenkonferenz，简称 HRK）是德国高校基于自愿的原则结成的组织，是高校进行协商、达成共识并面向政府和公众表达高等教育机构立场和声音的平台，其讨论的议题涉及高等教育的各个方面，包括科研、教学、大学学习、技术教育和培养、知识和成果转化、国际合作、高校自治等。目前，德国 415 所高校中有 266 家加入这一组织，这些学校学生数占德国注册在校生总数的 94%。高校校长联席会议的组织包括全体成员代表大会、常务委员会、评议会、秘书处和主席团等，通过定期召开的不同级别的会议和各种临时性的主题研讨活动对高等教育的重大问题进行讨论和表决。

从 20 世纪 90 年代开始，高校校长联席会议开始持续关注博士生教育问题。1996 年高校校长联席会议的年会主题就是博士生教育，大会发布报告《博士学业》系统讨论了德国博士生培养中存在的问题[27]；随后在 1997 年，高校校长联席会议发布了一份题为《通过提高国际化程度提升德国大学吸引力》的报告，特别讨论了德国大学对于外国博士生吸引力的问题[28]；2006 年，高校校长联席会议发布了报告《通向博士的不寻常之路》，对德国的结构化博士生培养模式进行了讨论[29]。

---

27 Hochshculrektorenkonferenz.Doctoral Studies.Resolution of the 179th plenary session of the Conference of Rectors and Presidents of Universities and other Higher Education Institutions in the Federal Republic of Germany. Bonn: HRK, 1996.

28 Hochshculrektorenkonferenz.Increasing the Appeal of German Universities by Enhancing International Compatibility. Bonn: HRK, 1997.

29 Hochshculrektorenkonferenz. Ungewoehnliche Wege zur Promotion?. Bonn: HRK, 2006:11.

4. 德意志学术交流中心

德意志学术交流中心（Deutscher Akademischer Austausch Dienst，简称 DAAD）是世界上最大的国际间学生和学者交流的资助机构。自 1925 年成立以来，全世界已经有 150 万学生学者受到德意志学术交流中心的资助。德意志学术交流中心的组织形式是注册协会，其成员包括德国的高等教育机构和学生团体。除了为来德留学、访问的学生学者以及出国留学的德国学生学者提供奖学金之外，德意志学术交流中心也积极支持德国高校的国际化，促进德国科研和国外德语学习，对发展中国家高等教育提供协助，并就文化、教育和发展等议题提供政策建议。

德意志学术交流中心的预算主要来自以德国联邦政府外交部为主的各联邦机构，也有一部分来自欧盟、企业、社会组织和外国政府。德意志学术交流中心在全世界有 14 个区域办事处和 50 个信息中心。2010 年，德意志学术交流中心的资助项目有 250 多个，受资助的学生学者有 74000 多人，资助金额达到 3 亿 8 千万欧元。[30]对于德国的博士生教育而言，德意志学术交流中心是国际学生赴德国留学攻读博士学位一个非常重要的资助主体。同时，德意志学术交流中心在过去 10 余年中也先后设立了多个结构化的博士生培养项目资助计划。

---

30 德意志学术交流中心网站. www.daad.de.

第三章　德国博士生培养的传统模式及其当代挑战

本章首先结合 19 世纪确立的德国大学的组织特征讨论德国传统的博士生培养模式——师徒制模式形成的知识基础和组织基础，并分析师徒制培养模式的核心特征；然后概括描述德国高等教育系统在过去三十年间经历的重大变迁，由此分析德国传统博士生培养模式知识和组织基础的改变；最后结合系统环境的变化讨论传统博士生培养模式在当今面临的问题和挑战。

第一节　师徒制博士生培养模式的形成基础与核心特征

一、师徒制博士生培养模式的形成基础

1. 知识基础

德国当代博士生培养的基本模式是在 19 世纪初建立的大学模式的基础上形成的。1810 年建立的柏林大学代表了一种全新的大学模式，在"为科学而科学"的理念指导下，科学研究成为大学的核心任务，这也是是现代研究型大学的本质。而"教学与科研相统一"的原则阐释了大学教学与科研工作的关系，教师的教学不再是机械的知识传授，学生的学习也不再是被动的接受知识，而是由教师引导学生从事科学研究，其核心还是落在研究上，[1]所以科

1　陈洪捷.德国古典主义大学观及其对中国的影响.北京：北京大学出版社，2006:31.

研训练成为为大学人才培养的基本方式。伯顿克拉克把这种"科研-教学-学习的统一体"视为当代研究生教育的核心本质，认为当代各国不同组织形式的研究生教育根本上都是围绕这一原则组织起来的。[2]

19 世纪初的德国受到启蒙运动洗礼和新人文主义浸染，新的大学观念也因而被赋予了鲜明的理想主义和人文主义色彩，这也体现在洪堡式的科学理念所隐含的知识观念上。洪堡强调"以科学达致修养"（Bildung durch Wissenschaft），从事科学探索的最终目的是实现精神道德上的修养。真正的科学不是狭义的经验主义或功利主义的科学，也不是专业化的科学，而是一种思辨的心智活动和体验，科学应该是统一于哲学的，指向"普遍意义"并具有道德意义和人文关怀。有研究者用这样一段描述来解释 19 世纪德国大学的科学观：

> 对于洪堡和他的同仁而言，自然科学的研究及其创造性的实践应该在大学中展开，通过全面修养的培育和系统的研究创造一个和谐、互补的整体。这样的研究事业可以是实验室里的实验，可以是大自然中的探索，可以是采集性的工作，也可以是矿产开采或者文化史的发掘，可以是文献档案中的钻研，可以是实验性语言研究，也可以是对用所有语言写出的文学的研究和批判。重要的是，这些研究能够拓宽现有的知识、发现重要的新知并对错误进行校准。所有创新性的思考都应得到支持，只要能够将可重复、可验证的事实进行传播、促进和系统化的整理，将其汇集到意义深远的理论之中，与现有的知识融合，创建关于"普遍关系"的新的、更深刻的理解。[3]

波迪尔森（M. Bertilsson）将这种科学观和知识观描述为一种"过分"的理想主义——大学不仅要实现教学与科研的统一，也要实现经验科学与哲学的统一、科学与修养、科学与启蒙的统一。[4]

---

2 Burton R. Clark. Places of Inquiry: Research and Advanced Education in Modern Universities. Berkeley·Los Angeles·London: University of California Press, 1995: 1-2.

3 BMBF: Bundersbericht zur Förderung des Wissenscahftlichen Nachwuchses(BuWiN), 2008, 30.

4 Margareta Bertilsson, from University to Comprehensive Higher Education, 转引自 Burton R. Clark. Places of Inquiry: Research and Advanced Education in Modern Universities. Berkeley·Los Angeles·London: University of California Press, 1995: 22.

19 世纪初，现代科学刚刚起步，科学研究的专门化分工化程度还比较低，这样一种知识水平与德国大学所倡导的"统一的科学观"在某种程度上是相符合的，德国大学的各个学科都很看重专业知识的广泛程度，反对过分的专门化和分化，蔑视所谓"专家"。[5]这种知识观也提高了教授的地位，19 世纪的德国大学中，一个学科、一个大的领域也通常仅有一个教授席位，教授被视为学科的代表（Fachvertreter）。如一位教授所说：

> 在德国，面对（科学的）分化和专门化这一总的趋势，应和之声相对较少。对于科学的过分专门化所能带来的结果，人们不无道理地抱一种怀疑态度；而主张科学相互关联的观念在研究和教学中更受重视。因此，德国学者在一般的期待中，应当能够驾驭、至少熟谙某一大的学科领域。[6]

事实上，尽管在理念上，洪堡式的大学观反对知识的分化和专门化，强调人文主义理想，但是"为科学而科学"以及"教学与科研相统一"的原则却在 19 世纪中后期与现代科学知识的迅速发展、扩张和分化结合在一起。大学教授们在一个宽广的哲学院中的学术兴趣逐渐开始由现代科学的工具——学科所塑造和规划，学科专门化逐渐形成了自己的动力：聚焦的科研不断产生新的成果，提供了大量的认知材料，这些材料通过教学进行传播，教学继而推进研究，产生更多专门化的知识。[7]洪堡原则的人文主义光辉被忽略了，其对科研的强调成为大学推进学科专门化的注解。而德国大学 19 世纪后半期所获得的世界性声誉正式来自其在高度专门化的科学和学术研究方面的成就。[8]

2. 组织基础

在特定知识观和知识基础之上，19 世纪的德国大学也确立了特定的科研组织形式和制度设置来支持新的大学原则的贯彻，促进了科研的发展和现代

5　陈洪捷. 德国古典主义大学观及其对中国的影响.北京：北京大学出版社，2006:76.

6　T. Tellenbach, Der Hochschullehrer in der überfüllten Hochschule, Göttingen: 1959: 6. 转引自：陈洪捷. 德国古典主义大学观及其对中国的影响.北京：北京大学出版社，2006:76.

7　Burton R. Clark. Places of Inquiry: Research and Advanced Education in Modern Universities. Berkeley · Los Angeles · London: University of California Press, 1995: 23.

8　伯顿·克拉克主编. 研究生教育的科学研究基础. 王承绪译. 杭州：浙江教育出版社，2001:10.

学术系统的形成。研讨班（Seminar）、实验室、研究所成为德国大学学术活动的基本组织形式，而教席制构成了德国现代大学的组织内核。

事实上，早在 19 世纪之前，教席制和研讨班在大学中就已经存在，但是在科学研究取代教学成为大学的核心任务之后，这些原有的制度被赋予了新的功能，教席成为科学研究的基本组织单位，研讨课成为师生共同进行科学探讨的场所。19 世纪中期，实验室和研究所在大学中的建立应和了现代科学研究的迅速发展和不断专门化的需求，以教席为中心，教授及其助手、学生在实验室或者研究所中潜心于研究，为科学研究和科研人才的训练提供了制度化的场域。伯顿·克拉克将德国大学的实验室比喻成文艺复兴时期艺术家的画室，"徒弟们通过跟随师傅学习实际技能而找到进入科学行会的途径" [9]。这些位于德国大学基层的研讨班、实验室和研究所以其活跃的科研活动吸引了优秀的学生和研究者，为科学研究和科研训练提供了理想的场所。

另一方面，围绕教席形成的这种新型的研究单元也进一步强化了 19 世纪以来的"教授大学"（Ordinarienuniversität）的组织形式和教授阶层的学术垄断地位。在 19 世纪新的大学理念看来，大学的组织应当对应科学世界的结构，科学世界的不同领域由不同的学院（Fakultäten）来代表，而教席教授则是具体专业的代表 [10]。教授成为科研的直接组织者之后，其权力和权威都被进一步提高，教授可以跳过学院和大学的组织界限直接从政府获得拨款，并随着知识的分化和科研的需求拥有越来越多的助手，这进一步强化了这种基层组织结构在德国学术系统中的重要性。因而在德国"既没有发展出一个强有力的学校管理层也没有一个强势的院系结构" [11]，从而形成了德国大学直至今日依然保留的一种"基层厚重" [12]的基本面貌。在研究所和实验室中，教授以绝对

9　Burton R. Clark. Places of Inquiry: Research and Advanced Education in Modern Universities. Berkeley·Los Angeles·London: University of California Press, 1995: 26.

10　Andreas Keller. Hochshulreform und Hochschulrevolte : Selbstverwaltung und Mitbestimmung in der Ordinarienuniversität, der Gruppenuniversität und der Hochschule des 21. Jahrhunderts. Marburg:BdWi-Verlag, 2000:41-42.

11　Burton R. Clark. Places of Inquiry: Research and Advanced Education in Modern Universities. Berkeley·Los Angeles·London: University of California Press, 1995: 28.

12　"基层厚重"（bottom-heavy）是伯顿·克拉克提出的概念，是高等教育系统的一种基本组织特征。参考：[美] 伯顿·克拉克. 高等教育系统:学术组织的跨国研究. 王承绪徐辉殷企平蒋恒，译. 杭州:杭州大学出版社，1994.

的权威独立负责包括科研、教学、人事、财务在内的一切事务，拥有很多助手，每一个基层单元都形成一种金字塔式的组织结构。

　　德国现代博士生培养的基本模式就是在上述知识基础和组织基础上形成的。首先，19 世纪建立的新型大学以科学研究为根本任务，坚持教学与科研相统一的原则，使大学成为研究训练的场所。现代学科的知识体系逐渐在在大学中形成，以教席为核心，研讨班、研究所和实验室构成了科研训练的基本单元，在每一个具体的单元中，学生在教授的指导下参与科研，学习本学科的知识、技能和方法，这也形成了现代研究生教育的基本形态。

二、师徒制博士生培养模式的核心特征

1. 培养目标

　　在德国大学的制度设计中，博士生培养最初并不是一个高级的学业层次，而是贯穿大学学习的全部阶段。从 19 世纪初一直到 20 世纪 60 年代，德国大学都没有进行学业层次的区分，博士学位长期是大学授予的唯一学术性学位。学生进入大学后，都被认为应当进行本学科或者多个学科的自由学习，并以助手的身份在教授指导下进行若干年的科研并撰写论文，最终参与博士考试获得博士学位。大学的学习定位于纯粹的研究训练，不管学生未来的职业取向是教师、公务员、律师还是医生，大学对他们来说，都是研究的场所，是接受科研训练的阶段。为科学而科学、不以实用性目的追求纯粹科学的观念也深刻地植根于德国大学的人才培养理念之中。

　　事实上，德国大学的这种人才培养理念和学生的职业需求之间一直存在矛盾。19 世纪，那些想担任国家公职人员的大学生并不选择完成博士论文，而是以参加国家考试做为大学学业的结束，因而国家考试从 19 世纪设立一直到今天一直被作为大学的第一级毕业文凭[13]。在今天的德国，获得博士学位也并不一定指向未来的学术性工作。2001 年的一项研究显示，在获得学位十年之后，德国只有约 20%到 40%的博士依然在高等教育机构内工作，在高校之外的研究机构就职的比例则更少，特别是化学、法律、经济和电子等专业。[14]

---

13 国家考试在德国被视为等同于德国大学在 20 世纪 60 年代末广泛设立的毕业文凭、文科硕士学位以及博洛尼亚进程之后设立的本科、硕士学位。

14 Jürgen Enders, Lutz Bornmann. Karriere mit Doktortitel?Frankfurt a.M. / New York: Campus, 2001:108.

德国的博士学位获得者广泛就业于学术机构、各种公共和私人部门、专业和半专业性行业、政府、管理部门和私人组织。[15]将德国与美国进行对比可以看到，美国博士生教育的首要目标是培养未来的高校教学和研究人员，2004年，约有56%的博士毕业生在高校内就业。[16]

当然，当今博士就业多元化的原因是多方面的，比如社会各个部门对于科研人才的需求增多。但是这种一直以来存在的矛盾也从一个侧面成为德国大学博士生培养理念的佐证——大学中的科研和科研训练应该是远离功利性目的和社会实践，这样一种培养观念是基于科学立场、而非基于社会需求的。而按照洪堡最初的"统一的科学"和"由科学达致修养"的理念，科研训练被认为最终能够达到涵养修养、提升道德的目的，这对于国家和社会的各个部门而言，都是有益的。

理解德国博士生教育定位，还有一个不能忽视的问题——在德国大学，博士学位一直以来并不是获得大学教职（教授）的充分资质，通常在博士学位之后的教师资格考试才是德国大学最高一级的考试和获得教职的必要资格。一般来说，德国的学术人员在获得博士学位后，需在大学继续以学术助教的身份从事学术研究，平均经过8年的时间，完成一篇学术水平在博士论文之上的教师资格考试论文（可以是博士论文的深入也可是另外一项新的研究），同时开设一门讲座课作为授课能力的考核。候选人通过资格考试之后获得执教资格证明，便可以以讲师的身份在大学中独立进行科研、教学以及指导博士论文，同时等待申请教授席位。因而这一执教资格证明也被称为"高级博士"。

所以说，博士学业是德国学术系统漫长的科研训练过程中的一个阶段，博士生培养的目标服务于大学的根本理念，即科学研究，这种科研训练远离实用性的目的，追求纯粹的科研探索和学科知识的增长，这是一种基于科学立场的培养目标。

2. 博士生选拔

在德国传统模式中，对于博士生的选拔有一种典型方式。通常学生会在

---

15 Jürgen Enders. Germany.Huisman and Bartelse et al. Academic Careers: A Comparative Perspective. Enschede: Twente University, Center for Higher Education and Policy Studies, 2000: 77.

16 Jürgen Enders. Germany. Huisman and Bartelse et al. Academic Careers: A Comparative Perspective. Enschede: Twente University, Center for Higher Education and Policy Studies, 2000: 78.

完成两到三年的大学学业之后参加中期考试（Diplom-Vorprüfung 或者 Zwischenprüfung），作为基础学习阶段的结束，然后参加教授开设的高级研讨班（Oberseminar），这种讨论班规模通常较小，研讨内容或是专题性的研究，或是就学生准备撰写的毕业论文进行讨论。这种讨论班为教授和高年级学生提供了充分的互相了解的时间，有意在毕业后继续从事科研、攻读博士学位的学生可以向教授表达读博的意向；而更多的时候，教授会从高级讨论班中选择自己认为具有潜质的优秀学生，向其提出"邀请"，欢迎他们来跟随自己攻读博士。对于教授而言，这不仅仅是招收学生，更是为自己选拔未来的教学研究助手。这样一种选拔方式是非正式的，完全基于教授和学生个人之间的交往。但这种选拔又是建立在师生双方相互了解的基础之上，教授对于学生的知识积累和学术能力有较为全面的把握，有利于招收真正优秀的学生。但是，这样的选拔完全是在一个封闭的系统内进行的，人员流动、跨校读博的情况较少发生。如果是其他学校的学生想要投到某位知名教授门下，通常也要以这样的方式来参加高级研讨班，才能获得与教授进一步沟通的机会。对于外国学生而言，这样一种入学方式显然是难以实现的。

在这样一种体制下，博士学业并没有一个正式的开始。有意读博的学生需要提出一项博士论文的研究课题（Vorhaben），获得教授同意后便可以着手研究和论文撰写，也就算开始了博士学业。在 20 世纪 60 年代德国全面普及文凭学位（Diplom）和文科硕士（Magister）作为大学毕业文凭后，攻读博士通常也需要以取得毕业文凭为前提条件。

3. 博士生资助

如前所述，德国的博士研究生主要通过担任学术助理、奖学金资助和自费读博三种方式完成博士学业，其中担任学术助理是一种最主要的资助方式，大约涉及 60% 的博士研究生（第二章表 4）。

学术助理是高校或科研院所聘任的、辅助教授或高级研究人员从事教学科研工作的人员，也是德国高校各类学术人员中占比例最大的一个群体，在德国大学中，学术助理在所有教育科研人员中所占的比例超过 80%，与教授的比例达到 5.8:1（第二章图 11），是德国高校科研教学的主要力量。

作为高校中的一种学术工作岗位，学术助理的任职要求是大学毕业，即获得了博洛尼亚改革之前的大学第一级学位和改革后的硕士学位。20 世纪 80

年代之前，学术助理的岗位与攻读博士学位并没有法定的必然关系。1976 年
颁布的《高等学校框架法》第 53 条规定，公职或者聘任制的学术助理的首要
任务都是服务于学术工作，特别是教学工作[17]。但是事实上，很大比例的学术
助理在从事教学科研工作的同时攻读博士学位。1985 年，《高校框架法》进行
了第三次修订，规定以有限期合同工作的学术助理可以"在工作任务的框架
内为博士考试进行准备"[18]，这次修订使以担任学术助理的方式攻读博士学位
有了正式的法律依据。2002 年《高校框架法》的第五次修订和 2004 年颁布的
《高等学校服务和工作条例修订法》（Gesetz zur Änderung dienst- und
arbeitsrechtlicher Vorschriften im Hochschulbereich）进一步规定，"以有限期工
作合同从事学术工作的学术助理，其工作有助于博士学位考试的准备的，应
在其工作任务框架内赋予其充足的进行个人学术工作的时间。"[19]

学术助理的岗位又具体分为编制内岗位和第三方资金科研项目岗位两
种。编制岗位是按照教席设立的，通常要求学术助理参与一定量的教学工作。
第三方资金科研项目岗位则是依照研究课题设立，学术助理只需参与科研，
没有教学任务。根据德国教育科研部的统计，约有 56.3%的有限期合同学术助
理岗位为编制内岗位，另外 46.7%为项目岗位。[20]在不同学科，这两种学术岗
位的比例有很大差异，在工程学和自然科学领域，第三方科研资金项目岗位
占到近 60%，而法律、经济等社会科学领域则仅有约 25%的学术助理岗位为
项目岗位。[21]总体来说，编制岗位在 20 世纪 80 年代以来一直没有显著增加，
但是第三方科研基金项目岗位却有明显增长。从 1993 到 2000 年的 7 年间，
编制岗位近增加了不到 6%，第三方科研基金项目岗位却翻了一番。[22]显示出
受外部资金支持的科研项目对于学术助理的需求的不断增长。

学术助理岗位可以一职多聘，多数攻读博士学位的学术助理以半个或者
四分之三个职位工作，也就是只对应 50%或 75%岗位工作时间，以留出从事

---

17 Hochschulrahmengesetz 1976§ 53.

18 §53, Abs.2 Satz3 HRG i.d.F. der 3. HRG-Novelle 1985.

19 Bundesministerium für Bildung und Forschung.Bundersbericht zur Förderung des
Wissenscahftlichen Nachwuchses(BuWiN). Bonn: BMBF, 2008: 34.

20 Bundesministerium für Bildung und Forschung.Bundersbericht zur Förderung des
Wissenscahftlichen Nachwuchses(BuWiN). Bonn: BMBF, 2008: 35.

21 Wissenschaftrat: Empfehlungen zur Doktorandenausbildung, Köln: Wissenscahftrat,
2002:14.

22 Wissenschaftrat: Empfehlungen zur Doktorandenausbildung, Köln: Wissenscahftrat,
2002:14.

个人科研和论文撰写的时间，他们负担的教学和科研的工作量也因此差别很大。通常在大学教席担任学术助理的人员要承担教学和学生辅导工作，投入科研特别是针对博士论文的科研时间受到限制；而项目学术助理学术助理相对有较多时间投入科研工作，特别是当他们所从事的项目科研与个人博士论文课题相近的情况下，投入博士论文的精力有较好的保障。学术职位的工作合同期限在不同学科和机构也有很大差异，在自然科学领域，攻读博士学位的助理通常签三年，工科可以签到 5 年。也有很多是根据项目时间而定的，可能少于三年。[23]

所以，担任学术助理作为德国传统博士生培养模式中博士研究生的主要资助方式，事实上是一种工作聘任关系。在身份上，这些博士研究生都属于高校和学术机构的正式教学科研人员。学术助理岗位的设置与博士研究生的读博需求没有直接关系，是由高校学术人员编制和实际的科研需求决定的。过去 20 年间，这种岗位的设置越来越多地依赖于外部科研资金和科研项目，也就是"委托科研"的形式。不同类型和不同学科的学术助理岗位在工作时间、教学任务上差异性很大，难以一概而论。学术助理对于德国高校和研究机构的教学科研工作而言是不可或缺的重要群体。

除了担任学术助理，还各有约 20%的博士生依靠奖学金或不依赖于任何资助"自费"攻读博士学位。奖学金学生通常无需承担教学科研工作，可以集中所有的时间进行博士论文的研究和撰写。而那些学术系统之外的博士生的具体资助状况和工作状况是无从考察的，他们所需要做的就是找到一位大学教授作为导师，然后独立撰写论文，论文通过，即可获得博士学位。

4. 培养程序

在传统模式中，教授或大学对于博士研究生没有系统的、有组织的"培养"可言。博士学位的准备对于德国学术系统而言是个人从事研究、撰写博士论文的过程，而非一个学业层次，长久以来，德国只有博士考试（Promotion）的概念而没有博士生培养（Doktorandenausbildung）的概念，也没有在制度层面针对博士生的培养程序或安排，对博士生的指导完全是导师与博士生之间的个人交往。很多教授会定期不定期开设博士生研讨会（Kolloquium），博士生可以在研讨会上报告科研和论文进展。

---

23 Bundesministerium für Bildung und Forschung.Bundersbericht zur Förderung des Wissenscahftlichen Nachwuchses(BuWiN). Bonn: BMBF, 2008: 35.

5. 质量评价

传统培养模式没有针对博士生研究和论文进展的过程控制或中期考核，所以其质量评价只存在于最后论文考核和答辩的环节。通常一篇博士论文完成后，博士生须向所在学院的博士考试委员会提交博士学位考试申请，博士生如果符合学位申请的基本资格，则进入论文评审阶段。通常一篇博士论文有两位评阅人（Gutachter），而第一评阅人一般都是博士生的导师。评语人须对论文进行打分。论文通过评阅之后由院系的博士考试委员会安排口试（即论文答辩），答辩委员会通常由包括博士生导师在内的三到四名委员组成并由博士生导师担任主席。最后答辩委员会综合论文书面成绩和答辩表现给出博士论文的最后成绩。可以看到，从论文评阅到答辩的整个考核过程都是由博士生导师主导的。

综上所述，德国博士研究生培养的传统模式是在 19 世纪确立的现代大学模式和现代科学的学科体系基础上形成的，在培养目标上，服务于为科学而科学的根本理念，"研究至上"、"教学与科研相统一"、"自由研究"的原则深刻地体现在博士研究生的科研训练中。这种训练模式没有系统的组织，博士学习阶段不是一个明确的学业过程，博士生沿袭 19 世纪确立的科学学徒传统，以学术助理等身份聚集在教席之下，在研究所、实验室中协助教授开展科研和教学工作，博士研究生对教席教授的依附性很强。博士生研究过程是个人化和高度自由的，导师与博士生之间一对一的交往是最关键的因素。在博士论文的评阅和答辩环节，导师也发挥主导作用。这种培养模式也与德国大学长久以来以教席为基本组织单位的组织模式密切相关。

第二节　德国高等教育的系统变革

一、德国现代大学模式："成功的模糊性"及其内在矛盾

19 世纪德国大学在学术和科研上取得了巨大的成功，德国成为当时世界的学术中心，吸引着来自各国的学生和学者。本·戴维（Ben-David）指出，"直到 19 世纪 70 年代，德国的许多大学实际上是世界上学生能够接受科研训练的唯一机构"。[24]阿什比（Ashby）这样描述 19 世纪德国大学的学术生活：

---

24 Joseph Ben-David. Centers of Learning: Britain, France, Germany, United States. New York: McGraw-Hill, 1977:21-23.

德国的大学成为西方世界的骄傲。在德国吉森的李比希
（Liebig）的实验室里，有来自整个欧洲的学生一起工作。每个学生
都努力设法来到吉森。从清晨到深夜，都可在在实验室找到李比希
和他的学生。[25]

再比如，1820-1920 年间，大约有 9000 名美国学生学者留学德国，其中
很多人获得了博士学位，回国后致力于在美国大学实现专门化的科学研究。[26]

德国大学在学术上的成功是肯定的，洪堡式的大学理念甚至被认为是 19
世纪以来最有影响力的学术思想。[27]但是，如果回溯洪堡原初的大学理念，或
者观察 19 世纪德国大学学术活动的方方面面，又会发现这种成功事实上有些
模糊难辨[28]。一方面，以哲学统一所有科学的新人文主义理想很快被 19 世纪
现代科学的迅速发展和知识的分化冲淡，学科的专业化逐渐发展出其"自我
放大"（Self-amplification）[29]的动力，科研探索并不是为了寻求洪堡所说的"普
遍联系"，而是为了不断开垦学科的疆土边域，发现未知的前沿。另一方面，
并不是所有的学生都心怀研究的理想，相反，大多数学生并小攻读（博士）
学位，甚至不参加高级研讨班，他们只是为了能够通过医师、文理中学教师、
法律从业者等职业的资格考试而注册学习课程。[30]

与此同时，大学对于科研活动的垄断也没有持续太久，很快，新兴的科
研需求开始在大学之外寻求理想的栖身之地。19 世纪中叶，科学世界的版图
发生了新的变化。技术革新和工业革命推动了技术知识和专业知识的学术化，
原有的学科分化，新的学科不断产生，科学对工业产生越来越大的影响。在
德国，军事、经济、政治、医疗卫生等各个领域都生长出"科研"需求，出

25 Eric Ashby. The Future of the Nineteenth Century Idea of a University.Minerva vi,
3-17.
26 Hermann Roehrs.The classical German concept of the university and its influence on
higher education in the United States.Frankfurt/M: Peter Lang, 1995:36-37.
27 Burton R. Clark. Places of Inquiry: Research and Advanced Education in Modern
Universities. Berkeley·Los Angeles·London: University of California Press, 1995: 50.
28 "成功的模糊性"这一说法参考：[德] 克劳迪亚斯·盖勒特. 德国科研和高级教
育的模式. 见[美] 伯顿·克拉克主编. 研究生教育的科学研究基础. 王承绪译. 杭
州：浙江教育出版社,2001:9.
29 Burton R. Clark. Places of Inquiry: Research and Advanced Education in Modern
Universities. Berkeley·Los Angeles·London: University of California Press, 1995:
23.
30 Charles E. McClelland. State, Society and University in Germany 1700-1914.
Cambridge: Cambridge University Press, 1980.

现了德国社会学家所说的"科学文明"（wissenschaftlichen Zivilisation）[31]或"科学社会"[32]（Wissenschaftsgesellschaft）。而大学恪守纯粹理论化的科学探索，排斥实用性的研究，拒不接纳这些新的研究需求。在这种背景下，军队和大型企业开始创建专门的科研部门，政府直接资助的科研机构兴起。1887年帝国技术研究所（今联邦物理技术研究所前身）的建立，标志着由国家支持的，与技术应用紧密结合一种新的研究机构的产生。[33]1910年柏林大学建校一百周年校庆之际，威廉皇帝科学促进会（Kaiser-Wilhelm-Gesellschaft zur Förderung der Wissenschaften，今天马克斯-普朗克学会的前身）成立，显示出大学在科研，特别是自然科学领域的科研中，"仅能在有限的程度上继续与国际前沿并驾齐驱"[34]。

上述这些不同方面的矛盾暴露出根植在洪堡式的德国大学组织模式的问题。德国大学坚持一种统一的目标和单一的任务，其整个体制是以科学研究为基础建立起来的，教学活动不受重视，并且忽略了大学同时也是学生职业准备场所这样一个事实，既没有在教学的内容上对专业教育和学术性训练进行区分，也没有从教育的层次上进行初级和高级的区分，大学教育只有一个层次，所有的学生都按照一种目标来培养。另一方面，就科研本身而言，作坊式的、个人化的传统科研模式在19世纪末20世纪初就已经显现出其与科学的发展、特别是大科学的科研需求的不相适应。

德国大学的这些问题早在20世纪初就已经暴露出来。1918年，马克斯·韦伯（Max Weber）在其著名的"以学术为业"的演讲中曾经对德国大学做出这样一个评价：

> "德国大学在许多学术领域也在沿着美国制度的方向发展……
> 德国大学的生活在一些重要方面，就像德国人的一般生活一样，正在变得日益美国化。"[35]

---

31 Helmut Schelsky. Der Mensch in der wissenschaftlichen Zivilisation. Köln: Westdeutscher Verlag,1961.

32 Rolf Kreibich. Die Wissenschaftsgesellschaft. Frankfurt: Suhrkamp, 1986.

33 Hans-Willy Hohn. Uwe Schimank. Konflikte und Gleichgesichte im Forschungssystem: Akteurkonstellationen und Entwicklungspfade in der staatlich finanzierten außeruniversitären Forschung[M]. Frankfurt/New York: Campus Verlag, 1990. 63~64.

34 Christoph Führ. Hochschulreformen in Deutschland im 20. Jahrhundert. Wozu Universitäten-Universitäten wohin? Essen: Stifterverband für die Deutsche Herausgeber, 1993: 11.

35 [德]马克斯·韦伯. 马克斯·韦伯社会学文集. 阎克文译. 北京：人民出版社, 2010: 129.

在韦伯看来，德国大学作为一种"旧式"学术组织，其单一的组织理念和制度设计无法适应科研专门化和分工复杂化的必然趋势，必然会"沿着美国制度的方向发展"，走向"资本主义企业式的"科层化和理性化。[36]

1919 年，时任普鲁士文化部长的贝克（C. Becker）的一句名言——"我们的大学在本质上是健康的"[37]经常被引用来说明 20 世纪上半叶大多数德国人对德国大学的态度，但是贝克本人关于德国高校改革的具体建议却常常被忽略。1918 年，他在《德国汇报》（Deutsche Allgemeine Zeitung）发表文章，指出德国大学存在的问题和来自各个方面、特别是来自学生和青年学术人员的改革诉求，他说："我们 95%的大学生在他们的一生当中都从不进行科学研究。"贝克建议通过大学内部的功能扩展和分化，来解决这些问题。[38]社会学家舍勒（Max Scheler）也在 20 世纪 20 年代论述了德国大学的问题，认为大学没有实现国家最高教育机构所应当承担的多重任务——文化传承、职业训练、科学研究、人格修养教育以及满足不同民众阶层的教育需求，他认为贝克主张的大学内部分化也难以实现这些目标，因而建议在大学内部分化的同时，以专门研究机构、科学院、民众大学等机构形式来实现在一个更大的学术系统中的功能分化。[39]

二、20 世纪德国高等教育改革：从"研究所大学"到分化的高等教育系统

1. 20 世纪 60-70 年代

尽管众多学者和教育家早在 20 世纪初就已经为德国大学开出了改革的药方，指出目标、结构和功能的分化是德国高等教育的发展方向，但系统性的变革却直到 20 世纪 60 年代之后才真正发生。这一方面是因为纳粹统治给德国大学带来了的灾难性的破坏，而战后联邦德国在大学去政治化的重建过程

---

36 马克斯·韦伯. 马克斯·韦伯社会学文集. 阎克文译. 北京：人民出版社，2010: 129. 以及陈洪捷. 在传统与现代之间：20 世纪德国高等教育. 高等教育研究，2001(1): 88-94.

37 Carl Heinrich Becker. Gedanken zur Hochschulreform. Leipzig: Qülle und Meyer, 1919:17.

38 Max Scheler. Die Wissensformen und die Gesellschaft. Bern: Francke Verlag Bern und München, 1980:388.

39 Max Scheler. Die Wissensformen und die Gesellschaft. Bern: Francke Verlag Bern und München, 1980:389-403.

中"矫枉过正"，放弃了进行系统改革的机会，而是以保守的姿态重回象牙之塔，复辟了魏玛时期的高等教育传统。另一方面，也可能是因为德国大学组织理念中所特有的"卡里斯玛特质"，使德国大学显现出一贯的反组织化、反程序化和技术化的倾向。[40]19 世纪确立的德国大学的基本价值观念根深蒂固，在变化了的时代和语境中，依然具有很强的影响力。1948 年，高校改革研究委员会在其发布的蓝皮书中写道："关于针对高校的广泛的不满，我们认为，高校的基底是一个古老并且本质上健康的传统。"[41]历史学家海默派尔（Hermann Heimpel）也在 1955 年发表了类似的看法：

> "大学在本质上是健康的"这句话的意思是，虽然从费希特的德意志理想主义出发来看，德国大学的教育理念或许有些偏离，但是不容置疑的是科学的存在和以"科学达致修养"的理念犹存，这里的科学不是泛化的教条，而是以研究和教学的统一的形式存在的。[42]

直到 20 世纪 60 年代，在欧美各国的高等教育民主化运动以及人力资本理论的影响下，德国终于开启了高等教育的改革时代。60 年代到 70 年代，改革目标集中在实现高等教育民主化和机会均等，并进行结构调整和教育内容改革。具体而言，这一时期的改革和变化主要有以下几个方面：

（1）规模扩张

战后的 1950 年，德国高等教育的入学人数只有年龄组的 4%，1960 年，这个比例提高的 6%，随着 70 年代高等专科学校的建立，这一比例迅速上升到 20%，[43]德国进入了高等教育大众化的时代。

（2）新型高等教育机构的建立

为了回应教育民主化运动对于扩大高校入学规模的呼吁以及社会对于有良好知识结构和应用性技能的工程师、公职人员、普通教师等职业从业人员的需求[44]，1970 年开始，基于联邦和州政府的一项合作协议，德国开始建

40 陈洪捷. 德国古典主义大学观及其对中国的影响.北京：北京大学出版社,2006:100.

41 Studienausschuss für Hochschulreform. Gutachten zur Hochschulreform. Hamburg: 1948.

42 Hermann Heimpel. Probleme und Problematik der Hochschulreform. Göttingen: Otto Schwartz, 1956:7.

43 Hansgert Peisert, Gerhild Framheim. Das Hochschulsystem in Deutschland. Bon: Bundesministerium für Bildung und Forschung, 1994:6.

44 Thomas Finkenstädt. Lehre und Studium. Ulrich Teichler (Hrs.). Das Hochschulwesen in der Bundesrepublik. Weinheim: Deutscher Studien Verlag, 1990:158.

立高等专科学校（Fachhochschulen）。这些学校的前身是过去隶属于中等职业教育范畴的工程学校以及经济、社会教育、设计和农业等领域的专科学校。这些学校的教育定位于职业导向的知识和技能培养，具有很强的实践性和应用性导向，科学研究所占的分量非常小。[45]同一时期，德国也建立了若干所总合高等学校（Gesamthochschulen），作为整合大学、师范高专、高等专科学校和艺术专科学校等不同类型的高等教育机构的尝试，但大多数总合高等学校只持续了短暂的时间。这些新型高等教育机构不仅吸引了大批学生，大大推进了德国高等教育的大众化进程，而且从根本上改变了德国高等教育的版图——从一个由单一机构（大学）构成的一体化系统向一个分化的系统变迁。

（3）学制改革

系统的分化也发生在垂直的维度上。20世纪60年代，德国全面采用了文凭学位（Diplom）和文科硕士学位（Magister）作为大学的第一级学位，改变了德国大学一百多年以来以博士学位作为大学唯一毕业文凭的局面，将大学学业划分为两个层次。

（4）管理和组织模式改革

在宏观的层面上，战后德国一度恪守文化联邦制原则，即，联邦各州以各自的"文化主权"独立负责各州教育事务，联邦政府不介入高等教育的发展[46]。但是一个迅速扩大的高等教育系统在财政投入、建设规划、人员补充等多个方面产生了统一规划和整合的需求，因而联邦政府从50年代后期开始越来越多地参与到高等教育的事务之中，并通过1969年《基本法》的修订获得了高等教育的立法权以及与州政府共同分担教育科学领域任务的权力[47]。在大学的组织内部，60年代末风起云涌的教育民主化运动动摇了"教授大学"的权力基础——一个完全由教授组成的学术寡头阶层垄断高校一切事务的权力结构，通过70年代在法律的层面上一系列调整，高校中教授之外的学术性辅助人员、学生和其他行政人员逐渐获得了参与高校管理的权力，高校各个层面的合议制度逐渐取代原来的教授会议决定制，教授阶层让渡了传统上在高

---

45 Hansgert Peisert, Gerhild Framheim. Das Hochschulsystem in Deutschland. Bon: Bundesministerium für Bildung und Forschung, 1994:37.

46 Hansgert Peisert, Gerhild Framheim. Das Hochschulsystem in Deutschland. Bon: Bundesministerium für Bildung und Forschung, 1994:5-6.

47 周丽华. 德国大学与国家的关系. 北京：北京师范大学出版社，2008: 138-140.

校自治中由其垄断的权力的一部分。[48]这些改革随着 1976 年《高校框架法》的颁布而在法律层面上得以制度化。概言之，这一时期，政府对于高等教育事务的干预程度加大，联邦政府相对于州政府而言在高度教育中发挥的作用越来越大；而在大学内部，学校和学院的管理权增大了，中层学术人员、行政人员和学生参与高校管理的权力有所增加，而教席教授的权力相对被削弱。

2. 80-90 年代

进入八十年代之后，德国高等教育机构的数量稳定下来，但是学生数量却还在持续增加，大学拥挤不堪，教学和科研质量堪忧、高校学习的低效和经费紧缺的问题日益凸显，德国社会舆论对于大学的评价是极为负面的，批评的矛头指向"学生堆积"（Studentenberg）、"大众大学"（Massenuniversität）、"学者过剩"（Akademikerschwemme）等现象，并批评德国的科研水准正在下降。[49]所以 80 年代开始，高等教育的改革目标集中在提高教育质量、培养高质量科研人才、提高科研水平等方面，主要的改革有以下几个方面：

首先是有关大学学制改革的进一步讨论。尽管 20 世纪六十年代德国高校全面设立文凭学位（Diplom）和文科硕士学位（Magister）作为大学的第一级学位，向学业结构的分化推进了一大步，但大学学业的结构性问题依然十分突出。相比于其他国家，德国大学毕业生年龄偏大，学业时间长，学生流失率高。[50]其原因一方面是德国大学教学中一直欠缺程序性规约，学生的学业安排相当自由；另一方面也是因为大学在培养目标上依然坚持学术性的人才训练，忽视其他的学业目标需求。从八十年代开始，越来越多的政策讨论聚焦于对德国大学学制进行进一步改革,其核心就是把一个以通识教育及职业导向的学习为主的阶段和包括一个过渡阶段在内的学术性科研训练阶段明确区分开来，以满足不同的社会需求；同时对高校进行管理、教学、科研各方面的效率化改革，强化质量控制。[51]1998 年,《高校框架法》进行修订，正式规定德国高校在原学制体系之外，可以颁发学士（Bachelor）及硕士（Master）学位。

---

48 周丽华. 德国大学与国家的关系. 北京：北京师范大学出版社，2008: 154-159.

49 Thomas Ellwein: Die deutsche Universität vom Mittelalter bis zur Gegenwart. Frankfurt am Main: Verlag Anton Hain GmbH, 1992:11.

50 Wissenschaftsrat. Empfehlungen zur Einführung neuer Studienstrukturen und abschlüsse in Deutschland Drs.4418/00. Berlin: 2000. 4-12.

51 Grit Würmseer. Auf dem Weg zu neuen Hochschultypen.Wiesbaden: VS Verlag für Sozialwissenschaften, 2010.56-57.

其次，为提高科研质量，德国这一时期加大大增加了对于高校科研的第三方资金投入。德国高校的科研经费来源一直是双元制的，一方面，教授的教席或者研究所从高校预算中获得基本的科研经费，其额度根据专业和教授级别各有差异；另一方面，学术人员以竞争的方式申请来自德国科研基金会、政府部门、各类基金会和企业的"第三方"经费支持。80 年代，第三方经费持续增加，在高校科研总经费中所占的比例超过了预算经费。其中有 75%的经费来自政府（通过德国科研基金会的资助项目发放或由政府部门直接委托），15%来自企业界，10%来自基金会。[52]第三方资助模式的意义首先在于能够根据委托方和研究者两方的意愿和兴趣灵活并且有针对性地进行科研资助；更重要的是，第三方资金的申请是基于竞争性原则的，有助于促进科研的良性发展。同时，第三方资金在科研资助的倾向性上也很好地弥补了高校科研的局限。比如，由于教席之间的相互隔阂，合作科研和跨学科科研在大学原有的资助模式下难以开展。1968 年，德国科研基金会就启动了一项旨在促进高校跨学科合作研究的"合作研究中心"（Sonderforschungsbereich，简称 SFB）项目，所有的中心都是基于跨学科、跨院系和机构的原则进行合作科研，并可以获得最长 12 年的科研资助。第三方资金对于德国的科研政策、科研发展以及科研人才培养都有至关重要的意义。

最后，高等教育的管理模式在 90 年代也进行了一系列的调整。作为对 70 年代以来政府对高校行政干预和控制增加的调整，同时也受到新自由主义经济政策和新管理主义的影响，政府采取了一系列措施提高高校的自主性，刺激竞争，改进高校的管理模式，引入市场原则和商业管理模式，提高高校管理和学术工作的效率。有研究者认为，效率化改革是德国高校 90 年代改革的核心。[53]

三、21 世纪："博洛尼亚"与"卓越倡议"——融入全球化的德国大学

进入 21 世纪，面对全球化压力下激烈的科研和人才竞争，德国高等教育改革继续在探索中前行，在各项改革计划中，"博洛尼亚进程"（Bologna

---

52 Hansgert Peisert, Gerhild Framheim. Das Hochschulsystem in Deutschland. Bon: Bundesministerium für Bildung und Forschung, 1994:73-77.

53 Hans-Ulrich Küpper. Effizienzreform der deutschen Hochschulen nach 1990-Hintergründe, Ziele, Komponenten. Beiträge zur Hochschulforschung. 2009(4): 50-75.

Process）和"卓越倡议"（Exzellenzinitiative）被认为是彻底改变德国高等教育面貌和大学发展模式的两项重大计划。

1. 博洛尼亚改革

德国国内长久以来对于学制改革的诉求在世纪之交与欧洲各国改革学业结构、提高高等教育质量以及实现欧洲高等教育一体化的愿景汇合。1999年，德国签署《索邦宣言》，加入博洛尼亚进程，开始全面改革高等教育学制。博洛尼亚进程涵盖包括德国在内的46个欧洲国家，其核心目标是建立一个统一的欧洲高等教育区，具体措施包括在各国建立统一且可比较的"学士-硕士-博士"三级学位制度，引入"欧洲学分互认体系"（ECTS）及模块化教学，强化质量控制、提高就业能力，促进教师和学生的国际交流等。德国是受博洛尼亚进程影响最大的国家之一，到2011年为止，德国高校已经有85%的招生项目改革为"学士-硕士"新学制[54]。

博洛尼亚进程深刻地改变了德国高等教育特别是德国大学的格局。首先，新学制进一步强化了大学教学和人才培养的功能，尤其是把三到四年的本科学习阶段独立区分出来，确定其"通识知识、方法技能以及职业资质"的教学目标，教学与科研这两项对于德国传统大学模式而言应该是天然统一的任务在当今大学普通教育的层次中分道扬镳。其次，在德国大学原本的组织体系下，新改革强化了教学的重要性，而模块化、技术化的教学工作安排大大加重了大学教师的教学负担。最后，新学制推行之后，德国大学与高等专科学校在授予文凭方面的差别缩小，这变相提高了高等专科学校毕业文凭的含金量[55]，而大学定位于研究型人才的培养特色不再突出。

2. 卓越倡议

2004年，时任德国联邦教育科研部部长的布尔曼（Bulmann）提出了在德国打造若干所"哈佛大学式的精英大学"倡议，希望以此重塑德国大学的辉煌，提升德国大学在世界高等教育和科研中的地位，在世界范围内吸引优秀人才。经过一年多的争论和博弈，2005年6月，这一宏伟计划改头换面以"卓越倡议"之名正式启动。

---

54 德国联邦教育科研部网站。www.bmbf.de.

55 Grit Würmseer. Auf dem Weg zu neuen Hochschultypen. Wiesbaden: VS Verlag für Sozialwissenschaften, 2010:73.

　　卓越倡议的全称是"联邦与州促进德国高校科学研究的卓越倡议"。与布尔曼最初打造若干所精英大学的计划不同，卓越倡议是一项三个层次的大范围资助计划，其核心目标被归纳为"持续加强德国的科研实力，提高国际竞争力以及突出大学和科研领域的顶尖部分"。这一倡议资助的三个层次分别是以支持学术后备力量为目标的研究生院、以支持顶尖科研领域和科研团队为目标的"卓越集群"和以扩展大学整体科研优势为目标的"未来构想"。[56]2006年到2007年，共有39个研究生院、37个科研团队和9所大学入选此计划，至2012年为止，他们获得共19亿欧元的资助，其中75%的资金来自联邦政府，25%来自州政府。[57]

　　卓越倡议对于德国高等教育系统格局的影响深远：尽管70年代以来德国高等教育系统从机构类型和学业层次上都进行了分化，但是对大学而言，中世纪以来就形成的均衡发展、去中心化的系统格局一直没有发生实质性的改变。80年代以来，大学已经过度拥挤不堪重负，科研投入也得不到充足的保障，在各类世界大学排行榜单中，德国大学已然沦为"二流"，与昔日的荣光形成尴尬的对比。事实上，八十年代德国就已经开始讨论，高等教育系统应该在大学和高等专科学校两种机构类型的区分之外以声誉和质量为考量标准进行进一步的分化，[58]而且因为地区社会经济发展的不平衡，大学之间在学术资源、教学质量和声誉方面已显现差异。但是直至卓越倡议的启动，才标志着德国在政策层面上放弃了高校均衡发展的历史传统，开始差异化的发展。

　　总之，进入21世纪，背负洪堡传统的德国大学在争议和艰难的尝试中逐渐融入高等教育和科研竞争的全球化潮流。博洛尼亚进程将德国的高等教育改革纳入欧洲高等教育和科研一体化的进程当中，并与美英代表的盎格鲁-萨克森体系接轨。而卓越倡议昭示着德国正在主动打破高校均衡发展的历史传统，进入"创建世界一流大学"赛道。追求卓越、鼓励竞争、强化质量、差异化发展和全面的国际化成为当今德国大学发展的核心目标。

---

56 Deutsche Forschungsgemeinschaft, Wissenschaftsrat. Bericht der Gemeinsamen Kommission zur Exzellenzinitiative an die Gemeinsame Wissenschaftskonferenz. Bonn: 2008:10.

57 Deutschforschungsgemeinschaft.http://www.dfg.de/Förderung/exzellenzinitiative/index. html.2010-12-06.

58 Ulrich Teichler. Hochschulstrukturen im Umbruch. Frankfurt/New York : Campus Berlag, 2005 : 334-339.

第三节　传统博士生培养模式的问题与挑战

　　上一节简要描述了德国高等教育在 20 世纪 70 年代以来经历的系统变迁，这一描述旨在勾勒德国博士生教育外部组织环境的变化。在这种系统变迁中，博士生教育的基本结构、政策目标和组织基础都发生了变化，博士生教育面临挑战，传统的培养模式受到批评。

一、系统变迁中博士生教育面临的挑战

　　在德国高等教育系统的整体扩张过程中，学术人员的数量大大增加，博士生培养规模也扩大了一倍（参见第二章图 6）。但不同类别的人员数量不是同比稳定增长的，中层学术人员在学术人员结构中所占的比例持续增加。80 年代中期到 90 年代中期，德国大学教授的数量仅增加了 2%，中层学术人员数量却增加了 31%，特别是在自然科学和工程科学领域，中层学术人员编制岗位与实有人员的比例在 1990 年达到 1:1.6[59]。从 2000 年到 2010 年的十年间，高校教授总数仅增加了 10%，学术助理的数量却增加了 60%（图 12），特别是在自然科学、医学和生命科学领域（图 13）。

　　这种结构性变化一方面显现出科研发展对于科研人员需求的持续增长，另一方面也对于科研训练和博士研究生培养带来挑战。首先，教授与中层学术人员，特别是与学术助理的比例不断扩大，在大学生整体数量持续增加、教师教学负担加重的背景下，对于博士研究生，特别是对于那些同时担任教学科研任务的学术助理而言，指导不足的情况可能越来越普遍。另外，结构性变化同样带来了博士毕业生的就业问题，林格（A. Lenger）在 2008 年的一项调查显示，66%的博士生表示在毕业后将在学术系统之外就业。[60]对于这些博士生而言，长期滞留在学术助理岗位上将阻碍他们未来的职业发展，如何缩短博士学业年限、同时提高博士生在更广阔的劳动力市场上的就业能力，成为一个重要的问题。

59 Alexander Lenger. Die Promotion: Ein Reproduktionsmechanismus sozialer Ungleichheit. Konstanz: UVK Verlag, 2008:52-58.
60 Alexander Lenger. Die Promotion: Ein Reproduktionsmechanismus sozialer Ungleichheit. Konstanz: UVK Verlag, 2008:52-58.

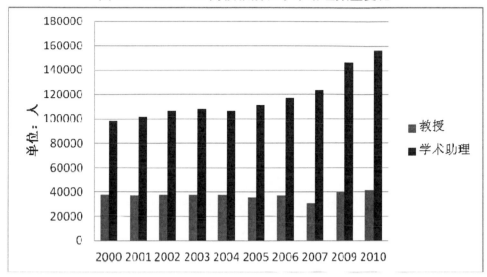

图 12　2000-2010 高校教授和学术助理数量变化

数据来源：德国联邦教育科研部[61]

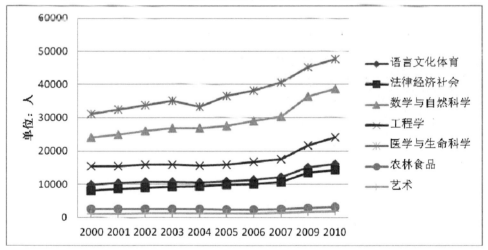

图 13　2000-2010 年德国高校各学科领域学术助理数量变化

数据来源：德国联邦教育科研部[62]

61 德国联邦教育科研部数据库：Tabelle-2.5.60.Haupt- und nebenberufliches wissenschaftliches und künstlerisches Personalnach Fächergruppen und Personal-/ Vergütungsgruppen. http://www.datenportal.bmbf.de/portal/K14.gus

62 德国联邦教育科研部数据库：Tabelle-2.5.60.Haupt- und nebenberufliches wissenschaftliches und künstlerisches Personalnach Fächergruppen und Personal-/ Vergütungsgruppen.http://www.datenportal.bmbf.de/portal/K14.gus

其次，科研方式的改变也影响到了科研训练的组织形式。比如，学术助理岗位的增加主要源于 80 年代以来第三方资金科研项目数量的提高。与传统上按照教席设置学术助理岗位不同的是，"第三方科研"文化下的学术人员布局更多地依照特定的研究项目灵活设置。跨学科研究也随着第三方科研资助模式的发展而兴起。从上世纪 70 年代开始，德国科研基金会通过"合作研究中心"（简称 SFB）等专门项目持续资助跨学科的合作研究。今天，德国教育科研部的委托科研项目以及科研基金会的专门资助项目大多数都是跨学科的研究项目。越来越多的担任项目学术助理的博士生广泛地分布在由无数合作研究项目和研究小组构成的科研网络的各个节点上，而不再局限在一个个教席的金字塔结构之中，这一变化在自然科学和生命科学领域尤其突出，师徒制的基本组织结构在这些领域正逐渐消解。

随着国际间科研竞争以及高等教育竞争的日益激烈，同时也受到欧洲高等教育一体化进程的影响，博士生的选拔方式同样受到挑战。传统模式下的博士生选拔基本上是在一个封闭的系统内部进行的。而今在全球化背景下，学术人员的流动是高等国际化的，博士生培养的意义也被提升到国家科研竞争力和人才战略的高度，如何面向世界吸引优秀的学术人才，是德国博士生培养面临的系统性挑战。

在系统层面上，德国对于博士生培养的认识和理念也在发生变化。随着高等教育学业层次的分化，特别是在博洛尼亚进程启动之后，博士阶段作为高校第三级学业层次的意义越来越凸显，重科研轻培养的理念逐渐改变，"博士生培养"和"博士学业"的概念逐渐明确。而过去三十年对德国高等教育影响重大的质量观、效率观也影响到了博士生培养的层面。

二、传统博士生培养模式的问题

从 1986 年开始，科学审议会先后发布了四份有关博士生培养改革的政策建议，高校校长联席会议也通过举行会议和发布报告的形式参与到博士生教育改革的讨论之中。概括而言，传统的博士生培养模式被认为有以下几方面的主要问题：

一、缺乏透明度和程序性控制。在传统的培养模式中，博士生并没有一个明确的身份，博士研究不是一个清晰的过程，没有明确的起始，导师对于研究生的指导主要是非正式的、个人的，指导责任缺乏保障和约束。

二、博士生面临过度专业化的风险。博士生论文的选题经常过于偏僻和艰深，缺乏对于基本理论的重视，缺少跨学科的联系。博士生通常在研究上专注于一个具体的领域或问题，而在日常的科研工作上也通常只与一位教授或同属一个教席之下的研究人员有关联，这些都限制了学术上的交流。

三、不断扩大的高校学生规模大大加重了大学教师的工作负担，导致教授对于博士研究生的指导存在不足的情况。而现有的一些指导方式如博士生研讨会、专题讲座等是非正式的，没有系统的组织和约束，同样会导致指导不足。

四、博士学业的年限过长，博士毕业生年龄偏大。根据科学审议会在 1995 年的估算，德国博士毕业生的平均学业年限大概为 4.6 年，而毕业生的平均年龄为 31.8 岁。[63]特别是那些以学术助理身份攻读博士学位的博士生完成论文所需的年限过长，通常都超过了他们所担任的短期职位的期限，或者不得不长期滞留在学术助理的岗位上，阻碍了青年学术人员的职业发展。

五、缺乏合作研究和学术交流。以个别指导为主的培养方式使得博士生参与合作研究的机会相对较少，特别是在那些缺乏第三方研究资金的领域，博士生通常只能进行个人的封闭的研究，长期处在孤立的状态之中，缺乏学术上的交流，博士论文的完成率较低。[64]

从知识生产模式转型的视角来看，结合德国传统博士生培养模式的形成基础以及德国高等教育系统在过去三十年中发生的系列变迁，能够对博士生教育面临的上述批评进行更深刻的解读。师徒制博士生培养模式是随着现代研究型大学的出现，在现代学科的知识结构和教席制的组织结构中建立起来的。博士生培养的目标服务于"为科学而科学"的大学理念和"知识以自身为目的"的科研导向，是一种基于科学立场和学科立场的培养理念。而教席教授被视为本专业的"守门人"拥有绝对的学术权威，自主负责本领域的科研训练，没有外部的干预和制度性的约束。在对科学卓越的追求中博士生培养也并不强调博士学业本身的效率。而这样一种培养模式在人才的选拔上也具有相对的系统封闭性，并没有通畅和广泛的人员流动。

63 Wissenschaftsrat.Empfelungen zur Neustrukturierung der Doktorandenausbildung und – Förderung. Köln: Wissenschaftsrat, 1995:16-17.

64 Hochschulrektorenkonferenz (HRK). Doctoral Studies: Resolution of the 179th plenary session of the Conference of Rectors and Presidents of Universities and other Higher Education Institutions in the Federal Republic of Germany(HRK). Bonn: Hochschulrektorenkonferenz, 1996: 9-10.

然而，上世纪 70 年代以来，德国高等教育系统经历了一系列的重大变迁，科学研究的人员结构、组织模式、资助模式和管理模式都发生了根本性的改变，博士生培养原有组织基础逐渐瓦解，越来越多的博士生以担任项目学术助理的方式分别在阶段性的研究团队中，博士生对于单一教席的依附性降低。而更大的转变发生在科研的内容上，跨学科合作科研的需求不断增长，不仅改变了博士生参与科研的方式，也对博士生培养的形式和内容提出了新的要求。在整个高等教育系统不断扩张和分化，科研和高等教育的国际竞争日益激烈以及科研管理模式转型的背景下，博士生教育的目标发生了根本性的变化，博士生培养的效率、质量和责任问题凸显，而博士就业方向的转变也对博士生培养提出了新的要求。传统的博士生培养模式已经无法应对科研模式的转变以及科研训练的多重目标，因而受到批评和挑战。

第四章 德国博士生培养的结构化改革

这一章以德国博士生培养改革的核心目标——"结构化"出发，首先对改革的发展过程进行描述和概括，以"研究训练小组"、"研究生院"等结构化培养项目和组织形式在德国的建立为线索，分阶段描述结构化博士生培养模式在德国的发展过程；重点描述每个阶段建立的结构化项目的组织形式、建立方式、相关的政策讨论以及参与主体。最后一节将当前德国对不同的结构化项目和组织形式进行分类描述，讨论德国博士生培养模式改革的整体趋势、路径以及新的培养模式的核心特征。

第一节 早期结构化项目的尝试（1983-1989）

一、最早的研究训练小组项目

1. 弗里茨·蒂森基金会与科隆大学分子生物研究训练小组

弗里茨·蒂森基金会（Fritz Thyssen Stiftung）成立于 1959 年，由弗里茨·蒂森的夫人和女儿为纪念这位德国实业家和金融业家而建，是德国战后建立的第一家大型私人基金会，以支持德国高校以及科研院所的科学研究为目标，特别通过对于研究和教学机构、研究课题、研究发表、学术交流的资助支持青年研究者的发展。

1984 年，在蒂森基金会的资助下，科隆大学建立了一个分子生物学研究训练小组（Graduiertenkollegs），这被视作德国结构化博士生培养模式的最早尝试。[1]

事实上，早在这一训练小组建立之前，蒂森基金会与在生物医学研究领域处于世界领先地位的美国洛克菲勒纽约大学在博士研究生培养上有多年的合作。[2]正是基于这一合作经验，基金会决定在德国资助建立这样一个研究训练小组，其目标在于：

> 在研究训练小组框架下为特别优秀的德国大学毕业生提供一定
> 年限专业的以及跨学科的支持，在良好的智力和学术气氛中，使研
> 究生的个人能力得到充分发展。[3]

研究训练小组为学生提供密集的指导，指导团队由六位来自科隆大学基因、生物化学以及生理化学三个研究所的不同专业方向的教授，以及两位来自马克斯普朗克育种研究所的教授组成，每一位导师最多同时指导两位博士研究生。而对于学生的录取研究训练小组也有特别的要求，学生需要在化学、生物、生化或者物理专业通过了硕士考试并且成绩优异，或者已经通过医学国家考试，不超过 26 岁，有良好的英语水平。

该研究训练小组从 1984 年开始招生，到 1989 年项目结束，一共招收了 23 位博士研究生。[4]在研究训练小组的架构下，除了日常合作科研、以及博士研讨课之外，项目还邀请国内外的知名学者前来讲学，研究生也可以获得在国内外的学术会议或暑期课程中进行学术报告的机会。

研究训练小组的科研训练被认为是非常成功的，绝大多数学生在博士论文考核中都获得"优异"。并有多位学生获得了重要的科研奖项。1987 年底，蒂森基金会邀请了一个由六位国际专家组成的评估小组对研究训练小组进行了评估，获得了"非常积极的"评估结果。[5]

2. 罗伯特·博世基金会与斯图加特大学工程与自然科学研究训练小组

建于 1964 年的罗伯特·博世基金会（Robert Bosch Stiftung）是德国最大

---

1 Deutschen Forschungsgemeinschaft（DFG）. 20Jahre Graduiertenkollegs, Bonn: DFG,2010:6.

2 Fritz-Thyssen-Stiftung. Jahresbericht 1982/1983, Köln, 1983: 215.

3 Fritz-Thyssen-Stiftung. Jahresbericht 1982/1983, Köln, 1983: 215.

4 Fritz-Thyssen-Stiftung. Jahresbericht 1988/1989, Köln, 1989: 201.

5 Fritz-Thyssen-Stiftung. Jahresbericht 1987/1988, Köln, 1988: 222-223.

的企业基金会之一，资助的领域十分广泛，涉及科研、教育、健康、文化、社会发展等多个方面。1984 年中期，基于"加强研究生教育支持的紧迫性"，博世基金会参考弗里茨·蒂森基金会的经验与斯图加特大学合作，成立了一个工程和自然科学研究训练小组。[6]

博世基金会认为，在"高校学生数量不断增加，教学负担加重，大学财政日趋紧张"的背景下，优秀的博士候选人难以获得足够的学术支持和自由的研究空间。因而设立这个研究训练小组目的在于，在大学的"工业化大生产"（Massenbetrieb）之外，为那些优秀的、有能力的青年研究者创造一个具有激励作用的自由学术空间。[7]这个研究训练小组从工程和自然科学领域选拔那些学业成绩最优异的学生，为其提供三年的奖学金。

到 1991 年项目结束，该研究训练小组总共为 15 位博士研究生提供了约 100 万马克的资助。除了为博士研究生提供学术支持之外，该研究训练小组还被认为因其所涵盖的研究课题及学科的多样性而使包括教授在内的所有科研人员受益。[8]

二、政策建议的提出

1986 年，德国科学审议会在其《关于高校学业结构的建议》中，首次提出在博士生培养阶段建立研究训练小组的建议。

这份报告首先指出了德国在博士生培养中存在的问题，认为在德国的第一级学位和博士学位之间（即攻读博士的阶段），"缺乏对于研究生的一种系统且针对具体个人的学术支持"。读博的过程往往被拖延，而博士生也难以达到应有的学术水准。同时在全德国都没有对于博士训练所必须的时间的说明。[9]

具体而言，这些问题被描述为：博士研究过度专业化，论文选题过于狭隘，难以对学科知识提供系统的参考价值；除了自己所在的研究所/讲座/实验室，博士研究生几乎与其他的学术单位以及人员没有任何联系；长期滞留在一个单一的科研岗位上限制了博士生的流动性；博士毕业生的年龄偏大，不能很好地利用对于科研而言最宝贵的时间；对于一些专业的博士生而言，往往只有在国外

---

6 Robert Bosch Stiftung GmbH. Bericht 1982-1983. Stuttgart, 1984: Vorwort.
7 Robert Bosch Stiftung GmbH. Bericht 1984-1985. Stuttgart, 1986: 108.
8 Robert Bosch Stiftung GmbH. Bericht 1990-1991. Stuttgart, 1992: 119.
9 Wissenschaftsrat: Empfehlungen zur Struktur des Studiums, Köln, 1986: 42.

才能够找到与自己的科研旨趣以及能力相符的科研小组和学术环境。[10]

报告因而建议德国大学建立研究训练小组（Graduiertenkollegs），并将其定义为"在有确定研究主题的研究团队中对于博士研究生进行支持的一种组织设置"。[11]研究训练小组应由大学、院系或具体的研究团队根据自身情况设立，其目标在于：

- 在单一导师指导之外，让博士生有机会参与更大范围的系统科研并得到更密集的指导。
- 与国外的相关机构相比，增强德国大学参与国际竞争和合作的能力。
- 博士研究生在选择读博地点和就读机构上能够克服原有的局限，能够在专业视角的考量下寻找一个最合适的研究训练小组，从而扩大选择的灵活性以及选择的范围。
- 使更多的博士研究生能够尽早进入一个与自身科研兴趣及能力相符的研究团队。
- 促进青年研究者与高级研究者之间的合作和交流。
- 确保高水平研究的必须条件，使得高级研究者和青年研究者的学术潜质能够得到更好的发挥和扩展。
- 通过提供各种学术活动克服博士论文研究的过度专业化和狭隘化。[12]

除了对博士生进行个人支持，设立研究训练小组还希望能够在整体的科研政策上实现下列目标：

- 有针对性地促进创新研究方法；
- 针对过度专业化，加强扩学科联系；
- 与边缘学科展开合作；
- 联合规划科研项目；
- 加速追赶在科研上的差距；
- 与实践性机构开展职业导向的合作科研；
- 加强研究过程中的透明度以促进研究团队和机构之间的竞争。[13]

---

10 Wissenschaftsrat: Empfehlungen zur Struktur des Studiums, Köln, 1986: 43.
11 Wissenschaftsrat: Empfehlungen zur Struktur des Studiums, Köln, 1986: 64.
12 Wissenschaftsrat: Empfehlungen zur Struktur des Studiums, Köln, 1986: 64.
13 Wissenschaftsrat: Empfehlungen zur Struktur des Studiums, Köln, 1986: 11.

研究训练小组的建立应该由致力于在共同主题下组成一个研究团队的多位教授来发起，并提供一个满足下列条件的培养项目：

- 对博士论文研究主题的阐释；
- 将博士研究生和博士后研究人员整合在一个广博的研究课题之中；
- 提供多种形式（研讨课，博士生报告会等）的必修的学术活动，作为博士生论文研究的辅助并能够扩展至论文主题之外的知识；
- 有明确的时间规划，特别是上述必修的学术活动的时间安排。[14]

这份报告建议按照惯例由各州财政为研究训练小组提供基本设施，而由德国科研基金会（DFG）提供博士生、博士后以及访问学者的奖学金，国际交流的费用以及技术和教辅人员工资等。同时，基于"研究训练小组在对学术后备力量的支持上跨越地区乃至国际层面上的重要意义"，科学审议会认为联邦州府和州政府必须长期参与研究训练小组的资助。[15]

三、大众汽车基金会的加入

大众汽车基金会（Volkswagen Stiftung）成立于1961年，是独立运营的非营利性基金会，也是德国此类基金会中规模最大的一家。基金会的核心目标是"支持研究与教育中的科学和技术"。

对于青年科研人员的资助一直是大众基金会的一项工作重点。多年以来，基金会尝试过各种不同的资助形式，并基于其经验提出，"在通常的个人指导之外，以一种学院的形式进行组织的、在制度和资金上都有保障的支持形式是必须的。"[16]在蒂森基金会和博世基金会的实践基础上，大众基金会在八十年代中后期进行了更大范围的建立研究训练小组的尝试。

从 1984 年开始，大众基金会就开始以"大学研究训练小组"（Universitätskolleg）为议题，系统性地向来自不同研究领域的专家征求意见，特别是在1985年春天与来自学术界和学术管理岗位的代表进行了一轮圆桌会谈。在科学审议会在1986年1月份发表关于改革学业结构的建议、倡议建立研究训练小组（Graduiertenkolleg）之后，大众基金会就结合了这两方面的建议，在1986年启动了资助项目。[17]

---

14 Wissenschaftsrat: Empfehlungen zur Struktur des Studiums, Köln, 1986: 12.
15 Wissenschaftsrat: Empfehlungen zur Struktur des Studiums, Köln, 1986: 68-69.
16 Stiftung-Volkswagenwerk: Jahesbericht 1986-1987, Hannover:1988: 168-169.
17 Stiftung-Volkswagenwerk: Jahesbericht 1986-1987, Hannover:1988: 45-46.

在大众基金会的设想中，研究训练小组是一个"基于一个具体研究方向的制度框架"，"在一个鼓励合作和竞争并尽可能跨领域的科研环境中，向那些有前途的年轻研究者传授必须的知识和研究技能，并提供一种总体的支持，从而提高科研成绩"。与蒂森基金会和博世基金会不同的是，大众基金会的研究训练小组资助计划专门针对人文社会科学领域，希望资助一批"榜样性的"（beispielhaft）项目，并在一个灵活的资助意向下提供多种形式上的可能性。这个资助项目的名称被确定为"学术后备力量科研促进小组"（Kollegs zur forschungsorientierten Föderung des Wissenschaftlichen Nachwuchses）[18]大众基金会对于这一资助项目的实施十分慎重，从 1986 年 6 月启动申请程序到 1987 年 7 月 15 日申请截止，共有一年的申请期限，期间基金会还与提交申请的大学及相关机构人员进行商讨。最终，基金会收到了来自 27 所高校的 57 项申请。[19]

基金会最终确定资助 8 个研究训练小组，总共金额为 650 万马克。这 8 个项目分别是：

亚琛工业大学心理学研究所的"工作、企业以及组织心理学研究训练小组"，柏林自由大学经济政策研究所的"应用微观经济学研究训练小组"，比利菲尔德大学历史系的"组群、阶层、阶级与精英的社会史研究训练小组"，法兰克福大学心理学研究所的"认知发展心理学研究训练小组"，法兰克福大学法律史研究所的"中世纪和近代法律史研究训练小组"，哥廷根大学心理学研究所的"复杂经济情境及其中决定性的行动和学习者的研究与建模研究训练小组"，科隆大学应用社会科学研究所的"社会建构的网络化及其动态研究训练小组"，以及慕尼黑德意志博物馆的"德语区自然科学与技术的相互关系研究训练小组"。[20]

四、政府资助的实施

1986 年科学审议会的建议发布之后，前联邦教育规划与研究促进委员会（Die Bund-Länder-Kommission für Bildungsplanung und Forschungsförderung, BLK）——即今联邦科学委员会（Die Gemeinsame Wissenschaftskonferenz, GWK）的前身——也开始试点研究训练小组的项目，这是针对研究训练小组最早的政府直接资助。

---

18 Stiftung-Volkswagenwerk: Jahresbericht 1986-1987: Hannover ：1988: 45-46 以及 Jahresbwricht 1985-1986：144-145.

19 Stiftung-Volkswagenwerk: Jahresbericht 1986-1987: Hannover:1988: 45-46.

20 Stiftung-Volkswagenwerk: Jahresbericht 1987-1988: Hannover:1989:7-8.

联邦教育规划与研究促进委员会是一个政府委员会，由联邦及州教育、文化、科研、内务、财政、经济以及卫生等部的代表组成。这一委员会是联邦政府和州政府就其在教育规划和科研促进方面共同关注以及需要合作推进的所有问题进行协商的组织架构，其工作之一就是通过试点项目（Modellversuche），推进各个层次的教育发展和革新。[21]该委员会自 1986 年开始以这种试点项目的方式资助建立研究训练小组，至 1988 年一共建立了 7 个，分别是拜洛伊特大学的"植物-食草动物-系统研究训练小组"，弗莱堡大学的"高分子科学研究训练小组"，康斯坦斯大学的"生物药理学研究训练小组"，锡根大学的"文学与传播学研究训练小组"，图宾根大学的"神经科学研究训练小组"，柏林自由大学和柏林工业大学合作的"化学研究训练小组"以及马尔堡大学"有机金属化学研究训练小组"。[22][23]

五、确立发展方向

1988 年，科学审议会提出《关于促进研究训练小组的建议》，建议由联邦和州政府共同出资，支持研究训练小组发展，并提出由德国科研基金会（DFG）负责研究训练小组的评选、审批和经费拨发，并给出了具体的操作性指导。

这份报告首先回顾并充分肯定了蒂森基金会、博世基金会、大众基金会以及联邦教育与研究促进委员会所作的尝试，重申建立研究训练小组的必要性和紧迫性。同时也指出，现有的研究训练小组都是局部的、小规模的有限尝试，虽然来自学术界的建立研究训练小组的申请以及倡议很多，反响热烈，但却因为缺乏足够的、长期的和有保障的经济资助而难以真正落实。因而联邦州府和州政府应该共同承担责任，为研究训练小组的发展提供专门的资助和支持，这也是符合联邦以及州政府的根本利益。该建议也进一步详细规定了联邦和州政府所应当负担的资助项目。[24]

这份建议提出的计划是二到三年内资助 80 个研究训练小组，每个研究训练小组包括 15 名博士研究生和 2 名博士后研究人员。[25]研究生可以获得最长

21 Bund-Länder-Kommission für Bildungsplanung und Forschungsförderung (BLK), Jahresbericht 1990,Bonn, 1991:5-6.

22 Wissenschaftsrat, Empfehlung zur Förderung von Graduiertenkollegs, Köln, 1988: 6.

23 Bund-Länder-Kommission für Bildungsplanung und Forschungsförderung (BLK), Jahresbericht 1988,Bonn, 1989:17.

24 Wissenschaftsrat, Empfehlung zur Förderung von Graduiertenkollegs, Köln, 1988:8-11.

25 Wissenschaftsrat, Empfehlung zur Förderung von Graduiertenkollegs, Köln, 1988:17.

三年的奖学金。研究训练小组由专家评选产生并遵循竞争原则，并不以涵盖所有学科和地区为目的。研究训练小组的设立由高校自主决定，研究生的招收以及奖学金的发放则由研究训练小组自主进行。除了在86年建议中提出的研究训练小组应提供的培养项目内容外，此份建议还特别强调高校教师有义务充分实现这些项目内容并兼顾效率，确保博士研究生能够在计划的时间内完成博士论文。同时研究训练小组还应该是涵盖多个教席并尽可能跨越多个分支学科。在研究生的选拔上，研究训练小组则必须在竞争原则下提供一个开放的招生渠道。[26]

更重要的是，这份建议明确提出，应该由德国科研基金会负责研究训练小组的评选、评估以及经费发放，而联邦政府应该为此项目专项拨款。[27]研究训练小组所需经费的数额以大众基金会以及联邦教育与研究促进委员会先前的经验而确定，其中博士研究生的月资助额度应为1800马克，博士后人员为2500马克。与其他传统资助渠道相比，这一数额是"有竞争力的"，因而有助于吸引优秀的研究生。按照这一标准，未来三年对所有80所计划中的研究训练小组的资助总额度约为4千万马克。[28]

在这一建议的基础上，1989年12月21日，联邦政府和州政府签署了一项联合支持研究训练小组项目的协议，两级政府将为此共同出资3亿马克。此项目计划1990年正式启动，首批资助50到60所研究训练小组。这份协议规定了两级政府各自的资助份额，即，联邦政府出资65%，州政府35%。[29]这份协议的签署，标志着由政府支持的、面向全国的研究训练小组资助计划正式实施。

六、这一时期结构化改革的特色

1. 试验性

20世纪80年代可以视作德国建立研究训练小组，实施结构化博士研究生培养的尝试阶段。作为德国高等教育体系中的一项全新的事物，这一时期研究训练小组的数量少，规模小，带有突出的"试验"性质。如蒂森基金会希

---

26 Wissenschaftsrat, Empfehlung zur Förderung von Graduiertenkollegs, Köln, 1988: 10-14.

27 Wissenschaftsrat, Empfehlung zur Förderung von Graduiertenkollegs, Köln, 1988:15.

28 Wissenschaftsrat, Empfehlung zur Förderung von Graduiertenkollegs, Köln, 1988:17.

29 Der Bundesminister für Bildung und Wissenschaft: Grundlgen Perspektiven-Bildung Wissenschaft Jahresbericht 1989, Bonn, 1990: 44.

望"以研究训练小组的建立**尝试**一种对于德国科学界而言还非常**新颖**的形式，以支持那些优秀的科研后备人才"。[30] 再如，联邦教育与研究促进委员会的研究训练小组项目资助本身就是以"试点"的形式开展的。

2. 模式的开放性

在这个过程中，支持并参与建立研究训练小组的各方对于研究训练小组到底应该是怎样的一种模式并没有唯一的观点和固定的参考。比如大众基金会希望把"以一种学院式的组织结构来支持科研训练"的视角和"多种可能性以及多样化的措施"结合起来，通过对一些"示范性"的项目进行资助，来鼓励德国高校的专业、院系以及各专业根据自身的条件、需求以及可能性"尝试"各种建立研究训练小组的想法。[31]科学审议会也建议研究训练小组的具体形式应该保持开放性，并结合后续的实践经验来进行进一步发展完善。[32]

3. 共同特点

虽然对于具体模式没有唯一的共识，但早期的研究训练小组项目还是有相当大的相似性。从涉及的知识范畴来看，这一时期的研究训练小组都是基于一个具体的研究主题。从名称上看，这些主题或者涉及一个学科里面的某一特定专业如"应用微观经济学"和"认知发展心理学"，或者涉及一个跨学科的主题如"文学与传播学"。从项目性质来看，所有的研究训练小组都有一定资助期限，并非长期的固定项目；每一个项目所涉及的多位教授都来自不同研究方向、甚至跨院系。而通过竞争性的项目申请程序和招生程序，研究训练小组被认为代表了较高的科研水准，并且能够吸引到成绩优异的学生。从指导方式来看，所有的项目都强调博士生应该在一种团队科研气氛中获得除单一导师指导之外的多种支持，同时也应该通过参加各种学术活动如研讨课、博士报告会等拓展学术视野。所以，这一时期的研究训练小组项目可以归纳为经过竞争性选拔建立，在一定期限内，通过第三方资助，在特定研究主题下或者研究领域之内，通过多位教授以及研究生的合作研究、密集交流以及各种学术活动，对博士研究生进行系统科研训练的学术组织。

---

30 Fritz-Thyssen-Stiftung. Jahresbericht 1982/1983, Köln, 1983: 215.
31 Stiftung-Volkswagenwerk: Jahresbericht 1985-1986: Hannover:1987: 144-145.
32 Wissenschaftsrat, Empfehlung zur Förderung von Graduiertenkollegs, Köln, 1988: 5.

第二节　以德国科研基金会"研究训练小组"为主的结构化项目的规范发展（1990-2000）

一、德国科研基金会研究训练小组的建立和发展

1990 年，德国科研基金会（DFG）的研究训练小组（Graduiertenkollegs）项目正式启动，标志着德国以结构化项目进行博士研究生培养进入了一个由政策引导、公共财政支持、自上而下推进的新阶段。

1. 规模发展

项目一经公布，就收到了来自高校的积极反馈，共收到超过 100 份项目申请。同年 6 月 25-26 日，由 22 名学科专家、3 名联邦政府代表和各联邦州的一名代表组成的评审委员会对首批收到的申请进行评选，共批准了 51 个研究训练小组。[33]到 1993 年，研究小组的数量已经有 194 个，远远超过原来三年发展到 80 个的计划规模。此后项目数量迅速增加，到 1998-1999 年，研究训练小组的数量达到近 350 个（图 14）。

图 14　DFG 研究训练小组项目的数量及学科分布（1990-2009）[34]

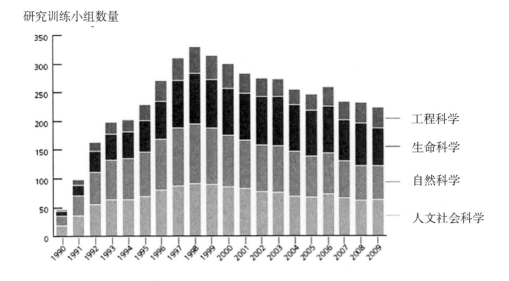

研究训练小组数量

----

33 Deutsche Forschungsgemeinschaft: Tätigkeitsbericht, 1990: 33.

34 Deutschen Forschungsgemeinschaft（DFG）. 20Jahre Graduiertenkollegs, Bonn: DFG,2010:6.

2. 研究训练小组的性质

在德国科研基金会的当年的政策文本中，对于研究训练小组的性质有如下的描述：

> 研究训练小组是高校专门支持博士研究生学术发展的一种长期、但非永久性的组织设置。在研究训练小组中，博士生将有机会在一个系统的学习项目中为博士考试进行准备，并在一个全面的研究环境中撰写博士论文。研究训练小组因而是服务于一种基于科研导向的研究和教育的整合，并且应该为大学学业结构的重新调整作出贡献。研究训练小组被鼓励进行跨学科的研究和学习项目安排。
>
> 研究训练小组对于主办大学和其他大学的学生都是开放的，奖学金学生的选拔应该按照一个基于学业成绩的选拔程序进行。[35]

在一个具体的研究主题下，每个研究训练小组包括 5-10 名教授和 10-20 名博士生及博士后研究人员组成[36]。教授通常是自同一高校或同一地区；每个研究小组有一名负责人。其他青年学者、或者相关机构比如科研院所的研究人员也可以作为外部成员参加研究训练小组。博士生当中通常有 10-15 人可以获得德国科研基金会的奖学金资助。

研究训练小组并非永久性的机构设置，以四年半为一个资助期，每一所研究训练小组最多可以获得两期即九年的资助。德国科研基金会对研究训练小组的资助包括：博士生奖学金、博士后人员岗位经费、访问学者经费、学术交流和举办学术会议的经费、小型研究设备和其他必备的科研开销等。

90 年代的研究训练小组在研究方向的设置上相对比较宽泛，有的涉及多个研究领域的交叉，比如康斯坦斯大学"文学和传播学理论"研究训练小组，特里尔大学"环境与技术法"研究训练小组；有的则直接以一个学科或学科领域命名，如乌尔姆大学的"分子医学"研究训练小组、比利菲尔德大学"数学"研究训练小组。

研究训练小组的第一期资助到期后，德国科研基金会会对项目进行评估，决定是否予以第二期资助。自项目启动以来，绝大多数研究训练小组都获得了两期，即九年的资助。此外，德国科研基金会对研究训练小组项目的博士

---

35 Deutsche Forschungsgemeinschaft: Jahresbericht 1990. Bonn: DFG, 1991:184.

36 DFG：Merkblatt mit Leitfaden und Antragsmuster für Anträge auf Einrichtung von Graduiertenkollegs，DFG-Vordruck 1.30 - 12/11:5.

研究生学业年限、论文成绩等数据进行了收集、管理和定期评估，同时对毕业生职业发展进行追踪。

3. 建立方式

研究训练小组一般的建立程序是：由多位专业相近的教授（可以来自不同的大学和研究机构）针对一个具体的研究主题拟定成立研究训练小组的方案，通过所在大学将申请递交至州政府的相关主管部门，经批准后再将申请报至德国科研基金会，由德国科研基金会的相关专业委员会组织学科专家对申请进行评估。评估主要是考察申请方案是否符合德国科研基金会的相关要求，以及提出申请的学校和团队是否具有专业上的优势，评审按照择优原则，不考虑地区、高校和专业间的平衡。

需要特别指明的是，除了项目本身在科研水准和培养项目上的竞争力之外，提出申请的大学也被鼓励为研究训练小组提供管理、办公条件和科研设备、人员以及激励机制等方面的支持，这也是项目申请的加分因素。

4. 研究训练小组的博士生培养模式

研究训练小组必须以一个公开透明和竞争性的招生程序选拔优秀学生，在三年时间内，对博士生进行密集的指导，使他们能够获得高水准的研究成果，积累较强的就业竞争力。每个训练小组都要有一个与研究主题相关的具体的学习方案，以研讨会、讲座等向学生传授必要的知识技能，并拓展其知识面和能力；明确规定成员的培养责任，鼓励双导师或指导委员会制度；研究训练小组还应致力于各种形式的跨机构合作，让博士生能够受益于本校或本地区同领域的卓越科研团队和前沿科研成果。

需要特别说明的是，研究训练小组只是对博士研究生进行培养的专门组织形式，博士论文评定、学位授予还是依照各学院的《博士考试章程》进行。

5. 研究训练小组的评估

研究训练小组项目启动之后，德国科研基金会每年都对项目数据进行追踪统计并进行定期评估。90 年代后期的几份评估报告都显示，研究训练小组在对学生的吸引力、学生来源的多元化、博士生毕业论文平均成绩和平均培养年限等方面都优于传统的培养模式，博士毕业生的平均年龄比全国水平低近两岁。[37]

---

37 Deutsche Forschungsgemeinschaft: Jahresbericht 1997. Bonn: DFG, 1998:238.

6. 研究训练小组的政策目标

研究训练小组的项目一直持续到今天。在德国科研基金会关于研究训练小组的纲领性文件中，研究训练小组的目标被定位在"将创新的卓越科研与结构化的人才培养相结合，实现科研和科研人才培养的卓越、创新和国际化"。具体而言，卓越即一流的博士生培养——重点支持那些在本领域具有创新性的以及跨学科的研究课题，在国际范围内选拔优秀学生，让他们在一个高标准的、合作的研究环境中完成博士论文，获得更广阔的学术视野；支持博士生尽早获得学术研究中的独立性，缩短博士学业年限，使博士毕业生在国际性的就业市场上具有优势。创新即创新的培养形式——致力于博士生培养的结构化，提高德国博士学业对各国优秀学生的吸引力。研究训练小组对于各种促进博士生培养的尝试是开放的，大学可以在这个框架下与高等专科学校、科研机构、文化单位以及企业开展博士生培养的合作。国际化则包括两个层面的目标，一是提升国际合作水准；二是提升博士生培养项目对国际学生的吸引力。[38]

二、90 年代的政策讨论：博士生培养全面"结构化"的提出

1995 年，德国审议会针对博士生培养发布了新的政策建议——《博士研究生培养与支持的结构化建议》。在这份建议中，科学审议会提出了对博士生培养进行全面的结构化改革的建议：

> 针对博士生培养中存在的问题，科学审议会认为，应当对博士生培养和博士生支持进行新的设计和结构化。"结构化"并不意味着要增加新的控制和行政手段，也继续认可高校在博士生培养中的主要责任以及个人指导所具有的中心意义——这种指导关系也应该继续作为一个基础性的结构因素保留，在此基础上，必须在组织和内容上设置适当的措施，使对学术后备力量的培养更加透明、有效率并提高质量。[39]

具体而言，科学审议会提出博士生培养的改革实现下列目标：

- 改善博士生培养的质量和效率，降低博士毕业生平均年龄，将博士学业的时间限制在一个适当的范围之内；

---

38 DFG：Merkblatt mit Leitfaden und Antragsmuster für Anträge auf Einrichtung von Graduiertenkollegs，DFG-Vordruck 1.30 - 12/11: 3-4.

39 Wissenschaftsrat. Empfelungen zur Neustrukturierung der Doktorandenausbildung und Förderung. Drs. 2040/95. Saarbrücken:Wissenschaftsrat, 1995:6.

- 保障和强化大学在博士研究生培养的组织和质量保障中的机构责任；
- 尽量减少和避免博士生参与与博士学业和研究无关甚至有阻碍的工作；
- 更加清楚地明确博士生阶段是一个自主的资格进阶阶段；
- 支持以提高博士生培养质量为目标的结构化的教学项目的发展，强化博士生指导；
- 提高博士生的国际流动性，使博士生培养的结构应更好地应对国际需求。[40]

为了实现这些目标，科学审议会给出了若干具体建议，包括：将博士学业的时间限制在三年之内；一个学习阶段应该成为高校博士生培养中的基本安排，在两年的时间内，应针对博士生安排每周 2-4 课时的学习项目或学术活动；而这样一个学习阶段的安排应当得到制度上的保障，比如，将针对博士生的教学活动纳入教授工作量范围之内，并从物质和人力上提供支持，同时，博士生所承担的教学任务不应多于每周两课时；在学院的层面上强化博士生培养的质量保障，学院应当明确定义自己博士生培养的目标，落实院长在博士生培养支持上的责任，在学院的教育工作报告中应当加入博士生培养的内容以及对博士教学项目进行定期评估；博士生应当被赋予统一的身份；所有的博士生都应当在博士学业开始之时在大学正式注册。[41]在这些基本建议基础之上，科学审议会又分别对不同的博士生群体——学术助理、奖学金学生以及女博士生提出了不同的支持建议。

在科学审议会提出这份建议之后的第二年也就是 1996 年 6 月，德国高校校长联席会议在柏林召开第 179 次全体会议，会议议题即德国的博士生培养问题。在会议决议中，高校校长联席会议阐述了德国博士生培养存在的问题，并从四个方面给出了改革建议：

首先是明确博士生培养目标和学业时间。博士生培养的目标在于"使博士生获得独立进行原创性科学研究的能力，让他们在未来能够胜任学术界以及社会其他领域的专业性工作。"而博士学业的时间应该以三年为标准进行设定。

---

40 Wissenschaftsrat. Empfelungen zur Neustrukturierung der Doktorandenausbildung und Förderung. Drs. 2040/95. Saarbrücken:Wissenschaftsrat, 1995:51-52.

41 Wissenschaftsrat. Empfelungen zur Neustrukturierung der Doktorandenausbildung und Förderung. Drs. 2040/95. Saarbrücken:Wissenschaftsrat, 1995:53-79.

其次，研究训练小组作为解决博士生培养结构性问题的一种模式应当继续得到支持和推广。

另外为确保博士生培养的质量，应当通过制度性规定给予博士生明确的身份。博士生应当作为大学的正式成员使用大学的所有资源，大学也应当明确对于博士生培养的机构责任。博士生的招收应当进行程序化的规定，院系层面应当设立招生委员会对于博士生的资格进行把关。

最后，高校校长联席会议提出了在研究训练小组的基础上建立"博士项目中心"（Centres for doctoral programmes/Doktorandenkollegs）的建议。博士项目中心是对研究训练小组结构优势的进一步扩展，根据研究领域的实际情况，一个学院可以包含多个博士项目中心，也可以多个学院共建一个博士项目中心，作为本领域博士研究生培养的基本的组织框架，在工作关系上，中心的负责人应当向所涉及的学院的院长汇报。博士项目中心应当在博士生招收、博士生注册、博士指导的保障等方面设立统一的程序或指导规定。在博士项目中心的框架下，设立具体的博士生培养项目，包括博士课程、工作坊、暑期学校等多种形式的培养内容。[42]

总之，在80年代的政策讨论和改革实践基础上，90年代的政策讨论正式提出了对博士生培养进行全面的结构化改革，不仅是以局部的结构化项目为组织载体进行结构化培养，而是通过推进整体的制度改革，从博士生的身份、博士学业安排和时间约束等几个方面进行制度化的规定，使博士生培养在整体上成为一个系统的、有组织的学业过程。而"博士项目中心"的建议则在博士生培养的具体的组织形式上，向前推进了一步。

三、90年代的其他结构化项目

90年代德国科研基金会的研究小组项目启动之后，蒂森、博世和大众汽车基金会逐渐退出了此类资助计划。整个90年代，科研基金会资助的360多个研究小组是德国推进结构化博士生培养模式的主要组织形式。90年代末期，在研究训练小组的基础上，一些大学出现了新型的结构培养项目，如波恩大学和图宾根大学分别在经济学和神经科学领域建立了研究生院（Graduate School），汉斯-伯克勒基金会（Hans-Boeckler-Stiftung）资助了若干个研究训

---

42 HRK.Doctoral Studies.Resolution of the 179th plenary session of the Conference of Rectors and Presidents of Universities and other Higher Education Institutions in the Federal Republic of Germany. Bonn: HRK, 1996.

练小组项目，法兰克福大学在私人基金会的资助下建立学校的研究训练小组，汉堡大学建立了"博士生项目国际中心"，马克斯普朗克学会关于建立专门的博士生培养项目的计划也开始进行。

总之，这一时期，德国以结构化模式进行的博士生培养改革实践有以下几个特点：首先，这一时期的结构化项目几乎全部是在政策引导下，由德国科研基金会负责以第三方资金支持的形式建立的。其次，科研基金会的项目资助基于竞争性原则进行，不以地区和院校平衡为准则，而受资助的项目具有一定的示范性。第三，这一时期的研究训练小组在数量上发展迅速，受资助的项目通常都获得了两期资助，具有一定的稳定性和延续性。最后，在形式上，这一时期的结构化项目比较单一，全部是基于特定研究主题的小规模的研究训练小组的形式。

第三节　博士生培养结构化改革的弥散与深化（2000年至今）

2000 年前后至今，德国博士生培养的结构化改革进一步深化，结构化博士生培养项目向着更多元化、国际化、实体化、网络化的趋势发展，并涉及到越来越多的参与者。

一、《高校框架法》修订案与政策建议的新方向

1. 《高校框架法》修订

2002 年，德国《高校框架法》进行了第五次和第六次修订，其中部分条款修订涉及学术后备力量（Wissenschaftliche Nachwuchs）的培养和支持，包括引入助理教授制度，执教资格考试不再是就任教授职位的必要条件；规定所有博士学业的学习者统一具有博士生的身份，须在大学注册，大学须为博士研究生提供"科研导向的学业项目"（forschungsorientierte Studien）。[43]这是德国首次在法律层面上认定"博士研究生"为统一的群体。这两项修正案后来遭到巴伐利亚、萨克森、图林根三州政府上诉，经参议院投票被判无效。但多数州在州的《高校法》中接受或部分接受了相关条款，因而这两项修正事实上产生了实质性的影响。

---

43 5. HRGÄndGes. §21.

对于博士生培养而言，确定博士研究生作为一个群体的统一身份以及规定高校为博士生提供科研导向的学业项目有助于进一步规定和明确博士生培养中的责任和义务，使对博士生培养过程进行控制成为可能，有助于相关的数据收集和资源配置，从而为全面推进德国博士生教育的结构化奠定了基础。当然，由于联邦《高校框架法》的这两次修订被判无效，各州对相关改革的执行情况各不相同，"全面的结构化"就目前而言还没有也难以实现，但是把德国博士生教育多年以来的制度性问题上升到法律讨论的层面，已经在很大程度上证明了结构化要求的合理存在，为下一步改革明确了方向。

2. 科学审议会的新建议

2002 年底，科学审议会（WR）发布了《关于博士研究生培养的建议》，提高德国博士生教育的质量和吸引力是政策建议的核心目标。在肯定了以德国科研基金会研究训练小组为主的结构化项目实践的同时，这份建议明确提出了博士生教育下一步改革的方向：

- 清晰的结构和明确的责任；
- 透明的质量控制与人员选拔程序；
- 对博士学业的时间进行合理控制；
- 在学制改革的背景下增加入学方式的多样性；
- 进一步明确博士生教育是一个明确的、研究导向的培养过程，必须相应地减少（博士生）与之无关的其他工作。[44]

这份建议进而提出对博士生教育进行结构化改革的几项主要措施：

首先是进一步明确博士研究生的身份，将各种形式攻读博士学位的人员纳入统一群体，并建立相关制度进行数据统计；

第二是继续推进研究训练小组项目并提出了若干新的改革建议：指出训练小组的具体规模和形式可以是多样的，应与学科和专业特色相符；除了项目的奖学金学生或正式学生之外，项目资源比如课程也应对其他博士研究生开放，特别是那些以学术助理身份读博的人员；为鼓励高校教师参与项目课程和学生指导，高校应将研究训练小组的课程计入高校教师授课工作量；为提高博士毕业生的就业能力，项目应为他们提供多种软技能训练；将国际合作制度化；建立针对研究训练小组的评估机制，等等。

---

44 Wissenschaftrat: Empfehlungen zur Doktorandenausbildung, Köln: 2002:4-5.

第三是建立博士项目中心（Zentren für Graduiertenstudien），这一建议与德国高校校长联席会议在 1996 年提出的建议是基本一致的。建议指出，单个研究训练小组在规模和研究主题上都是有一定局限的，很难让一个较大专业领域或者多个学科的所有博士生受益；而另一方面，随着研究训练小组这类的结构化项目不断增多，已经出现了在一所大学的一个学科或大的学科领域，建立了多个研究训练小组的情况。为了实现不同结构化项目在内容和组织形式上的协同效应，科学审议会建议在已有的研究训练小组基础上，建立博士项目中心这样一种新的组织结构，将各类研究训练小组和其他小型项目整合在研究生中心的框架之下，实现不同项目间的合作、交流和协同行动。研究生中心可以是专属一个研究领域的，也可以是跨领域的，甚至可以成为学校的专门机构。这两个层次的组织形式各有优势：在主题和规模有确定限制的研究训练小组内，可以实现密集的学术交流，和博士研究生的深入参与；而在研究生中心的"屋顶"（Dach）结构中，可以实现对博士研究生更大规模的组织支持和不同项目间的整合。[45]

二、德国科研基金会研究训练小组项目的调整

2000 年之后，在已有的十年实践基础上，德国科研基金会对其研究训练小组的支持计划进行了一系列的优化调整。

1. 数量减少

从上图可以看到，大约从 1998 年开始，研究训练小组的数量开始减少，从最高时的近 350 个逐渐下降到 2009 年的 258 个，到 2012 年初，则仅有 199 个。

2. 经费和奖学金增加

数量变化的同时，每个研究训练小组所获得的平均经费有了很大的提高。在总预算没有显著变化的情况下，平均每个研究训练小组获得的经费由 2000 年的 23.9 万欧元增加到 2009 年的 55.7 万欧元，如下图。相应的，博士生所获的奖学金额度也有大幅提高。德国科研基金会与联邦教育规划与研究促进委员会在 2002 年达成协议，将研究训练小组项目博士生的奖学金从原来的约 1000 欧元/月提高到最多每月 1365 欧元，同时增加了对博士学术访问、学习资料等方面的资助。

---

45 Wissenschaftrat: Empfehlungen zur Doktorandenausbildung, Köln: 2002:49-58.

图 15　2000-2009 年 DFG 研究训练小组平均经费数额变化[46]

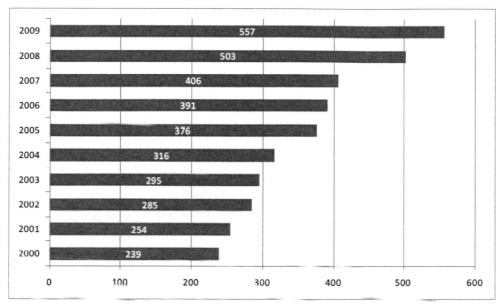

（单位：1000 欧元）

3. 研究主题更加聚焦

2002 年开始，德国科研基金会对研究训练小组研究主题提出了新的要求。之前一个研究训练小组可以有一个相对宽泛的主题，比如"应用数学"、或者"信息技术"；新的支持政策要求研究训练小组的主题更加聚焦和具体，得博士生能够在小组中获得更直接的支持，更有效地进行学术交流合作。[47]

4. 国际研究训练小组计划启动

1999 年，德国科研基金会在已有的研究训练小组的实践基础上，开始支持德国大学与海外大学合作。每个小组由一所德国大学和一所海外院校共建，确立联合培养项目，双方博士生可以有数月在伙伴院校研究学习的机会，有的项目博士生可以获得两所大学的博士学位。至 2012 年，所有 199 个研究训练小组中共有 45 个国际研究训练小组。

---

46 DFG：Monitoring des Förderprogramms Graduiertenkollegs: Bereicht 2011,Bonn: DFG,2011, p14.

47 DFG：Monitoring des Förderprogramms Graduiertenkollegs: Bereicht 2011,Bonn: DFG,2011, p10.

对于研究训练小组项目在 2000 年之后的这些新变化，德国科研基金会的一位项目负责人表示，调整的目的还是希望把项目做得更好，更有吸引力和竞争力：

> 研究训练小组从 1990 年建立以来一直都是、也应该是一个榜样性的项目，（通过这个项目）来向大家证实，我们如何可以把博士生培养做的更好，或者我们如何来以别的方式培养博士。我们从来没想过，通过这样一个项目来改变德国所有的大学，我们是想树立一种典范。
>
> ——DFG "研究生院、研究训练小组和青年学者部" 项目负责人

三、参与机构和项目类型多样化

除了德国科研基金会之外，从 2000 年开始，越来越多的联邦州、专业学会、研究机构、公共和私人基金会开始建立或资助各种形式的研究生院、博士生院，实施结构化的博士生培养。

1. 州政府项目

在下萨克森州，自 2000 年起，州政府科学与文化部启动了 "下萨克森博士项目"（Niedersächsisches Promotionsprogramm），其主旨在于将博士生培养与各高校突出的科研优势、重点学科相结合，进一步促进研究生教育的结构化发展，促进跨学科、国际化，实现科学卓越，对博士生提供更密集的指导，缩短其学业年限。在这个支持项目中，部分博士研究生可以获得每月 1400 欧元、一共三年的奖学金。2008 年，这一项目进入第二阶段，目前共有 12 个项目，分布在 7 所大学。[48]

在北莱茵-威斯特法伦州，2001 年，创新与科研部建立了 "北莱茵-威斯特法伦国际研究院" 项目，在各大学的优势学科和研究领域，以研究院的形式推进结构化的博士生培养。2008 年前后州政府换届之后，这一项目更名为 "北莱茵-威斯特法伦研究院项目"（NRW-Forschungsschulen）。项目由州财政提供 50% 的资金支持，每个项目所获支持额度最多可达每年 50 万欧元。入选研究院的博士生均可获得全额奖学金资助。这一项目迄今共有 17 所研究院，每个研究院将获得五年的资助。[49]

---

48 下萨克森科学与文化部.http://www.mwk.niedersachsen.de/portal/live.php?navigation_id=6340&article_id=19019&_psmand=19，2012-01-19.

49 http://www.wissenschaft.nrw.de/hochschulen_und_forschung/wissenschaftlicher_nachwuchs/forschungsschulenNEU/index.php，2012-01-29.

在巴伐利亚州，政府科学、研究和艺术部在 2002-2003 年启动了一项名为"巴伐利亚精英网络"（Elitenetzwerk Bayern）的支持计划，在从本科到博士后的各个阶段，面向优秀人才提供不同的专门资助项目，其中就包括 11 个"博士生院"（Doktorandenkolleg）项目。每个博士院有特定的研究主题，定位于具国际水准的科研训练，为博士生提供结构化的培养项目，包括知识和技能的课程训练。同时，博士院强调跨高校、跨机构的合作，强调提高国际学生比例，在限定时间内对博士生进行密集的科研训练。[50]

2. 德意志学术交流中心项目

2001 年，德意志学术交流中心与德国科研基金会合作，启动了"国际博士项目"（Internationalen Promotions-Programmen，IPP），这个项目同样以支持结构化的博士项目、以更加明晰、有效、密集的培养程序和培养内容吸引国内和国际优秀学生为宗旨，德国教育科研部为此项目拨发的资金大约为每年 600 万欧元。与其他项目不同的是，德意志学术交流中心并不为博士生直接提供奖学金，而是在人事协调、德语课程、学生服务、招生、项目宣传、访问学者、研讨会、差旅以及博士生出国访问学习等方面的费用，至 2009 年，国际博士项目在德国共有 50 个。[51]

2010 年，德意志学术交流中心将原有的结构化博士项目支持计划进行了改革和细化，明确了"德国大学博士生教育的国际化"（Internationalisierung der Doktorandenausbildung an deutschen Hochschulen）和"跨国博士网络"（Bi-nationale Promotionsnetzwerke）两个子项目，前者与原有的国际博士项目类似，而后者则着重支持跨国的博士联合培养或"三明治"项目。

3. 科研机构的结构化博士生培养项目

如第二章所述，虽然在德国只有大学有博士学位授予权，但在博士研究生的培养上，大学之外的科研院所，特别是马克斯-普朗克学会、亥姆霍兹国家研究中心联合会、弗劳恩霍夫学会和莱布尼兹联合会这四大学会下属的研究所发挥着不可或缺的重要作用。其中马克斯-普朗克学会和亥姆霍兹国家研究中心联合会自 2000 年以来，也启动了各自的结构化博士生培养项目。

---

50 http://www.elitenetzwerk.bayern.de/doktorandenkollegs.0.html，2012-01-29.
51 DAAD 项目资料：International Promovieren in Deutschland.

马克斯-普朗克学会的"国际马克斯-普朗克研究院"（International Max Planck Research Schools, IMPRS）项目创建于 2000 年，至今已有 66 个。每一个研究院由一个或多个马普所建立并有合作大学，有完整的培养理念和培养程序，开设博士课程，确立了论文指导委员会、实验室轮转、软技能培训、学术交流支持等制度。[52]

亥姆霍兹国家研究中心联合会在 2006 年前后建立了两个层次的结构化博士项目，分别是亥姆霍兹研究训练小组（Helmholtz-Kollegs）和亥姆霍兹研究生院（Helmholtz-Graduiertenschulen）。亥姆霍兹研究训练小组是聚焦于特定研究主题的博士生培养项目，模式与 DFG 的研究训练小组极为相似，每个小组的博士生不超过 25 人。而亥姆霍兹研究生院则是更加上位的组织形式，基于较大的研究领域或者跨多个领域和学科，在更广泛的学术领域中对博士研究生进行知识训练和科研训练，而且可以整合多个研究训练小组。至 2012 年初，亥姆霍兹联合会共有 12 个研究训练小组和 10 个研究生院。[53]

同样在 2006 年，莱布尼兹联合会启动了莱布尼茨研究生院（Leibniz Graduate Schools）项目，由莱布尼茨联合会的研究机构与大学合作建立研究生院，同样以三年为基本的学业年限，在结构化的项目中对博士研究生进行密集的指导，强调跨结构、跨国和跨学科的合作，所有研究生院分为人文教育、社会科学、生命科学、自然与工程科学四个领域并特别强与社会紧密联系的应用性研究，如老龄化问题、继续教育、媒体文化、德国和欧洲的财政联邦制度、欧盟新成员国农业发展问题、传染病模型系统等。目前已经建立的莱布尼茨研究生院数量为 19 所。[54]

4. 其他结构化项目

此外，德国的一些公共和私人基金会，如汉斯-伯克勒基金会（Hans-Böckler-Stiftung）、海因里希-伯尔基金会（Heinrich-Böll-Stiftung）、康拉德-阿登纳基金会（Konrad-Adenauer-Stiftung）等都独立资助或参与资助了结构化的博士生培养项目。

---

52 马克斯-普朗克学会：http://www.mpg.de/de/imprs，2012-01-29.

53 亥姆霍兹国家研究中心联合会：http://www.helmholtz.de/jobs_talente/doktoranden/，2012-02-06.

54 莱布尼茨联合会：http://www.wgl.de/?nid=grs1&nidap=&print=0，2012-02-06.

需要特别注意的是，在德国科研基金会、各类基金会等科研资助机构以立项的方式资助建立结构化博士生培养项目的同时，在 2000 年前后，德国出现了一些由学术人员自发成立的博士项目或类似研究生院的组织结构，比如波恩、柏林、曼海姆等地的经济、金融和管理学博士项目，吉森大学的文化学研究生中心等。这些项目或组织结构并非专为申请某项资助项目而设，而是有各自独特的组织目标和形式，而后再寻求合适的资金支持。

四、卓越倡议研究生院的建立

2004 年，德国开始了旨在打造德国精英大学、强化大学科研实力和国际竞争力的"卓越倡议"，分两轮评选出了 9 个"未来构想"（精英大学），37 个"卓越集群"（研究团队）和 39 所研究生院，进行重点资助（详见第四章）。

1. 研究生院的目标和基本组织模式

"卓越倡议"中的研究生院（Graduiertenschulen/Graduate School）是在德国科研基金会研究训练小组基础上，对结构化博士生培养模式的进一步拓展，在目标、知识领域、组织模式和功能上都有新的特色。

卓越倡议的政策文本对研究生院的组织目标有如下的描述：

> 研究生院与是建立"具有国际竞争力的高水平卓越科研中心"的整体战略中的重要一部分，致力于在一流的研究环境中对优秀的青年研究者进行培养并使他们尽早实现科研工作中的独立性；为博士生创造理想的学习条件，并作为一个具有国际辨识度的综合性的机构来支持博士研究生更好地融入各自的学术共同体。研究生院涵盖宽广的、跨学科的研究领域，将有利于加强所在大学的重点学科和科研特色；同时也是各大学青年科研人员支持战略的一个重要部分，致力于贯彻、实现大学科研人才培养的理念。[55]

卓越倡议对研究生院组织形式和规模的规定是相对灵活的，既可以在院系的层面建立，也可以包括多个院系甚至涵盖全校所有院系。一所研究生院可以根据研究主题的不同跨分为多个领域（Sektion），可以作为一个"屋顶式

---

55 Deutsche Forschungsgemeinschaft(DFG), Wissenshaftsrat(WR): Exzellenzinitiative des Bundes und der Länderzur Förderung von Wissenschaft und Forschung an deutschen Hochschulen（Zweite Programmphase)- Merkblatt Graduiertenschulen. DFG/W R-Vordruck ExIn201 - 3/10:1.

的组织结构"（Dachorganization）将其他结构化项目如德国科研基金会研究训练小组，马克斯-普朗克研究生院、以及"卓越集群"中的博士训练小组整合进来。同时，研究生院被鼓励与研究机构、图书馆、博物馆、企业、学校、政府部门等学术性和非学术性机构合作。

卓越倡议要求每一所研究生院都须有一个基本的清晰的知识范畴，可以是一个总体的学术目标或研究取向，但不聚焦于某个具体学科和专业，在这个总体的知识框架下可以再按照学科、研究主题或方法细分为多个研究领域。

在博士研究生培养方面，每一所研究生院必须有一个结构化的培养程序和指导模式，要求博士导师和博士生之间签订指导协议（Betreuungsvereinbarungen），培养程序要包括一个具体的学业项目（Qualifikationsprogramme）。研究生院以博士研究生培养为主，但被明确鼓励尽可能与学士-硕士项目对接，特别是将优秀的硕士研究生培养囊括进来，并提供博士后岗位、助理教授岗位，为已经获得博士学位的研究者提供进一步的职业发展机会。

与先前各结构化项目不同的是，卓越倡议中的研究生院强调"专业的领导和高效的管理"，项目不仅提供资金来设立专门的行政岗位，并且建议各研究生院制定各自的章程草案，将组织形式和运行管理进一步规范化、制度化。

值得一提的是，虽然卓越倡议对于研究生院的支持是阶段性的，但是在项目指导方针中明确指出，希望研究生院成为大学的固定组织设置，因而建议各大学在在《学校章程》和《博士考试章程》中进行相关的修订或条款说明，使研究生院的招生程序、培养程序以及博士生身份等能得到制度化。

2. 项目资助和申请

研究生院的资助以五年为一期，第一期项目（2006/2007-2012）的 39 所研究生院在此期间平均获得 570 万欧元的经费；第二期项目（2012-2017）计划为每所研究生院提供每年 100 万到 250 万欧元不等的资助；在此基础上，另有资助总额 20% 的补充津贴，以支付与项目有关的间接费用。资助的具体项目包括硬件设施、人员、办公费用，博士生、博士后的奖学金或岗位资助以及项目教授岗位资助，行政管理人员岗位薪酬，管理运用、招生、项目宣传、公关费用等。

研究生院的资助申请只能由大学为主体向德国科研基金会提交，不同大学也可以联合提出申请，但需以一所大学为主，一所大学可以有多所研究生院入选。项目评审由德国科研基金会和科学审议会成立的联合委员负责，最终的资助审批则由联合委员会成员与联邦和州教育科研部的代表共同决定。

3. 现有的研究生院项目

DFG 对现有的研究生院项目按照学科领域进行了划分（表5）。除此之外，另有波鸿-鲁尔大学研究生院是卓越倡议第一期资助的 39 所研究生院中唯一一所涵盖所有学科的"综合研究生院"。

表5 "卓越倡议"研究生院项目（第一期：2006/2007-2012）[56]

人文社会科学（11）	自然科学（8）
吉森文化学国际研究生中心 曼海姆经济学与社会学研究生院："实证与定量研究" 波恩大学经济学研究生院 柏林北美学研究生院 拜罗伊特非洲学研究生院 柏林穆斯林文化与社会研究生院 基尔"景观中的人类发展"研究生院 柏林社会科学研究生院 柏林弗里德里希·施雷格尔文学研究生院 不莱梅社会科学国际研究生院 比利菲尔德历史学与社会学研究生院	柏林数学研究生院 卡尔斯鲁厄光学和光子学研究生院 "海洋领域的全球变化" - 不莱梅国际海洋科学研究生院 莱比锡自然科学研究生院-"以分子和纳米为材料" 海德堡基础物理研究生院 波恩-科隆物理和天文研究生院 美因茨材料科学研究生院 海德堡"科学研究的数学与计算机方法"研究生院
生命科学（12）	工学（7）
弗莱堡斯毕曼生物与医学研究生院 柏林思维与大脑研究生院 德累斯顿生物医学与生物工程国际研究生院	爱尔兰根先进光学技术研究生院 萨尔布吕肯计算机科学研究生院 达姆施塔特计算机工程研究生院 斯图加特先进制造技术研究生院

---

56 DFG: Graduiertenschulen:
http://www.dfg.de/Förderung/programme/exzellenzinitiative/graduiertenschulen/index.
html,2012-02-08.

维尔茨堡生命科学研究生院	亚琛"基于计算机技术的自然与工程学"研究生院
汉诺威分子医学研究生院	
柏林-勃兰登堡再生疗法研究生院	吕贝克"医学和生命科学中的计算机科学"研究生院
耶拿微生物传播研究生院	
康斯坦斯化学生物研究生院	慕尼黑科学与工学研究生院
乌尔姆分子医学国际研究生院	
慕尼黑全身系统神经科学研究生院	
哥廷根神经科学、生物物理与分子生物研究生院	
海德堡分子与细胞生物学国际研究生院	

这些研究生院中绝大多数是跨院系建立的，在知识定位上突破了传统的学科界限，或者结合多个学科的相关领域，或者指向区域研究、宗教研究、纳米科学、海洋科学等新兴交叉学科领域，也有的从方法的角度对多学科研究进行的整合，"定量与实证研究"、"科学研究的数学与计算机方法"等。另外，整合区域优势、跨机构合作也是研究生院的突出特点，尤其是自然科学和生命科学领域的研究生院，几乎都与本地的科研机构如马克斯普朗克研究所紧密合作；而波恩-科隆物理和天文研究生院是相互临近的波恩、科隆两所大学的物理和天文领域研究人员合作建立的，而柏林数学研究生院则涵盖了柏林三所大学的数学系以及本地的相关研究院所，实现了资源整合。

4. 卓越倡议研究生院对于推动博士生培养结构化改革的意义

卓越倡议研究生院的建立对于德国博士生培养结构化改革的推进和深化有非常重要的意义，体现在以下几个方面：首先，卓越倡议研究生院在人员规模上要远远大于之前的各类结构化项目，涉及的研究范围也更加广泛，有的涵盖整个学科，有的涉及多个学科。

其次，卓越倡议对于研究生院的组织结构和培养制度给出了一整套的标准框架。比如在卓越倡议的纲领文本中，对于研究生院的评审标准有着明确的说明，从"研究和培养环境"、"研究训练"和"组织结构"三个方面列出了13项评审内容，即：

研究和培养环境

1. 项目参与人员的科研水准

2. 科研环境的质量

3. 多学科取向和跨学科合作的附加值

4. 对学校整体学术面貌的贡献

研究训练

5. 培养计划的质量和吸引力

6. 招生、指导和博士研究生的身份

7. 在博士研究生支持方面的已有成果

8. 与学校整体青年研究人员支持策略的整合

9. 国际网络

10. 性别平等

组织结构

11. 跨机构合作的附加值

12. 组织、管理和基础设施

13. 研究生院的可持续性[57]

这样一个标准框架不仅指导了入选卓越倡议的研究生院，也为那些没有入选的项目以及各高校未来建立研究生院提供了一种参考模式。同时，研究生院都是依据各个学校的优势学科和科研领域建立的，对于强化学校的科研优势、提升声誉都有重要的影响，也因而促使更多的学校和学科建立研究生院。

最后，卓越倡议研究生院在组织结构上牵涉到一些系统性的改革步骤，比如，申请研究生院资助的大学必须在发展规划上做出部署，使研究生院在卓越倡议项目结束之后继续保留，成为固定的博士研究生培养结构，并且在学校的制度章程中做出相应的修改。再比如，院系也应当与研究生院进行组织上的整合，比如，将研究生院作为正式的博士生培养结构，等等。

五、"校级研究生院"的建立

由于结构化的培养项目越来越多，近三四年来，若干德国大学已经开始尝试整合目前的各种研究生院和其他培养项目，在大学的层面建立一个全校性的"研究生院"。例如，柏林自由大学的"达勒姆研究生院"，柏林洪堡大

---

57 Deutsche Forschungsgemeinschaft(DFG), Wissenshaftsrat(WR): Exzellenzinitiative des Bundes und der Länderzur Förderung von Wissenschaft und Forschung an deutschen Hochschulen (Zweite Programmphase)-Begutachtungskriterien Graduiertenschulen. DFG/WR-Vordruck ExIn203 - 3/10.

学的"洪堡研究生院"，慕尼黑工大研究生院等，而波鸿-鲁尔大学研究生院则入选了卓越倡议，成为项目第一期资助的 39 所研究生院中唯一一所涵盖所有学科的"综合研究生院"。

在组织功能上看，这种"校级研究生院"并非对全校的博士研究生培养乃至学位授予进行统筹管理，而是作为一种"屋顶式的结构"（Dachorganization）将学校所有结构化的培养项目和各类研究生院整合起来，发挥信息服务、统筹合作、学生咨询等功能。已有的研究训练小组、学科以及跨学科的研究生院一般被视为这样一个整体结构的"成员"或合作项目，在招生、学生资助、技能性课程训练等方面展开合作。例如，有意攻读博士学位的学生可以通过校级研究生院获得关于全校各类博士项目的招生信息，申请渠道；而针对博士研究生的软技能培训课程也可以在这个全校平台上开设，不仅面向结构化项目中的博士研究生，也面向其他传统模式读博的人员；这种校级研究生院还能够为博士研究生提供特定的专项资金支持，主要针对学生因现有资助项目或岗位更迭而出现的暂时"资金断档"，或者延期学生最后的论文撰写，等等。从整体发展来看，这类校级研究生院的服务对象是所有博士研究生。

第四节　结构化博士生培养模式的核心特征与建立方式

通过历史发展过程的梳理可以看到，过去近三十年间，结构化是德国博士生培养模式改革的核心线索。结构化简而言之就是将博士研究生培养作为培养机构（大学）的专门工作纳入特定"结构"之中。具体而言，结构化是将传统上没有系统组织、博士生身份模糊、缺乏制度性规约、重科研轻培养、交织在大学日常学术活动之中而非一个明确学业阶段的博士生培养模式转变为以人才培养为核心任务、系统性的、有组织并且有完备制度约束的培养模式。这一改革过程通过建立专门的结构化培养项目在局部展开，逐渐发展到提出整体的结构化改革目标。结构化的培养项目则从小规模的、基于特定研究主题的研究训练小组逐渐发展到组织规模较大、结构更为复杂、涉及更广泛研究领域的研究生院的形式。而基于这些不同组织形式形成了一种不同于传统博士生培养的新的培养模式——结构化模式。

一、结构化博士生培养模式的组织形式

德国的结构化博士生培养涉及多种不同的组织形式，单从名称上看，有

研究训练小组（Graduiertenkollegs）、研究生院（Graduiertenschulen）、博士院（Promotionskollegs）、研究院（Forschungsschulen）、博士中心（Promotionszentrum）等等，看似纷繁复杂。从组织结构和功能出发，本研究认为这些不同的项目和组织形式可以分为三种基本类别：

1. 结构化的博士生培养项目

结构化博士生培养项目是在一个具体的研究主题或研究方向上，以较小的组织规模进行结构化博士生培养的组织形式，其组织名称通常为Graduiertenkolleg、Promotionskolleg、Promotionsstudiengang、doctoral program等。德国科研基金会的研究训练小组就是这一类培养项目的代表。在研究方向上，这类项目通常聚焦于一个具体的研究课题或者一个研究领域，并且以跨学科的研究领域为主，人员规模相对较小，如科研基金会的研究训练小组通常只包括 10 名左右的教授与 15 名左右的博士研究生。结构化的培养项目并不是固定不变的组织安排，可能根据项目资助期限或者研究方向的改变而中止。目前，德国大多数结构化的博士生培养项目都是依靠第三方资金支持建立的。

2. 学科研究生院

学科研究生院是基于一个学科或较大的研究领域建立的博士生培养的固定组织框架，其名称通常是 Graduiertenschulen、Forschungsschulen、Promotionszentrum 等。"卓越倡议"所资助的研究生院大多数都属于学科研究生院。学科研究生院的规模比较大，通常能够有数十名甚至上百名教师和博士研究生，并设有专门的行政人员岗位。从知识范围上看，学科研究生院往往涉及一个学科或者某一学科中的一个研究领域或者并特别强调跨学科的研究。在博士生培养上，研究生院有系统的制度安排，比如，有固定的招生委员会，对培养过程做出程序性的规定，提供丰富的课程安排，设立奖学金和其他支持性措施，等等。研究生院通常是一个稳定的组织框架，并且作为一个"屋顶式"结构可以包含若干个具体的结构化的培养项目，这些结构化的项目可能根据资助和研究方向的改变而中止或调整，但研究生院的框架是稳定的。

3. 学校研究生院

学校研究生院是在学校层面上建立的对全校的博士研究生培养提供组织支持的机构形式。学校研究生院不直接参与博士研究生的专业培养，目前也没有权力对博士生培养的相关问题作出制度性的规约。学校研究生院的建立可以看做大学在战略层面上强化学术人员培养的一个举措，其主要功能是，一方面在学校或者跨院系的层面上对博士研究生培养进行信息整合、咨询服务、质量监督、辅助培训、博士生资助等，其服务对象包括所有的博士生；另一方面，学校研究生院还能够将学校现有的不同学科、专业的各种结构化博士生培养项目以及研究生院作为"合作项目"或者"成员项目"整合在自己的组织框架之下，使学校的结构化博士生培养模式有一个整体的组织呈现。

在同一所大学之中，以上这些不同类型、不同规模的组织结构往往互相嵌套、相互合作，构成一个多层次的立式结构。

二、结构化博士生培养模式的核心特征

1. 培养目标

在培养目标上，不管是结构化的博士生培养模式还是传统的师徒制模式，都强调对于博士生的科研训练，使博士生获得独立进行原创性科学研究的能力。不同的是，传统培养模式的目标基于纯粹的科学立场，强调博士生参与远离实用性目的纯粹科研探索；而结构化的博士生培养模式则基于"培养"的理念并体现了一种多元化的价值取向。结构化模式同样强调科研，但是更加注重博士生的独立性、对于学科知识的整体性把握、跨学科能力和学术交流的能力，体现了一种新的科研观念；从培养的立场出发，结构化模式更强调博士生培养作为一个学业阶段的性质，强调大学对于博士生培养的机构责任和博士生导师的培养责任；新的培养模式基于博士在社会各个部门广泛就业的事实强调社会需求和博士的就业能力；此外，质量、效率和国际化也是结构化培养模式承载的目标。

2. 招生方式

结构化博士生培养模式对入学方式有程序性的规定，通常都是以招生委员会的形式进行学生选拔，贯彻竞争择优的核心原则并且面向国际。通过制

度性规定，比如博士生注册的强制要求，使博士学业有明确的起始点并且赋予博士生清晰的身份。

3. 培养程序

结构化博士生培养模式通常包含一个阶段的核心课程学习和一系列的学术活动，并对博士生参与课程和学术活动做出具体的规定，比如课时和学分的规定。在培养过程中，有的结构化项目或研究生院还有中期考核或阶段性评估的制度安排。对于博士生导师的指导，大多数结构化项目也做出了规定，比如签订培养协议，等。结构化培养模式还对博士学业的总时间做出了规定，在政策建议中，合理的博士学业时间被规定为三年。

4. 资助方式

在由第三方资金支持下建立的结构化博士生培养项目和研究生院中，奖学金是博士生资助的一种主要方式。在奖学金资助下，博士生可以更加专注地参与培养项目安排的学术活动，进行博士论文的研究和撰写，也能够保障在较短时间内完成博士学业。但是，结构化培养模式并不排斥传统资助模式，即担任学术助理的方式。作为一种改革模式，结构化培养针对所有群体的博士生，担任学术助理的博士生也应当从中受益。现实的问题是，对于结构化培养项目的学业安排，学术助理可能因为承担了教学科研工作而难以保证时间。在这种情况下，研究生院的组织框架就起到了约束的作用，加入研究生院的教师有义务保障其博士生能够按照研究生院的要求完成学业项目的各个环节。在实践当中，很多时候两种资助模式被很好地结合了起来。比如在经济学领域的研究生院中，奖学金通常用于支持博士生集中完成课程学习的阶段，而在论文阶段则回归教席担任学术助理。而在自然科学领域，研究生院的博士生们也主要以学术助理的方式攻读学位，这与自然科学领域自身的科研资助文化密切相关（详见第七章）。

总之，作为博士生培养的改革方向，结构化模式面向所有的博士生，对博士生的资助方式没有特别的规定。而奖学金资助对于早期推广这一培养模式有策略上的支持意义。

5. 质量评价

在博士生培养的过程当中，有的结构化项目和研究生院有中期考核的程序安排，但博士论文的评价通常不在研究生院或项目的框架内进行。目前德国绝大多数大学都是在院系的层面制定博士考试章程，对博士论文评定和学位授予做出规定，博士考试的具体安排由学院的博士考试委员会负责，博士生导师在论文的评审和答辩中发挥主导作用。

但是，一些大学和院系已经开始通过修订博士考试章程，将结构化培养的目标和理念加入博士考核和学位授予的制度安排之中。比如，在申请博士学位的基本条件中加入诸如必须在大学注册两年以上的要求，以及将一个课程学习阶段作为博士学业的必修内容写入考试章程，等等。

三、结构化培养模式的建立方式

1. 政策引导

德国 80 年代建立的第一个研究训练小组是由生命科学领域的教授发起，并由私人基金会支持的。改革尝试很快得到了来自不同方面的积极反馈并且提升到政策讨论的层面上。直到联邦和州达成共同资助研究训练小组的协议并由德国科研基金会以常规项目的形式展开资助，结构化培养模式才在全国推广开来。在这整个过程当中，科学审议会的政策建议起到了非常重要的引导作用。尽管科学审议会提出的政策建议尚没有全部得到落实，但是也已经逐渐成为博士生培养改革的实际方向；而更重要的是，科学审议会提出的组织建构上的建议可以通过第三方资助的形式得到实现，如 90 年代提出的建立"博士项目中心"事实上在卓越倡议的研究生院项目中得到了落实。所以政策引导是德国博士生培养结构化改革的主动力。但是需要特别说明的是，这里的政策不完全是核心教育主管部门的政策决策，而主要是通过科学审议会这一协商机构，由学术共同体代表与联邦、州两级政府协商提出的。这其中既有学术界与政府的对话，也有两级政府之间的对话，最后的政策建议，是一个多方协调的方案。

2. 基层变革

直到今天，德国的博士生培养也没有发生系统层面的整体变革，现有的改革都是从基层、局部和小规模的尝试开始，并逐渐上移、扩大和相互连接。比如从研究训练小组到研究生院、从阶段性项目到实体组织形态、从局部的尝试到制度层面的讨论都是按这样一种逻辑进行的。德国科研基金会在回顾研究训练小组项目 20 年来的发展时表示，"在传统的体制中进行自上而下的整体改革被认为是十分困难的，因而科学审议会转向这样一种自下而上的改革尝试"。[58]

在基层变革中，学术人员（教授）发挥着主导作用。尽管，教席制被认为是阻碍博士生培养改革的一个制度因素，但具体到教授群体中的个人，对于博士生培养的模式改革却有相当多的支持。这其中是否有学科、年龄结构或背景的差异不能简单下定论，本研究初步发现，自下而上由学术人员自发建立研究生院的案例在具体的机构和学科实践中屡见不鲜，尤其是在生物学、数学、经济学等领域。除去学科因素，结构化项目也都可以在生源、资金等方面为科研带来实际的促进，教授与博士生都能够从中受益。

3. 第三方资助

第三方资助是变革中不可或缺的支持性因素。这里面又有大型的公共科研资助机构（德国科研基金会）和其他私人及公共基金会的配合与补充。在德国，私人基金和公共基金一起参与科研资助已经形成传统。德国有一个庞大的基金会体系，共有各类基金会 18100 家，其中以科学研究资助为主要任务或主要任务之一的基金会就有两千余家，这些基金会在德国的科研发展以及科研人才培养中发挥着极为重要的作用。[59]与大规模的公共资助需要长期论证、讨论和协商不同，基金会有较大的自主性和自由度，能够灵活地尝试各种不同的资助项目及资助形式，并为政策制定提供参考。在建立研究生院的最早实践中，蒂森、博世、和大众这三家性质规模各有不同的基金会都发挥了重要作用。大众基金会就对其研究生院项目总结道：

> （我们的）研究生院项目证明，通过基金会才可能实现在高校和各州就一种新的也是被普遍认为必需的教学和研究组织形式进行实验。国家虽然在科学审议会层面上对这种建议进行了认可，但是资金却没有到位。大众基金会希望通过自己的这项资助，促使联邦政府和州政府在关于联合资助建立研究生院的事情上尽快达成一致。他们的持续资助可以超过基金会资助在法律上以及资金上的可能性。[60]

---

58 Deutschen Forschungsgemeinschaft（DFG）. 20Jahre Graduiertenkollegs, Bonn: DFG,2010:6.

59 Bundesverband Deutscher Stiftungen: Verzeichnis Deutscher Stiftungen, Band 1, Berlin, 2008:94-95.

60 Stiftung-Volkswagenwerk: Jahresbericht 1987-1988: Hannover:1989: 7-8.

博世基金也认为，其所资助的研究生院与蒂森基金会的项目一起，在德国建立了典范，对学术政策的发展产生了重大影响。[61]基金会的目标——"将这样一种学术人才培养的新的手段纳入科学政策讨论的范畴"——在联邦和州政府就由德国科研基金会实施研究生院资助项目达成协议之后得以实现。[62]科学审议会在其 1986 年以及 1988 年的两份建议中也将这三家基金会的尝试作为政策建议的依据。

在 90 年代之后由科研基金会主导的资助过程中，第三方资金与政策导向更密切的结合在了一起。这种资助方式通过设立项目标准贯彻改革目标，同时又在具体的研究取向上给予学术人员充分的自主权，即，规定项目框架但不约束具体内容。另一方面，第三方资助遵循竞争性原则，择优资助，这强化了项目的榜样性和吸引力。

4. 机构层面的回应与参与

由科研基金会资助的研究训练小组的主导者通常是一个教授团体，但是项目申请都是通过大学提交，并且学校需要在硬件设施、行政管理、项目协调等方面提供协助和支持，这对于项目申请能否成功，往往是非常重要的因素。

> （研究训练小组）申请的正式提交方永远是大学，比如说，我手上有一份慕尼黑工大的申请。而且如果是进入专家评审阶段的话，专家的邀请也是由学校的管理层发出的，比如以校长或者副校长的名义。学校的管理层和院系与此也相关，因为他们必须对这个项目提供相应的支持，比如硬件设施、实验平台、日常办公条件、甚至学生的办公室等，学校必须做出贡献。如果我们批准了一个研究训练小组项目，但事实上学校却没有相应的实验室，那是不可想象的……学校也要提供一些行政、管理、协调的相应的费用。很多时候是在申请的时候，学校有相应的说明，比如，"如果项目批准的话，我们学校承担一半的行政费用"，或者"我们来设一个半职的秘书岗位，我们出一半钱，科研基金会出另一半"。再比如，一个研究项目需要某种特殊的设备，学校也会说，"如果项目批准的话，我们来出 1000 欧元买这个设备"。学校必须要证明，他们有条件支持这些博

---

61 Robert Bosch Stiftung GmbH. Bericht 1986-1987. Stuttgart, 1988: 116.
62 Robert Bosch Stiftung GmbH. Bericht 1990-1991. Stuttgart, 1992: 119.

士生在比较好的环境中学习和做科研。

——DFG 项目研究训练小组、研究生院项目负责人

而卓越倡议的申请则更加提升了学校在机构层面参与博士生培养结构化改革的主导意义。不仅仅是研究生院的建立，卓越倡议的另外两个层次——"未来构想"和"卓越集群"的申请中也都要求有相应的博士生培养支持的规划，比如学校层面的对于学术后备力量进行系统支持的整体方案和构想，以及卓越集群中对于博士生科研人员的特别培养项目的安排等。卓越倡议要求大学对博士生培养从学校战略的层面进行统一规划，这对于博士生培养结构化的推进有重大的作用。也正是在卓越倡议启动前后，很多大学在学校层面建立了博士生培养支持性组织，比如校级研究生院，显示出学校开始在机构的层面参与到博士研究生培养的结构化改革中。

通过这一章的分析可以清晰地勾勒出德国博士生培养模式改革的基本线索。以结构化为核心目标，在政策引导和第三方资金的支持下，特别是在德国科研基金会的专项资助框架内，德国自下而上建立起了结构化的博士生培养项目。这些项目由小变大，由少变多，由培养项目逐渐发展为实体化的研究生院，参与主体越来越多，影响范围不断扩大，特别是 2006 年启动的卓越倡议大大推进了研究生院在德国的建立。与此相关的是，政策文本、法律法规也进行了相关的调整，提出了博士生教育结构化的整体发展目标；在院校的层面，以博士研究生培养的支持和服务为核心功能的组织机构建立起来，博士生教育成为院校发展战略的重要部分。

结构化的博士生培养模式以人才培养为核心任务、以竞争性的选拔程序进行公开招生，有完整的培养方案和培养程序，对指导责任有明确的规定和监督。在培养目标和培养理念上，结构化培养模式显现出典型的多元化取向，并不是单一的追求科研的卓越，而是更加强调博士生培养作为一个学业阶段的性质，强调博士研究生的就业能力，强调博士生教育的效率、质量和国际化。在知识内容上，与传统的培养模式基于学科或者一个具体的专业领域不同，结构化模式特别强调博士研究生对于知识的整体性把握，跨学科研究和合作研究成为重要特征，同时强调对博生进行可迁移的软技能的训练。

第五章　知识生产全球化动力下的结构化——经济学的案例

第一节　案例描述

一、波恩："经济系研究生院"

波恩经济研究生院（Bonn Graduate School of Economics，简称 BGSE）由波恩大学在 1998 年建立，并在 2006 年首批入选"卓越倡议"。

传统上，波恩大学一直是德国微观经济学研究重镇。在世界经济学界公认的权威排行榜——荷兰蒂尔堡大学（Tilburg University）发布的全球大学经济系科研贡献排名（2006-2010）中，波恩大学经济系处于世界 52 位，位列德国第一。[1]在德国著名的《商报》（Handelsblatt）对德、奥、瑞三国大学经济系进行的年度排名中，波恩大学经济系在 2009 年到 2011 年期间也一直位列前四名。[2]另外，1994 年诺贝尔经济学奖得主莱茵哈德·泽尔腾（Reinhard Selten）任教于此。

波恩大学经济学科以专门项目来进行博士研究生培养的经验可以追溯到 20 世纪 70 年代末。1977 年，波恩经济系加入了一个跨国博士合作项目——"欧洲定量经济学博士项目"（European Doctoral Program in Quantitative Economics），这一项目的其他合作单位包括：伦敦经济学院（LSE）、比利时

1　https://econtop.uvt.nl/rankinglist.php，2012-01-20.
2　http://www.handelsblatt.com，2012-01-26.

鲁汶天主教大学（UCL）、法国社会科学高等研究院（EHESS）、意大利欧洲大学研究所（EUI）以及西班牙庞培法布拉大学（UPF）的经济学系。这是欧洲经济学领域最早的博士研究生跨国合作培养项目，各机构每年有1-2名优秀学生入选这一项目，他们可以在一所合作学校学习半年到一年时间。此外，各机构还合作开设研讨班、工作坊，并轮流举办年会。当年曾经就读于这个项目的一位教授介绍说，项目启动的最初几年，波恩大学经济系还没有专门的博士生课程，而是让学生利用一年海外学习的时间在合作院系修习课程，而波恩派出的学生很多都去往伦敦经济学院。80年代中期开始，波恩经济系也逐步开始开设面向博士生的专门课程。

1990年德国科研基金会的研究训练小组计划启动之后，波恩大学经济系随即进行了项目申请。从1991年至今，这个系的教授先后建立了三个研究训练小组，分别是"交互经济决策"（1991-2000），"计量经济学"（2000-2009）和"经济系统中的异质性、风险与动力学"（2011年开始）。

波恩大学经济研究生院的正式成立是在1998年。这一年，波恩大学与德国邮政（Deutsche Post）签订了一项合作协议，由德国邮政出资支持大学的教学和科研发展。在这个资助项目的支持下，波恩大学成立了波恩经济研究生院。据研究生院的一位行政人员介绍，按照当时的合作协议，德国邮政的资助没有特别的针对性，具体以什么样的方式分配和使用这笔资助由学校方面自主决定。因而，正是在经济系多位教授的倡议和争取下，波恩经济研究生院在这项资助计划的支持下得以成立。这与前期的科研基金会研究训练小组项目"立项-申请"的建立方式有本质的不同。从此，波恩经济研究生院成为了波恩大学经济系进行结构化博士生培养的正式组织框架。但由于资金有限，研究生院这一结构当时尚未覆盖所有的教授和博士研究生。

2006年，波恩经济研究生院在首轮即入选"卓越倡议"的研究生院资助计划。在这一计划的支持下，研究生院的招生规模扩大到每年20人左右，现有39名教师，13名博士后研究人员和大约90名博士研究生，基本覆盖了波恩大学经济系的所有人员；研究生院的组织框架更加完善，设立了专门的管理办公室和管理、教辅和技术支持岗位。目前波恩大学经济系也已经将这一研究生院视为其正式的博士生培养结构，不分项目内、外，所有博士生都由统一程序招生进来。因而可以将其描述为"经济系研究生院"。

在科研方面，这所研究生院依托波恩大学的经济学传统，以微观经济学研究为中心，涵盖微观、宏观、计量、统计和金融五大领域，并与波恩大学的两个研究机构——经济学实验研究实验室以及豪斯多夫数学中心，一个德国科研基金会合作研究中心——"经济系统的管理与效率"，以及另外两家地处波恩的研究机构——劳动研究中心（IZA）和马克斯-普朗克公共商品研究所密切合作。

二、鲁尔区："区域联盟研究生院"

鲁尔经济研究生院（Ruhr Graduate School in Economics，简称 RGS Econ）成立于 2004 年，由地处德国传统工业区"鲁尔区"（Ruhrgebiet）的三所大学——波鸿-鲁尔大学（以下简称波鸿大学）、多特蒙德工业大学（以下简称多特蒙德工大）、杜伊斯堡-埃森大学和一所研究机构——莱茵-韦斯特法伦经济研究所（Rheinisch-westfälisches Institute für Wirtschaftsforschung，RWI）联合成立，是一所区域内跨机构合作的小型经济学研究生院。目前有 24 名教授，每年的博士招生规模在 9 人左右。

鲁尔区是德国西部一个城市群，属于北莱茵 – 威斯特法伦州，因莱茵河的支流鲁尔河横穿这一区域而得名。区域面积 4435 平方公里，包括波鸿、多特蒙德、杜伊斯堡等 11 座城市，人口 525 万，是德国人口密度最大的城市群，在欧洲位列第三。[3] 在德国工业化进程中，鲁尔区曾作为重要的煤炭产区和重工业基地发挥了经济发动机的重要作用。今天，发达的轨道、公路和水路交通将区域内的城市紧密相连，为大学和科研机构的区域合作提供了有利条件。

鲁尔区共有 6 所大学，这些学校都建立于上世纪 60-70 年代德国高等教育急剧扩张的时期，历史并不算悠久。基于地区特色和历史原因，这些学校大多以工程、材料、计算机或者前沿交叉学科为特色，而基础学科、人文社会科学的科研实力并不十分突出。就经济学科而言，这几所大学的经济系科规模都不大，在各类专业排名中也不在显赫位置，也正因如此，在科研工作特别是科研项目的申请上，为实现资源聚集而进行跨校、跨机构合作在这几个经济系科之间是一种常态。位于埃森市的莱茵-韦斯特法伦经济研究所是一所有近 90 年历史的经济研究机构，前身是建立于 1926 年的"柏林经济研究所

3　http://www.metropoleruhr.de/metropole-ruhr/daten-fakten.html, 2012-01-21.

西部分所"（Abteilung Westen des Instituts für Konjunkturforschung，Berlin），现在隶属于莱布尼兹联合会，是一所具有很强区域特色的科研和政策咨询机构，是德国的六大经济研究所之一，参与德国每年两次的《经济分析报告》（Gemeinschaftsdiagnose）报告的研究撰写，有近百名研究人员。

在以结构化模式进行博士研究生培养的实践中，这几家单位从一开始就是以合作的形式进行的。1996 年，多特蒙德工大经济系、波鸿大学经济系和莱茵-韦斯特法伦经济研究所的十位教授联合申请德国科研基金会研究研究训练小组项目，建立了名为"分配理论、竞争政策与集体决策"的研究训练小组，这是今天鲁尔经济研究生院的前身。这一项目先后获得了德国科研基金会的两期资助，持续到 2004 年。

2001 年，北莱茵－威斯特法州创新和科研部启动了"NRW 研究生院项目"，由州财政提供资金，资助若干所研究生院。在这一项目资助下，2004 年9 月，鲁尔经济研究生院成立，成为这一资助项目中首个自然科学领域之外的研究生院。在之前研究研究训练小组的基础上，杜伊斯堡-埃森大学经济系经济学专业的教授们也加入到合作中来。在资金方面，除了来自州政府的公共资金支持之外，这所研究生院还有来自私人基金会、银行和企业的资助。

在研究特色上，鲁尔经济研究生院相对侧重于应用性的经济研究，并划分了三个研究集群：应用微观经济学-劳动力-人口与健康经济学；宏观经济学-国际货币与金融-金融市场学；微观经济学-博弈论-机制设计-公共财政学。所有的教授和博士生都按照其研究兴趣归属到不同的集群。

在人员上，24 名教授涵盖了三所大学经济学专业的大部分教席。但研究生院的招生规模相对较小，每年招收 8-9 名硕士毕业生并为所有学生提供三年全额奖学金资助，研究生院的负责人表示，这种制度设计希望以 100%的全额奖学金来吸引优秀的学生，以小而精的组织形式打造高质量的研究生院品牌。学生需要在三所大学中的一所注册为博士生，通常都是在各自博士生导师所任职的学校。研究生院设有管理委员会（Board of Management），由来自各合作机构的 7 名教授组成，其中有两位教授担任研究生院院长。研究生院另设行政负责人和秘书各一位，办公室设在莱茵-韦斯特法伦经济研究所。

研究生院的课程由三所大学以及莱茵-威斯特法伦经济研究所的教师分别开设，学生往往需要辗转于不同城市参加课程。在确定博士生导师之后，学生在导师指导下进行博士论文研究并在导师所在的学校答辩获得该校博士学位。

　　鲁尔经济研究生院可以看做由三所大学经济学专业与莱茵-韦斯特法伦经济研究所联合建立的一个小而精的研究生院，这种创新的合作形式也是该地区大学合作日益密切的一个缩影。2007 年 3 月，波鸿-鲁尔大学，多特蒙德工大和杜伊斯堡-埃森大学签署协议，宣布成立"鲁尔大学联盟"（University Alliance Metropolis Ruhr），这是德国首个大学联盟组织。这一联盟希望通过学科互补、资源共享增强各校的科研实力并建立一个统一的教学系统，最终目标是"增强鲁尔区的整体教育科研实力及其作为一个高等教育区的国际影响力"。[4]在这样一种区域特色的大背景下，本研究把鲁尔经济研究生院描述为"区域联盟研究生院"。

三、柏林："开放的课程平台研究生院"

　　柏林经济与管理学博士项目（Berlin Doctoral Program in Economics & Management Science，简称 BDPEMS）成立于 2003 年，由柏林洪堡大学、柏林自由大学、柏林工业大学、欧洲管理技术学院（ESMT）、柏林社会科学研究中心（WZB）以及德国经济研究所（DIW）合作建立。

　　柏林是德国大学和研究机构最集中的一座城市，有三所大学、13 家高等专科学校、艺术学院和多家科研单位。在经济学领域，柏林也是德国重要的研究阵地。柏林洪堡大学和柏林自由大学的经济学系都有较强的科研实力，在德国高等教育发展中心（CHE）2009 年度公布的"德国大学科研排行榜"中，这两所大学在经济学专业科研经费、学术发表、声誉等多项排名中都在前 10 位。[5]德国经济研究所是德国最重要的经济政策研究机构之一，与莱茵-韦斯特法伦经济研究所同属德国六大经济研究所。

　　柏林经济学界结构化博士生培养实践也可以追溯至 80 年代末。1987 年，在大众汽车基金会的资助下，柏林自由大学经济政策研究所建立了"应用微观经济学研究训练小组"，这是德国最早的一个经济学研究训练小组。1995 年，柏林洪堡大学同样以"应用微观经济学"为主题向科研基金会申请建立了研究训练小组。

4　鲁尔大学联盟网站：http://www.uamr.de/index_en.htm，2012-02-10.

5　CHE: Das CHE-Forschungsrankingdeutscher Universitäten 2009.

2003 年，柏林经济与管理学博士项目在没有专门资助的情况下，由三所大学经济系的若干教授自发建立。项目最初没有专门的行政管理人员，所有的招生、管理、课程安排和协调由作为核心成员的几位教授分担，也只有少量博士生奖学金名额，一开始确立的仅仅是一个统一的招生程序和课程项目。而项目课程的授课对象并不仅限于项目招收的"正式"博士生，柏林经济学领域的其他博士生都可以选修，而部分硕士生也可以有条件地参加，因而这个项目的组织形式类似一个半开放的课程平台。2010 年，项目获得了爱因斯坦基金会的资助，每年提供 8-10 个博士生全奖名额，同时配备了行政管理岗位人员，项目的组织结构和管理日趋完善。目前柏林三所大学的经济学系和所有的经济研究机构都是这个博士项目的合作单位，但项目的正式成员——31 位教授和约 100 名博士生还仅是柏林经济学领域教授和博士生的一部分。

虽然以"项目"命名，但是柏林经济与管理学博士项目的负责人认为这一项目具有"准研究生院的性质"，而受访的教授和博士生都认为项目提供了一个资源整合的平台，基本上柏林经济学领域的博士生、硕士生都有机会参与相关课程，从中受益。因而本研究将这一项目描述为"开放的课程平台研究生院"。

第二节　经济学结构化博士生培养模式的特征

一、国际标准化的招生方式

三所经济学研究生院各自都有规范的招生程序，招生的时间安排也高度一致，都在每年春季三、四月份招生，秋季入学。招生由专门的招生委员会负责，学生须在规定时间内提交申请资料。波恩和柏林的研究生院同时接受本科毕业生申请，而鲁尔区的研究生院目前只面向硕士毕业生。三个研究生院要求申请人提供的材料也是完全一致的，包括简历、个人陈述、学业成绩、GRE 成绩、托福或雅思成绩（母语为英语的学生除外）和两封专家推荐信。

各个研究生院对申请人的考察和选拔主要依据上述申请材料。鲁尔研究生院会对所有的候选人进行电话面试，柏林项目则会选择性地进行电话面试。波恩项目没有安排面试环节，波恩的负责人表示，他们对申请人的学业成绩要求是非常高的，招收的学生学业平均分都在 1.0-1.3 分，1.7 分已经"非常悬了"[6]；在加上学校背景和推荐信的分量，"判断一个学生是否优秀已经基本没有问题"。可以看到，经济学科的博士招生由相对统一的、标准化的、可控制的考核依据，也就是以学业成绩作为主要参考。这种标准化的考核依据也使得各个结构化项目的招生环节能够更好的制度化，更可操作，主观的、个人化的因素如博士生导师个人的喜好、判断在这个环节并没有特别重要的影响意义。

除了本研究涉及的三个案例项目之外，德国在慕尼黑、法兰克福、曼海姆、科隆等地也有经济学研究生院，另外还有众多经济研究机构每年招收博士研究生。而且，德国经济学研究生院项目与美欧其他国家的研究生院在组织和培养模式上"高度相似"，甚至"连招生时间都前后差不了多少"。因而研究生院也面临生源竞争的压力和随时可能出现的变动。柏林研究生院的一位教授在介绍2010年的招生情况时说：

> "申请我们项目的学生也会同时申请别的项目。基本上，像今年我们确定招收30个人，会另选10-15个作为候选。我们想要确保自己对于目标学生的吸引力，因此其中的一半学生可以获得奖学金或者职位。但是，这三十个人中，会有三分之一到一半的学生最后放弃，他们可能会选择去其他类似的项目，或者选择了别的学校的职位。有时候，这种放弃会在最后一分钟发生，所以我们要重新在候选人名单里找人。"

鲁尔研究生院的负责人则说，他们每年只招生8-9人的规模是由项目资金情况决定的，他们想保证为所有的学生全额发放三年奖学金，以此来吸引优质生源。对于这种竞争的压力，波恩研究生院的博士生解释说：

> "经济学这个领域太大了，同样的研究有无数的人和机构在做。可以申请这个项目的学生也一定也可以申请别的项目，大家的要求也都是差不多的。"

总之，从招生环节来看，经济学研究生院的招生方式有高度的一致性，而且这种一致是国际性的。申请人只需按统一程序提交申请，并不一定需要与相关教授联系。而对于申请人的选拔也具有统一的、确定的标准。而经济学研究的密集性和各类研究生院项目形式的一致性也使得生源竞争相对激烈。

6　德国大学学业成绩通常分为11个等级：1.0-1.3相当于"非常好"，1.7、2.0、2.3相当于"好"，2.7、3.0、3.3相当于"良"，3.7、4.0为"及格"，5.0相当于"不及格"。

二、以国际标准化课程为核心的培养方案

经济学三个案例研究生院针对博士生培养都有具体的培养方案（表6、7、8），并且这三份培养方案有很大的相似性。培养过程大致都分为三个阶段：首先是一个核心课程或基础课程的密集学习阶段，通常为一个学期到两个学期不等；第二年进入一个高级课程阶段；第三到四年是研究和论文写作阶段。同时，一些学术交流性的课程，如主题研讨课、研究进展报告、工作坊等伴随整个培养过程。此外，三个培养项目都以英语为授课语言。

表6 波恩经济学研究生院培养方案

硕士起点		本科起点	
基础阶段：（第一学期）	基础课程：5选4 － 经济数学（必修） － 微观经济学 － 宏观经济学 － 计量经济学 － 金融	基础阶段（第一学期）	基础课程：5选4 － 经济数学（必修） － 微观经济学 － 宏观经济学 － 计量经济学 － 金融
高级阶段（学期2）	－ 在午餐会上进行第一次选题报告 － 主题课	高级阶段（第二、三学期）	共8门课程，包括 － 硕士层次课程 － 主题课（至少每学期一门）
论文阶段 第三学期 -第八学期	学生继续参加每周的工作坊和研讨课，尤其是： － 第四学期：完成一篇论文的初稿（必须是未来博士论文的一部分） － 第五学期：在一次BGSE工作坊上进行正式报告 － 第六学期：已完成两篇论文，第三篇论文已有明确的选题 － 第六学期之后：继续参加主题课程	论文阶段 第四学期 -第9学期	学生继续参加每周的工作坊和研讨课，尤其是： － 第四学期：在午餐会上进行第一次选题报告 － 第五学期：完成一篇论文的初稿（必须是未来博士论文的一部分） － 第六学期：在一次BGSE工作坊上进行正式报告 － 第七学期：已完成两篇论文，第三篇论文已有明确的选题 － 第八学期之后：继续参加主题课程

表7 鲁尔经济研究生院培养方案

	第一年		第二年		第三年	
	冬季学期	夏季学期	冬季学期	夏季学期	冬季学期	夏季学期
核心课程	3 x 2h	3 x 2h				
选修讲座			2x2h	2x2h	1x1h	
轮流讲座	1x2h	1x2h				
研讨课	1x2h	1x2h	1x2h	1x2h	1x2h	1x2h
讲座课	1x2h	1x2h				
工作坊			1x2h	1x2h	1x2h	1x2h

核心课程			
第一学期		第二学期	
·微观经济学 I		·宏观经济学 II	
·宏观经济学 I		·微观经济学 II	
·计量经济学 I		·计量经济学 II	
·主题研讨课		·文献研讨课	

表8 柏林经济与管理博士项目培养方案

第一年：核心课程阶段（以下领域 4 选 3，须修完 54 个学分） ·宏观经济学（I，II） ·微观经济学（I，II） ·计量经济学（I，II） ·管理科学（I，II）
第二年：进阶课程阶段 学生选定导师，开始第一篇论文的撰写；同时需要根据研究方向选修 24 个学分的课程，选修课可任选，或参考以下几个主要方向进行选课： ·金融与财会 ·行为和实验经济学 ·计量与统计 ·公共经济学 ·市场内和市场间调节

第三到第四年：研究阶段
学生在导师指导下撰写未来组成博士论文的工作论文；可根据研究方向自愿参加研讨课

从培养方案可以看到，三个案例项目的核心课程内容非常相似，都包括微观经济学、宏观经济学和计量经济学三门课程，此外根据项目研究方向的侧重点另有 1-2 门课程，如波恩研究生院另有经济数学和金融，柏林研究生院另有管理学，鲁尔研究生院则是比较灵活的主题课和文献课。对于这样一种课程设计，受访教授和博士生们都认为是"必须的"。柏林项目的教授说：

> "如果你看一下曼海姆，图卢斯，伦敦经济学院，斯德哥尔摩经济学院，以及所有的美国 PhD 项目，你就可以看到，经济学科提供的课程都是标准化的，课程依次都是微观、宏观、计量，微观经济学的课本都是一样的。在所有的地方，人们都在做同样的事情。对我们来说，'教什么'完全不是一个问题。如果追究细节，可能会有些不同，但是基本的结构是确定的，每个人都需要，我们也应该拥有。"

一位博士生也说，世界经济学界所有一流的研究生院和 PhD 项目用的教材都是差不多一样的——"我们都很清楚，哪本书是微观经济学的'圣经'"。

对于这种课程设置上的高度一致性，一位博士生和一位教授分别提到了"规范知识"（Fomale Wissen）和"规范方法"（Fomale Methode）。他们认为，经济学界关注的问题是高度类似的，而研究中运用的方法是非常规范的，掌握了这些方法，模型，才能进行研究。但是这种方法在经济学的基础学习阶段很难涉及，"老师教起来不容易，学生自学也很困难"（鲁尔项目负责人），所以需要加以额外的训练。柏林的项目教授尝试把经济学的这种学习需求与其他学科进行了比较：

> "……人文科学中没有那么多的规范方法,所以对于结构化的学习计划没有急迫的要求。而其他社会科学的研究用到的通常是统计模型，相对简单，没有涉及真正的数学模型。在自然科学中，基础教学是非常规范和程式化的，比如学习物理的话，整个大学学习阶段都是理论性的课程，如果学习得足够，也就没有什么（对博士生进行）训练的需要，数学也是一样。而在经济学领域，大多数人在普通教育中学到的东西和只有少数人在研究中学到的东西之间差

别巨大。我想这就是为什么刚好在经济学、可能在商学中也是，这种博士项目很受欢迎。"

博士阶段核心课程的意义在于强化研究方法的训练，使学生能够打好基础胜任下一步的科研工作。"我们并不要求学生在第一年做研究，他们只是上课"（柏林项目负责人）。所以在核心课程的学习阶段，上课、做练习题、考试是学业的全部内容，并且强度非常大。这种高强度的训练让学生感受到很大的压力：

> "第一学期学习压力非常大，不只是我这一届，每一届这种气氛都非常怪，很紧张，而且多少有些竞争的意思在里面……这个东西不是每个人都有把握，因为学的东西是非常深的，而且非常集中，不像小学生，每年只学一点点，我们一天可能就学整个章节，分量比较大，只有有限的时间去消化……那么厚一本教材，从博士的程度开始，不是从本科的难度开始，肯定是很困难的……总的来说对我们都是一个很艰苦的过程。"

——波恩研究生院博士生

柏林项目的博士生也谈到了经济学领域本科、硕士、博士阶段在知识学习难度上的层次差异：

> "本科时我们只学初级的微观和宏观，讲得就是基本的经济常识，最基础的几个思想流派的基本经济学理念，比如凯恩斯、新古典，只是让你了解，基本上有这么些内容……但里面的数量关系是没有学习的；硕士阶段学过中级，开始涉及这些理论中的数量关系；现在的高级阶段就开始讨论具体的数量关系，更加细分了，以前学得比较宏观，现在学得很微观，加入了如何用数量关系分析一个具体的市场。"

事实上，对于这种知识难度上的层次差别经济学教授们有另外的意见。他们认为，硕士教育的规模扩张和目标定位不明是导致他们需要在博士阶段加入核心课程的一个重要因素，也是波恩和柏林的项目在尝试招收本科毕业生的原因。他们最终的目标是希望从本科毕业生中选拔那些有志于从事学术职业的优秀学生，把他们吸引到这种结构化项目中来，从硕士阶段就开始对他们进行高强度和高难度的课程训练。

"我们其实是想从本科毕业生开始做，虽然我们原则上是从硕士开始招生的。你能看到，今天，越来越多的人都来读硕士，但事实上这其中大多数人未来不做学术性工作，而是去其他部门，只有少数一部分人会而且愿意留在学术界。如果把整个的硕士培养做成学术职业导向的，那是浪费学生的时间和公共经费。所以我们需要至少从硕士阶段开始，对学生进行区分，建立一个专门的学术导向的培养序列，对那些真正想要做学术的学生进行专门的训练。也就是说，一方面，我们不可能在所有的硕士培养中都加进学术职业所必须的基础知识训练，另一方面，大多数硕士学生也不可能因为这种训练就能够胜任学术工作。所以我们必须另辟蹊径，在专门的范围内以这种专门形式进行学术训练，也让学生们知道，如果你们未来致力于学术工作，就要参加这种专门的博士生培养项目。在别的国家也是这样。"

——柏林研究生院教授

需要特别说明的是，奖学金资助是保证经济学研究生院核心课程学习质量的重要制度性因素。这是因为，在传统培养模式中，大多数博士生要担任学术助理，承担教学和科研任务，难以保证参与强化核心课程学习的时间和精力。而在三个案例研究生院中，以奖学金方式资助博士生是一种主要方式，这不仅仅是项目能否吸引优秀生源的一个重要因素，也保证了博士生可以集中精力参加核心课程的学习。比如在波恩大学 90 年代的结构化博士生培养实践中，教授们把有限的奖学金名额汇总在一起进行统一调配，优先保证第一年的博士生获得奖学金，集中精力参与课程。今天，担任学术助理也是结构化博士生培养模式的一种重要的补充资助方式。按照接受访谈的教授们的观点，三年对于经济学博士生培养而言通常是不够的，多数学生会延长到四年，所以在奖学金资助到期之后，博士生会以担任学术助理的方式获得资助支持博士论文撰写。

三、密集的学术交流

在培养方案中可以看到，除了核心课程之外，三个研究生院都安排有其他类型的课程或学术活动要求学生参加并完成一定的课时量，其中学术交流性质的活动如午餐会（Braun Bag）和博士生研讨课（Colloquium）等占了很大比重。此外，三个研究生院还各自举办学术年会、工作坊等学术交流活动。

在访谈中，受访的教授、负责人和博士生都认为，这些学术活动对于博士研究生的科研训练而言非常重要。

其中，日常的学术活动与午餐会和研讨课主要为博士生提供报告自己研究选题、研究进展的平台，而教授、助理教授和博士后或者访问学者等其他研究人员也会在这种活动上报告自己最新的研究。三个案例研究生院对博士生都有规定，每年至少要在这类活动上报告一次自己的选题或者研究情况。与传统培养模式相比，研究生院中的这类学术活动面向全体成员开放，博士生可以根据报告内容邀请多位教授参加：

> "……在座的听众就是这些博士生，然后你会请几个教授。根据研究方向，比如自己想做计量经济方向，就请计量的或者宏观的教授过来，说我要做这样一个报告，麻烦你过来听一下，看看我这个选题有没有意义，有什么指导性的意见。教授就会出席，听你讲，或多或少给你一点意见，其他同学也可能会提一些意见，至少知道你在做什么。"
>
> ——波恩研究生院博士生

密集的学术交流之所以受到重视与经济学领域的科研和科研评价方式密切相关。首先，经济学领域研究人员基数大，研究问题非常集中，并且研究的热点问题通常也是国际性的。博士生与其他学术人员一样，"要随时保持知识的更新，知道其他人在做什么"（鲁尔研究生院博士生）。其次，研究生院博士生的科研过程是以写工作论文（working paper）的方式进行的。博士生通常被要求在学业过程中完成三到四篇的工作论文，最后集合成博士论文。所谓的"working paper"不是随便一篇文章，而必须是一篇"被认为达到发表要求的文章"（波恩研究生院博士生）。按照研究生院的培养要求，博士生工作论文撰写的全过程都应当与学术同行进行讨论，比如，波恩研究生院在培养方案中明确说明，学生要在规定时间期限内在午餐会或研讨课上报告自己的选题。三个研究生院的博士生都表示，在院内交流之外，他们基本上每年还要参加一次国际或国内的学术会议，"内部讨论——会议报告——杂志发表"成为一个基本的学术交流模式：

> "一篇文章出来首先会在我们内部讨论，之后再尝试在国际会议上做一些演讲，这也是推广自己的一个过程，觉得成熟了以后就会投到杂志发表。"
>
> ——波恩博士生

四、松散的"师徒"关系

与密集的学术交流相对的是，在这三个经济学研究生院中，博士生与导师之间的关系是相对松散的。按照培养方案的规定，博士生通常须在第一年课程学习结束后确定自己的论文导师。但事实上，学生确定导师的时间可能会更迟，师生关系也并不一定稳定，"师生之间没有那种'协议式'的固定关系，更换导师的情况也时有发生"（波恩博士生）。这种松散的师生关系是由多方原因决定的。

首先，经济学领域学术人员流动性非常高，增加了师生关系的不确定性。受访的波恩项目的博士生说：

> "（联系导师的时候）要考虑到一些年轻教授会不停的转学校、换工作，也许你现在跟这个教授，他两年之后可能就会走人。对我来说，我其实本来想跟一个教授，但是他拿到更高的职位，去其他城市了，这对我来说是比较可惜的。"

其次，在奖学金名额不足的情况下，师生关系与博士生的资助方式挂钩，博士生往往要联系能够提供学术助理或研究助理岗位的教授作为导师，保证读博期间的经济来源。柏林的经济学博士项目有一半的博士生没有项目奖学金资助，对他们而言理想的状态是在课程学习结束之后，找到手里有空缺学术助理岗位的教授做导师，也就是"回归"传统资助模式，边做研究工作边攻读博士，他们寻找导师的压力要比奖学金学生高一些。柏林的一位博士生说：

> "第一年修完课以后，开始联系导师，需要填写自己的成绩，联系微观或者宏观方面的教授，看哪个教授下有空的职位就联系，如果教授确定接收，就算有了导师……有的学生第二年找不到，就再等一年，所以有人第三年才找到合适的教授。"

尽管过程可能比较曲折，但作为一个结构化的博士生培养项目,研究生院对博士生有一种"制度承诺"，也就是为学生提供完整的培养方案，确保他们不会遭遇制度性的困难。这种承诺需要参与项目的教授来协调实现：

> "一般情况是（学生）自己选择（导师），这样互相能够配合，但是有的人找导师存在困难，于是我们会商量说：对，他现在需要一个导师，得有人接收他。然后要问这个博士生想在哪个领域研究，作为参与者，有责任帮他找到导师，最后总会有人说：好，我来做。"
>
> ——柏林项目教授

此外，结构化的研究生院也是德国高校人事改革的实践平台，在卓越倡议的资助下，研究生院往往有更多的助理教授岗位。波恩经济研究生院的 39 位教师中有 8 位助理教授，他们与教授一样，有指导博士生、评阅博士论文的资格。这位学生认为，助理教授"带得学生少，跟博士生年龄也差不太多，交流起来比较容易"。

事实上，密集的学术交流与松散的师徒关系是一个硬币的两面。在开放的学术空间和密集的学术交流中，博士生能够从更多学术人员那里获得直接或间接的指导，对于导师个人的依赖也就相对弱化了。换言之，博士生在学术训练中对博士生导师的个人依赖大大降低，但是却与更大范围的学术共同体有密集的交往。

五、过程控制与累积论文相结合的质量评价方式

在培养过程中，三个案例研究生院对学生学业进展的控制和监督方式是不同的。波恩经济研究生院属于卓越倡议的资助项目，按照卓越倡议对研究生院博士生培养的过程控制设计的制度框架，波恩经济研究生院有对博士生的年度考核制度。学生每年要提交一份报告，说明一年的课业成绩、参与学术交流的情况和论文进展，并且需要导师签字。

鲁尔经济研究生院对于博士生学业的过程控制相对灵活，没有固定的制度。因为项目规模小，每一级只有七八个学生，并且研究生院为学生提供了集中的办公室，"这种小型密集网络式的组织形态本身也是一种控制的方式，不太容易有人掉队"（鲁尔项目负责人）。

柏林项目对于整体过程的监督相对松散，因为很大一部分学生在核心课程阶段结束后在各个教席担任学术助理，他们的学习年限可能因此拉长，研究进展则主要靠博士生导师来监督，项目能够"控制"的环节，主要在招生和课程部分：

> "如果对这个项目的质量有责任感的话，我们会确保课程安排是非常严肃和严格的，是由那些合格的、优秀的研究者来授课，他们也要是真正负责、愿意来教课的。然后我们会有来自学生方面的反馈，也就是对于课程的评价。
>
> 研究的阶段是非常难监督的。如果学生们遇到问题的话，会抱怨，然后可能会来找我们……对于博士论文的评定，这个也是我们

> 项目上很难控制的，因为还是由导师、指导委员会、博士考试章程
> 来决定。"
>
> ——柏林项目负责人

在这三所研究生院，博士论文的考核全部采用"累积论文"（cumulative diessertation）的形式，即，由三篇（有时是四篇）独立的"工作论文"（working paper）组成一篇博士论文，参加答辩和学位的申请。这也已经是德国经济学界比较普遍的做法。

累积论文最早出现在自然科学的一些研究领域，也就是以几篇经过同行评议发表在国际学术期刊上的文章集合成一篇博士论文的形式。在经济学领域，论文发表的周期很长，评审期平均需要 18 个月，博士生在毕业之前就有几篇文章发表是难度很大的，是所以累积论文中并不要求一定包括已经公开发表的论文。但如前所述，"工作论文"也是在小范围的学术圈子或国际会议上经过某种"准同行评议制度"得到认可、"被认为达到发表要求的文章"（波恩博士生）。收入博士论文的工作论文不不需要都由博士生独立完成，合作研究和发表也是非常普遍的，通常，收入累积论文的单篇论文有一篇是博士生独立完成即可。

以累积论文的形式作为博士学位论文在德国经济学领域开始于 70 年代末 80 年代初。据 80 年代曾经在波恩大学读博的一位教授介绍，七八十年代的时候，波恩经济学系就已经开始有这论文形式了，他自己写于 80 年代的博士论文就是累积论文的形式。今天，尽管还有一些大学在恪守"一本书"的概念，但总体上，累积论文非常普遍，特别是那些最好的经济系中。累积论文取代传统论文与经济学领域非常集中的研究问题、快速更新的研究进展、密集的学术交流和激烈的竞争密切相关：

> "有太多人在关注同样的问题，你做了什么研究，必须马上让
> 大家知道，否则就可能会过时。"
>
> ——鲁尔研究生院博士生

> "就像经济危机来了，大家就都在讨论为什么会发生经济危机。
> 现在我们又都在讨论评级机构是不是在讲真话，这是根据潮流来的。
> 而且由于全球经济一体化，美国的危机不仅仅是美国的，欧洲也危
> 机，中国也危机了。由于经济是联系在一起的，所以要讨论，大家

> 一起讨论……很多时候你刚发出来一篇文章，后面一篇文章就是来
> 批驳你的……我用另外一个办法做出一个与你相反的结论……"
>
> ——柏林项目博士生

在这种情况下，长篇累牍地撰写"大部头"已经无法满足经济学领域学术交流的实际要求，日常学术发表的重要性不断提升，学术人员必须迅速跟踪热点问题，发表研究成果。这种趋势反应到博士的考核中，就体现为累积论文成为主流：

> "如果做博士还像过去那样去图书馆借 100 本参考书，然后躲
> 进书房，三年之后出来，捧着自己写完的一本大部头，那里面的内
> 容绝对早就过时了。"
>
> ——波恩研究生院负责人

论文的写作范式、评价标准进一步体现了经济学研究问题高度集中和高度国际化的特征，一位博士生说，经济学的每一个分支领域，都有自己的"top 3"期刊，被大家奉为圭臬：

> "教授很明确地跟我说，不用看其他的期刊，只看我们领域的
> 三大期刊，一个是 journal of finance，一个是 journal of financial
> economics，一个是 review of financial studies，全世界的人都在看，它
> 们叫 top 3。但这只是我说的金融方向的期刊，会计领域有会计的 top
> 3 期刊，银行有银行的 top 3……"
>
> ——柏林博士生

需要说明是，博士论文的评定和学位授予依然是在院系的层面按照《博士考试章程》的规定进行，研究生院本身只是一个培养框架，没有论文评审和学位授予权。比如鲁尔区这个研究生院和柏林的博士项目都属于合作项目，博士生最后是"回到"各自注册的大学经济系答辩、获得学位。

第三节　经济学博士生培养结构化改革的动因与路径

通过上述分析可以看到，当代经济学研究依赖于一整套规范知识和规范方法的习得，并且具有国际间高度一致的同质性，研究主题集中，研究人员密集且具有高流动性，学术交流频繁，竞争激烈。因此，结构化博士生培养模式在组织形式和制度设计上也具有国际标准化和同质性的特征，生源竞争激烈。密集、强化且标准化的核心课程的学习是培养方案的关键内容，博士

生在学业的全过程中都参与密集的学术交流，适应高强度的国际竞争，传统的师徒关系则在这种高度同质性、标准化、交流密集的科研模式中显得松散。并且，研究生院的所有学术活动以英语为工作语言，在知识内容和科研方式上都没有明显的本土特征。以下本研究想讨论的问题是，这样一种培养模式形成的根本动力是什么？又是在哪些条件的支持下在德国大学组织和制度传统中实现了这种培养模式？这样一种新的模式又是如何整合到德国大学现有的组织框架之中的？

一、动因：知识生产全球化下的同质性竞争

当代经济学是一个典型的全球化的学科。在过去三四十年中，随着全球化进程的推进，全球性的经济联系不断加强，经济学领域的研究问题高度集中和国际化，正如前文中一位博士生所说，"经济是联系在一起的，所以要讨论，大家一起讨论"（柏林项目博士生）。同时，当代经济学研究的根本基础是一套"规范知识"和"规范方法"，更使经济学研究显现出高度的同质性。

所以在德国经济学案例中可以看到，尽管德国大学在组织形式上长期保持着教席制的传统，有其鲜明的特殊性，但德国经济学研究本身的触角早就突破了体系的局限，因而博士科研训练模式的改革从一开始就显现出国际化的特征。在波恩大学经济学系，博士生培养的结构化改革进程从一开始就是基于国际合作的——在建立研究生院之前，他们已经与"欧洲定量经济学博士项目"合作了二十年。有趣的是，在"欧洲定量经济学博士项目"建立之后，欧洲其他多家重要的经济学系又"各自组队"，成立了多个联合培养项目，其中影响较大的两个项目是"欧洲经济学研究训练网络"（European Network for Training in Economic Research，简称 ENTER）和"欧洲经济博士项目组"（European Doctoral Group in Economics，简称 EDGE），德国另外两个重要的经济系——曼海姆大学和慕尼黑大学经济系就分别加入了这两个项目。通过这种方式，各个大学经济系都在寻求国际合作、共享资源，并通过聚集资源创造一种品牌效应。

经济学知识生产的全球化和标准化使得经济学领域的竞争高度同质化，这成为德国经济学科博士生培养进行结构化改革的主要动因。首先，德国大学需要建立国际标准化的培养模式来加入到竞争之中。促成柏林项目建立的一位教授曾经在莫斯科的一所大学做访问教授，他说：

　　"那所大学有非常优秀的学生，一些学生准备攻读博士学位，
然后他们就会申请欧洲和美国的大学。那个时候我意识到，我没有
什么办法把这些学生送到柏林来，我唯一可以给他们提供的，假如
我有的话，就是教席下面的一个职位，而且要求他们要能用德语给
学生上课。于是我回柏林的时候就开始跟我的同事们商量，说我们
应该有这么一个项目。"

　　在经济学领域进行的访谈研究中，教授们始终是把博士生培养置于国际
化的情境中，他们不断提起伦敦经济学院、美国的 PhD 项目以及法国图卢斯、
瑞典斯德哥尔摩的经济研究生院，认为"大家都在做同样的事情，我们也必
须这样做"（鲁尔研究生院负责人）。只有建立一个具有"国际辨识度"的博
士项目，才可以在国际范围内面向更多的学生开放，增加吸引优秀生源的机
会。学生们也可以比较清楚地看到他们能够获得学习机会、学习内容以及学
术发展的前景。同时，如前文所述，这些项目之间的竞争也是十分激烈的，
学生的选择很多，可能性也很多。

　　其次，声誉是全球化竞争的重要指标，而研究生院或者博士生培养项目
相对于单一的教席而言，显然更有利于获得声誉。在德国传统上去中心化、
均衡发展的学术体系中，大学跟大学之间在声誉上没有很大的差异。对于那
些教席较少的传统学科而言，"在哪位教授名下"而不是在哪所大学获得学位
是非常重要的。而过去二三十年间，这种均衡已经逐渐被打破，在经济学这
样人员众多且密集的学科中，研究生院带来的"品牌效应"已经显现：

　　"项目本身的声誉和个人的学术发表一样，都可以看作是质量
的表征，对博士毕业生就业是有影响的，这也是为什么学生们现在
都愿意申请加入研究生院和博士项目。"

——柏林研究生院教授

　　此外，激烈的竞争贯彻经济学学术生活的各个方面，是这个领域的一种
基本生态。在三个案例研究生院中，教授和学生们都有很大的学术发表的压
力：

　　"要想在经济学圈子里生存下去，必须发文章，否则你无法确
定地知道自己的位置。"

——鲁尔研究生院博士生

德国《商报》（Handelsblatt）每年都会对德国以及奥地利、瑞士所有大学的经济学和商学专业进行排名，也会对所有的经济学教授进行排名，而评价标准主要就是学术发表。因而这种竞争的压力是伴随学术人员整个学术生涯的：

> "即使已经是教授了也要努力发表，不敢懈怠，大家都会盯着这些排名看。"
>
> ——柏林研究生院博士生

这种激烈的竞争文化也要求在博士生培养过程中增加相关的训练，而结构化模式相比于传统模式显然能够更好地提供学术交流和竞争的氛围。

二、变革的路径：基层革新与政策驱动相结合

在知识生产全球化带来的高度同质性的竞争压力下，经济学领域在博士生培养的结构化改革上显现出强大的内生动力。因而在政策驱动之外，甚至是早于政策讨论，德国经济学领域就有了博士生培养模式改革的诉求并将其付诸实践。

70年代末，波恩大学加入"欧洲定量经济学博士项目"，选送优秀博士生到合作院校访问学习，参加那里的博士生课程。80年代初，从非正式的研讨课、读书课开始，博士生接受一年课程训练的安排逐渐固定下来。到80年代末，波恩大学经济系已经有了相对完整的培养方案和专为博士生开设的课程，尽管那时并没有覆盖所有的博士生，积极参与博士项目工作的教授也只是一部分。

1990年德国科研基金会的研究训练小组计划一启动，波恩的教授们随即进行申请并获得了批准。整个90年代，这个名为"交互经济决策"的研究训练小组与"欧洲定量经济学项目"是支持波恩大学经济系推进结构化博士生培养模式的两个主要项目。教授们将这两个项目与传统的学术助理制度进行了"有机的组合"——研究训练小组的奖学金主要提供给第一年的博士研究生，支持他们完成课程学习阶段，然后以"欧洲定量经济学项目"出国学习，这期间学生一般能够申请到德意志学术交流中心（DAAD）的专项奖学金。等他们从国外回来，一般就能拿到学术助理的岗位，"研究训练小组"空出来的奖学金名额则继续给第一年的博士生。也就是说，教授们灵活地分配了"研究训练小组"提供的奖学金，将其主要用于博士生基础课程学习阶段的资助，

使他们能够集中地完成这个阶段的学业，打下基础。教授们也愿意把学术助理职位优先给那些参加过课程并且从国外访学回来的博士生，因为他们能更好地胜任研究工作。这种方式是教授们根据现实培养的需求自己决定的，并且是以已经存在的良好的跨教席合作关系为基础的：

> "我们把它做得非常灵活，大家在一起工作，不是因为我们属于'研究训练小组'，而是因为在波恩的经济系，研究人员们原本就在一起上课，一起做论文。"
>
> ——曾经在波恩读博、工作的教授

所以说，波恩大学经济系的教授们在很大程度上是自发、自主地推进了博士生培养的结构化进程。柏林的教授也有类似的经验，当时在柏林自由大学读博的一位教授认为，80年代，经济系里的学术氛围已经为结构化的培养打下了基础：

> "那时候在自由大学，我们有一个非常好的团队，我们有研讨课制度，所有教席的学生都可以在这个研讨课上报告自己的研究，建立了很好的研究氛围。我们虽然没有结构化的培养项目，但是我们避免了因教席产生的孤立现象。"

在学术人员自发提出诉求并进行努力的基础之上，德国科研基金会的研究训练小组无疑为经济学博士生培养的进一步结构化提供了极大的支持。柏林从1987年开始就有研究训练小组，先是由大众汽车基金会资助，然后是科研基金会的项目。鲁尔研究生院也同样将自己的历史追溯到1996年开始的研究训练小组。

但是，政策设计与经济学教授们的诉求之间并非完全契合。事实上，教授们认为，研究训练小组在他们看来并不是一种最理想的组织形式。一方面，研究训练小组的资助是阶段性的，无法持续，他们更希望能建立一个"持久的轨道"；另一方面，他们认为对于卓越的经济学研究而言非常重要的强化的课程训练在"研究训练小组"的框架中难以实现：

> "……在德国，科研基金会这个机构资助的主要是科研，当人们开始对博士生教育表达越来越多的不满的时候，科研基金会会说，我们资助的是科研，不是教育，但是科研也是由博士研究生来做的，所以我们通过资助奖学金来资助博士生……你要知道，我们安排的第一年的课程是为了打下全面的基础，而不是针对某个具体的领域。

> 但是在一个研究训练小组里面，这是无法实现的，它可以提供一些
> 与科研课题相关的训练，并不提供足够的结构化的'Education'，它
> 不可能把一年的时间花在'General Education'上。"
>
> ——柏林项目教授

所以，经济学教授们希望突破这种形式，建立一种更稳定的培养结构。1998 年、2003 年和 2004 年波恩经济研究生院、柏林经济与管理博士项目和鲁尔经济研究生院的先后成立都是由经济学教授们自发主导的，建立的培养项目也具有高度的一致性，虽然由于资金的限制，在规模和组织管理上都没有一步到位，但是发展方向是十分明确的。

在这种背景下，2006 年启动的"卓越倡议"提供了一个新的契机。"卓越倡议"的研究生院项目在最大程度上与经济学教授们的期望契合，在这一项目框架下，波恩大学和曼海姆大学将他们已有的结构化项目发展完善，比如波恩大学通过这个项目设置了专门研究生院办公室和管理教辅人员岗位，并且实现了奖学金基本覆盖所有博士研究生。

所以，在经济学领域的博士生培养从传统模式向结构化的方向改革的过程中，原初的也是最大的动力来自学术界内部，是由一部分教授主导的，他们积极地寻求资源，进行不同的尝试。同时，科研基金会的研究训练小组项目起到了很大的推动作用，研究训练小组的理念和形式与经济学教授们的目标有很大一致性的，资金上的支持则是另一个关键性的因素。而"卓越倡议"的研究生院项目无论在项目形式还是资助力度上都是一个更进一步的积极支持。经济学博士生培养的结构化是以自下而上的基层革新为主导的，而这种方向又与系统政策的方向一致，两种动力之间实现了很好的配合。

三、整合方式：学科共同体基于共识的合作与自治

如前所述，德国不同大学的经济学教授们在"一个结构化的博士生培养项目应该是怎样的"这一问题上有着非常一致的理解，他们与世界各大经济学院中的同行们也有着相当的默契。所以，在进行结构化的博士生培养的过程中，学科共同体的基本共识是非常明确的。但是，对于如何德国在原有的学术传统中、在不同学校、院系的具体组织形式中实现这样一种标准化模式，各地学术人员则进行了不同的尝试。

在波恩大学经济学系，以结构化模式进行博士生培养的尝试自 20 世纪 80 年代就已经开始，最初的形式是为博士生开设专门课程，由一两位教授的主导逐渐变为多数教授的参与，课程由少变多，由临时性安排逐渐变为固定安排。即使是在有了科研基金会研究训练小组项目之后，教授们也没有完全按照研究训练小组本来的制度设计进行博士生培养，而是灵活地利用了研究训练小组提供的博士生奖学金，将其主要用于博士生第一年的资助，保证更多的博士生能够集中参加课程训练的阶段。在这整个过程当中，并没有专门的组织安排和行政支持，培养活动完全是由教授自发进行和自治管理的，为博士生开始课程对于教授而言，在很长一段时间之内都是一项"义务劳动"。在曾经在波恩、柏林两地任教的一位教授看来，波恩大学经济系的同事们是在"坚持付出了 20 年之后，才被卓越倡议'接管'"的。

柏林的情况与波恩有些类似，在最初没有充足资金支持的情况下，也是由若干教授自发的参与和努力启动了其博士项目。不同的是，柏林项目从一开始就开展了跨机构的合作，集合了三所高校经济系的力量来尽可能保证项目的完整性，特别是保证有足够的师资来开设博士生课程。

对于鲁尔区的研究生院而言，则是在一个更广的地区网络上寻找实现这样一种培养模式的资源支持，也就是跨城市的地区合作。以上这些都说明，经济学科结构化博士生培养模式的建立实际上是学科共同体成员基于共同目标自发寻找实现方案过程：

> "大家都在朝这个方向走，但是如何去实现却是个问题。每个大学可能进行不同的尝试，比如如何获得资金，如何设置组织的问题。在柏林，很显然，我们不是在一所大学里，而是在多所大学里做，因为它们靠的很近。而在别的地方，比如曼海姆大学有一个庞大的经济学系，他们有近 2000 名学经济的学生，他们总规模大于所有柏林的大学加在一起的总和，所以他们当然可以自主进行这种项目。特别的情况会导致特别的组织结构，但是，对于一个以研究为导向的博士学业的组成，观点还是统一的：博士学业必须有一个学习的阶段，其中一定要包括基础性的微观经济学、宏观经济学和计量经济学的课程，而且博士论文是由可以发表的论文组成的……这些都没有争议，但是怎样可以最好地达到目标，每所大学所做的尝试都不一样。"
>
> ——柏林项目教授

在这样一个变革过程中，学术人员的自治和自律是重要的支持因素。这种自治最初体现为一两位核心人员的积极倡导，在波恩和柏林，受访教授都举出了在研究生院的建立过程中发挥核心主导作用的教授的名字，柏林项目的教授说：

> "如果没有他（研究生院的发起人）这样的理想主义者，我们的项目恐怕很难那么快实现……总是有一些重要的人起主导作用……而后才慢慢的转移到系所，中间有过渡阶段，到一定时候，所有人都意识到，这是我们大家的项目，为之做贡献，而在这之前往往总是那么几个人做出最重要的贡献。"

改革的过程往往是繁琐艰难的，学术人员的自治和自律显得格外重要：

> "到了某个时间，如果主导者不能自主完成某些事情的规划和组织的时候，就面临陷入困境。我们得看看谁来统计学生的成绩，看看谁还能把项目持续下去，我们会开会讨论，在没人上课的时候寻找师资，到了某个时候，主导的同事就不能自己完成所有的工作了，便产生了问题：怎么办？哪里可以得到比如行政方面的支持？有的机构运气比较好，坚持不懈，可以走下去，比如波恩的项目。其他的项目可能就消失了。"

——柏林项目教授

另外一个例子是，教授们往往要因为给博士生开高级课程付出额外的时间和精力：

> "（上课）前期准备的工作量很大……不像一般的入门性课程……工作量远远超过其他的课，虽然有一本标准的教科书，而且其实我熟悉所有的内容，但是还是很大的工作量，是额外的工作。"

——柏林项目教授

而这种付出在柏林和波恩项目的最初阶段都是教授们的义务性劳动，是他们基于共识和承诺为项目的运行做出的贡献。

在这三个案例研究生院中，或快或慢，学术人员自发的努力最终都得到了组织和制度上的支持，不仅仅是通过第三方资助完善了研究生院的组织框架和资金支持，自下而上的努力也最终影响到院系层面。在波恩，研究生院如今已经涵盖了经济学系的全体教师和博士生，成为院系博士研究生培养的正式组织框架，并且通过修改博士考试章程，将研究生院框架中规定的课程项目作为博士学业的必修内容，规定了本科毕业生也可以直接进入博士生培养序列。在柏林和鲁尔区，教授们对于未来在院系层面获得更多组织和制度支持也表示乐观。

在教席的层面，结构化项目与传统的学术工作组织模式得到了融合，这一点体现在对博士生资助的安排上。认同和加入了结构化的培养项目的教授们都有义务为项目作出个人的贡献，对于项目招收的博士生，在没有奖学金或者奖学金到期的情况下，教授们应当保证为他们提供教席下设的学术助理岗位。所以经常出现的情况是，教授们将手里所有的资助来源和岗位编制进行统一的安排，保证博士生都能够得到资助：

> "我现在这个职位是学校配给教席的（学术助理）职位。我们研究生院的负责人会做一个宏观的调控，看看他手下哪些人拿什么资金，基本上只要位子空了就给高年级博士生，他也要看他手头一共有多少位置，然后再来分配。现在很重要的一点是我们有卓越倡议这个资金，要看这个项目能不能很好的延续下去，如果可以继续的话，整个教席的数量会不变，如果不行的话，我导师会少一个位置，然后就会大家各让四分之一个岗位出来，凑一个岗位补上去。"
>
> ——波恩研究生院博士生

也就是说，在不改变教席基本制度的前提下，参与经济学科的结构化项目的教授们把各自的人事权力和资金资源"贡献出来"用于结构化博士生培养模式的实现。在这个过程中，封闭的教席结构变得开放。当然，认可结构化培养模式的教授们也愿意接收参加了结构化课程的博士生，这在根本上，是有助于提高科研水准和质量的。

所以说，在经济学领域，基于对于结构化培养模式的广泛认同，学术人员以自发和自治的形式积极尝试不同的组织形式和合作可能，促成结构化培养项目的建立，并且主动将这样的培养模式与传统的科研组织形式和人事结构进行了整合。通过这种共识的扩大，结构化模式逐渐在院系层面获得组织上的反馈。

本章小结

当代经济学是一个典型的全球化的学科。在过去三四十年中，随着全球化进程的推进，全球性的经济联系日益密切，经济学领域的研究主题也显现出高度集中的特征；学术人员总量大、分布密集，并且具有高流动性；国际间的学术交流频繁，竞争激烈。并且，当代经济学研究依赖于一整套规范知识和规范方法，而这样的知识和方法在大众化高等教育的本科甚至硕士教育层面都无法很好地获得。而德国大学传统的组织结构和个体化的科研训练方式并不能适应经济学今天的科研活动，因而德国经济学界内部对于博士生培养模式改革显现出强烈的诉求，并自发开始进行结构化的改革实践。

经济学领域的结构化改革从一开始就有明确的国际参考模式，并且是以国际合作的形式开始的。基于对结构化培养模式的广泛认同，学术人员以一种契约精神自发合作建立结构化项目和研究生院组织，自下而上推进改革并在这个过程中利用了政策引导的第三方资助项目所提供的组织和资金支持。今天，经济学领域的结构化博士生培养项目和研究生院已有相当的数量和规模，与传统的教席结构相互连接，并在一些大学初步实现了院系博士生培养的整体结构化。

在制度设计上，德国经济学领域的研究生院和结构化项目具有国际标准化和同质性的特征：以国际通行的方式和标准进行招生选拔，以一个强化的核心课程体系作为培养方案的关键内容，具体的课程设置同样在国际范围内具有高度一致性并且以英语为授课语言。研究生院的学术交流密集，体现了经济学典型的"都市型专攻"[7]的特征。与其他学术人员一样，博士生以阶段性撰写工作论文的方式迅速发表科研成果，利用结构化项目提供的多种平台参与学术交流，并以累积论文的形式完成博士论文。在密集的学术交往和频繁的人员流动中，传统的师徒关系在这个领域被弱化，变得松散。

基于上述分析，本研究认为，经济学案例突出体现了知识生产全球化对于科研训练的影响，同质性、国际标准化、竞争是这个领域结构化博士生培养模式的核心关键词，因而本研究将德国经济学科博士生培养改革归纳为知识生产全球化动力下的结构化。

---

7 [英]托尼·比彻，保罗·特罗勒尔. 学术部落及其领地：知识探索与学科文化. 唐跃勤 蒲茂华 陈洪捷译，北京：北京大学出版社，2008: 112-116.

第六章 "模式 II" 知识生产中的结构化 ——生命科学的案例

第一节 案例描述

一、哈特穆特·霍夫曼-伯灵分子与细胞生物学国际研究生院

海德堡大学位于德国西南部的海德堡市，始建于中世纪，距今有 600 多年历史，是德国享有世界声誉的著名大学之一。20 世纪以来，共有 55 位诺贝尔奖得主在这所大学学习和工作过。2007 海德堡大学入选"卓越计划"的"未来构想"，成为该计划第一批九所"精英大学"之一。哈特穆特·霍夫曼-伯灵分子与细胞生物学国际研究生院（Hartmut Hoffmann-Berling International Graduate School of Molecular and Cellular Biology，HBIGS，以下简称海德堡生命科学研究生院）成立于 2007 年 10 月，属于"卓越倡议"首期资助的 39 所研究生院之一。

1. 科研环境与科研基础

海德堡是德国生命科学研究的重镇，除了海德堡大学的生物系和医学院之外，这座城市还有另外四家重要的研究机构在从事生命科学领域的相关研究，分别是德国癌症研究中心（DKFZ）、马克斯-普朗克医学研究所（MPI-MF）、海德堡理论研究所（HITS）以及由欧盟资助、作为欧洲生命科学领域唯一跨国合作机构的欧洲分子生物实验室（EMBL）。这些机构集中坐落在海德堡城

西的科技园区，这里汇集了多个具有世界领先水准的大型实验平台和国际大型生物医药企业的研发实验室，具备进行世界前沿的生命科学研究的基本条件。海德堡大学与这些研究机构建立了战略联盟的合作关系，科研人员也多有交叉，很多在这些科研机构工作的教授的教席职位大都设在海德堡大学。

"分子与细胞生物学"是在细胞与分子层面上进行的生命科学探索，并在过去 30 多年中成为海德堡生命科学领域的研究特色。这一领域具有很强的跨学科性，其方法和理论延伸到化学、物理、数学甚至心理学领域，在海德堡大学，有 300 多个研究团队在从事这一领域的科研工作，涵盖了自然科学的所有院系。在众多的科研人员中，包括两位诺贝尔奖得主和八位德国最高科研奖项——"莱布尼茨奖"得主。

海德堡大学的生命科学领域也有很强的资金优势：目前被资助的重要项目包括由德国科研基金会支持的三个"合作研究中心"、两项跨地区研究基金、一个欧盟资助的研究网络以及同样由"卓越倡议"支持的跨学科分子研究领域的"卓越集群"，另外还有多个针对博士生的资助项目。根据德国高等教育发展研究中心 2009 年的报告，海德堡大学生物学科每年的科研经费约为人均 15 万欧元，在德国各大学中排名第二。

2. 结构化博士生培养的前期经验

结构化的博士生培养模式对于海德堡生命科学领域的学术人员而言"并不陌生"。生命科学研究生院的几位发起人都曾在英国、美国等地从事科研工作，对于当地研究生院的组织形式非常熟悉。而对于海德堡的生命科学界而言，最主要的参考经验则来自于欧洲分子生物实验室的国际博士项目，这个博士项目开始于 1983 年，是欧洲大陆生命科学领域最早的结构化博士生培养项目之一。这个项目从建立之初就与海德堡大学密切合作：欧洲分子生物实验室的多位教授本身也任职于海德堡大学；实验室与海德堡大学合作授予博士学位，即，实验室的博士生在海德堡大学注册，毕业时获得海德堡博士学位。海德堡的教授经常作为论文评阅人参与实验室国际博士项目的博士论文评审，或者担任招生委员会和论文指导委员会成员，在学术方面的交流则更为密切。所以研究生院的负责人所说：

> "对于我们生物系的同事来说，这种培养项目并不陌生。虽然
> 不是所有的人都了解欧洲分子实验室的整个博士项目，但对于这种

'观点'我们已经非常熟悉了。而且大家都认为这是个非常好的项
目。所以我们能够很快地，没有经过太复杂的讨论就启动了我们的
这个研究生院项目。"

除此之外，海德堡也先后有多个科研基金会的研究训练小组项目，仅在
90 年代，海德堡生命科学领域就先后建立了 6 个研究训练小组项目。

3. 研究生院的建立及其基本组织形式

2006 年"卓越倡议"启动之后，海德堡生物学、医学领域的 25 位教授联
合提出了建立研究生院的申请，2007 年通过评审，研究生院正式建立并以海
德堡分子生物研究领域的创始人、也是酶解反应的发现者哈特穆特·霍夫曼-
伯灵（Hartmut Hoffmann-Berling）命名。研究生院的主办机构为海德堡大学，
参与机构则包括德国癌症研究中心、马克斯-普朗克医学研究所、海德堡理论
研究所和欧洲分子生物实验室。研究生院现有博士研究生 257 人，硕士研究
生和 MD/PhD（医学博士、哲学博士双学位项目）项目学生 30 余人，导师 135
人（表 9）。研究方向涵盖"分子生物学、生物化学与生物技术"、"有机生物学
与神经生物学"、"病原生物学、宿主-病原互作"以及"分子医学"四大领域。

表9 海德堡生命科学研究生院人员组成[1]

身　份	2007 年数量	2011 年数量	2011 年占海德堡大学相关专业人员的比例
教授	84	104	85%
青年研究小组负责人（Junior Research group leader）	21	31	95%
博士研究生	0	257	57%
博士后研究人员	0	0	
硕士研究生	0	14	
"医学/哲学博士"项目学生（MD/PhD students）	0	17	

研究生院目前并没有覆盖海德堡大学生命科学相关领域的所有教研人员
及博士研究生（表 9），研究生院对其成员有具体的"准入条件"——研究生

1海德堡生命科学研究生院内部评估资料。

院的导师必须是海德堡大学或其他四所合作科研机构的教授或青年研究团队负责人（Nachwuchsgruppenleiter 或者 Forschungsgruppenleiter），有独立的第三方研究经费和人事权，并在相应的博士学位考试条例允许的情况下拥有博士论文的评审权。而研究生院的博士研究生则需要满足以下条件：通过研究生院的招生程序录取进来并在海德堡大学注册，在海德堡大学的相关院系或四所合作研究机构的任意一所中隶属于由一位研究生院教师领导的研究团队且保证工作时间不低于 50%。博士研究生毕业时其成员身份自动终止。[2]

研究生院设有执行委员会、学术顾问委员会、行政办公室、职业发展中心、教师全体大会和学生全体大会六个主要的组织单元（图 16）。

图 16　海德堡生命科学研究生院组织结构[3]

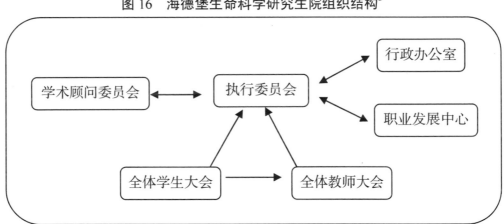

二、哥廷根神经科学、生物物理及分子生物研究生院

哥廷根大学位于德国中部的下萨克森州，始建于 1737 年。受到启蒙运动的影响，这所大学自建立之初就倡导学术自由和研究探索，与同时期的哈勒大学一起，被视为德国现代大学的萌芽。[4]在德国现代大学发展史上，哥廷根大学一直是一个重要的学术中心，曾经有四十位诺贝尔奖得主在这里学习和工作过。2007 年，哥廷根大学入选"卓越计划"的"未来构想"，哥廷根神经科学、生物物理及分子生物研究生院（Göttingen Graduate School for

---

2　海德堡生命科学研究生院章程。载于 Universität Heidelberg: Mitteilungsblatt Nr. 6/09, 11.03.2009, Seite 377.

3　海德堡生命科学研究生院内部评估资料。

4　陈洪捷：德国古典大学观及其对中国的影响，北京：北京大学出版社，2002，16。

Neurosciences，Biophysics and Melecular Biosciences，GGNB，以下简称哥廷根生命科学研究生院）也在这一年建立并入选"卓越倡议"的研究生院项目。

1. 科研环境与科研基础

哥廷根是一座名副其实的大学城、科研城，这座人口不到 13 万的小城拥有一所大学、5 家马克斯-普朗克研究所和两个国家研究中心，这些研究机构和组织之间有着悠久的合作传统并建立了"哥廷根研究园区"（Göttingen Research Campus）。在"研究园区"的框架内，学术人员跨越机构界限进行合作，以研究中心、研究集群、实验平台为单位规划哥廷根的科研版图。

在生命科学研究领域，哥廷根的集群优势非常突出。除了大学的生物学院、化学学院、物理学院和医学院之外，哥廷根五家马克斯普朗克研究所中的三家——"生物物理-化学"、"实验医学"和"动力与自组织"研究所都在从事生命科学领域的研究，这些机构在研究方向上相互交叉和补充，形成了区域科研的突出优势和良好的科研合作传统。目前，哥廷根在生命科学研究领域共有 5 个"合作研究中心"和一个由科研基金会支持的专门研究中心，都是基于跨机构合作建立的。而 2002 年建立的"基因的分子物理学"专门研究中心在 2007 年入选了"卓越计划"的"卓越集群"项目，拓展为"纳米范围的显微技术"研究集群。哥廷根这一领域的数百位高级研究人员中包括 1 位诺贝尔奖得主和 10 位莱布尼兹奖得主。在科研经费上，哥廷根大学仅生物学科每年的第三方科研经费就有近一千万欧元，在德国各大学中排名第二。[5]

2. 结构化博士生培养方面的前期经验

20 世纪 90 年代，哥廷根生命研究领域前后建立了八个研究训练小组项目。2000 年前后，由马克斯-普朗克研究所、下萨克森州政府以及德意志学术交流中心分别主导的几项博士生培养改革倡议和资助计划相继在哥廷根得到落实，将这一领域博士研究生培养的结构化进程向前推进了一大步：首先是 2000 年，哥廷根大学在下萨克森州一项名为"创新攻势"（Innovationsoffensive）的资助计划支持下，建立了"分子生物"和"神经科学"两个方向的强化硕士项目，招收有意从事科学研究的硕士生进行专门的强化训练；同年，马克斯-普朗克学会的"国际马克斯-普朗克研究院"项目启动，下萨克森州政府科学与文化部也开始了"下萨克森博士项目"（Niedersächsisches

---

5 CHE: Das CHE-Forschungsrankingdeutscher Universitäten 2009, E4.

Promotionsprogramm），哥廷根大学生命科学界随即进行了申请并将不同的项目和资助形式结合了起来，建立了从硕士到博士的一个连续的培养程序。2001年，德意志学术交流中心的"国际博士项目"资助也加了进来，同一时期哥廷根还有两个生命科学方向的研究训练小组项目和欧盟资助的一个"Marie Curie 研究训练小组"项目。从 2000 年到 2007 年，这些不同的项目相互交叉、重叠和补充，通过课程合作和招生平台共享，逐渐形成了一个统一的框架结构，成为今天研究生院的前身。不同的资助来源也被结合起来，分别用于支持博士生奖学金、会议、差旅、项目运行管理等不同方面的支出。

3. 研究生院的建立及其组织形式

2007 年，哥廷根大学提出了哥廷根神经科学、生物物理及分子生物研究生院的建立方案并申请获得了卓越倡议的项目资助。参与单位包括哥廷根大学生物、化学、医学和物理四个学院，"生物物理-化学"、"实验医学"和"动力与自组织"三家马克斯-普朗克研究所以及德国灵长类动物研究中心。

哥廷根这所生命科学研究生院是卓越倡议所有研究生院项目中规模较大的一个，现有导师 160 余人，博士生 360 人。与海德堡生命科学研究生院一样，哥廷根这所研究生院也对其成员的身份有明确的规定，研究生院的教师必须是在研究生院的参与机构单位中工作的科研人员，拥有独立的科研经费和人事权，具备独立指导博士研究生的资格。教师成员身份的获得需要向研究生院执行委员会申请，并以五年为一期，延期需要提出申请。博士研究生被研究生院录取后即获得成员身份。

研究生院的科研涵盖分子生物学、神经科学和生物物理三大领域。在研究生院的总体框架之内，有以下 11 个不同的博士生培养项目，分别是：

- 分子生物学（硕博连读项目）
- 神经科学（博连读项目）
- 生物分子：结构-功能-动态
- 细胞分子生物学
- 基因与发展
- 微观生物学与生物化学
- 生物复杂系统的物理学
- 大脑分子物理学

- 感觉和运动神经学
- 系统神经科学
- 理论与计算神经科学

这些博士生培养项目分别依托于哥廷根不同的研究机构和研究项目，比如两个硕博连读的培养项目主要依托于马克斯-普朗克研究所，"生物分子：结构-功能-动态"、"细胞分子生物学"和"基因与发展"三个项目依托于哥廷根分子生物学研究中心，而"大脑分子物理学"则是在科研基金会的特别研究中心项目"大脑的分子物理学研究中心"框架下建立的博士生培养项目。这些培养项目不是固定不变的，而是根据具体的项目资助周期或科研方向的变化而终止或设立。

在组织上，这所研究生院与海德堡生命科学研究生院十分相似，同样有全体教师代表大会、学生代表大会、执行委员会和国际学术顾问委员会等组织单位并设有专门的行政岗位，不同的是，哥廷根研究生院框架中的每一个具体的培养项目还另有各自的项目执行委员会。

第二节 生命科学结构化博士生培养模式的特征

一、基于科研项目需求的招生方式

生命科学领域的这两家研究生院都采用持续招生而非定期招生的模式，也就是以研究生院导师们各自的研究项目需求为准，随时有空缺岗位，随时招生，不设固定的年度招生时间。之所以采用这种方式是因为，在德国生命科学领域，博士生是科研工作的重要力量，所有研究项目都依赖于博士生的参与，教授和研究小组负责人按照研究需求和资金情况为博士生提供"岗位"。海德堡研究生院的负责人在比较德国和美国科研体系的差别时说：

> "在美国的实验室里，往往是十个博士后加上一两个博士生一起工作；而在德国，科研工作主要是由博士生完成的，一个团队里面通常是 10 个博士生，加一两个博士后人员。"

在德国，科研单位获得的用于研究项目的第三方资金通常都包括博士科研岗位的资助，所以大多数自然科学领域的博士生通过与科研单位签订工作合同的方式参与科研并获取资助，也就是以学术助理的身份读博士。一旦科研项目的资金到位，也就有了可供申请的博士科研岗位；或者进行中的项目如果有博士生毕业或者其他科研人员离开，也会空出新的岗位，这种需求随时都可能出现。所以生命科学领域的研究生院采用一种灵活的招生政策，即，随时公布空缺岗位，随时接受申请。在这两个研究生院的主页上都可查看到当前的空缺岗位、岗位所属的研究机构、团队负责人和基本要求。目前，两所研究生院每个月都会有 7-15 个不等的博士生岗位接受申请，也就是说，各个研究项目的负责人通过研究生院的框架来"招聘"学术助理参与科研工作并同时攻读学位，博士生与研究项目签订工作合同，获得岗位报酬。因而研究生院的招生实际上根据各个科研项目的实际需求进行的岗位招聘。下面是一则博士生岗位的招聘信息：

表 10　哥廷根生命科学研究生院博士生岗位招聘信息示例[6]

岗位编号：XXXXX
项目名称： 分子溶液散射的分子动力学模拟
项目描述： 　　小角和广角 X 射线散射是一种可以检测在溶液中，也就是说在生理条件下生物大分子（蛋白质，DNA，RNA）的结构的试验方法。而且，该方法可以分析生物大分子随时间变化发生的构象变化，因此可用于观察这些有趣的分子的运动过程。 　　然而，由于对小角和广角 X 射线散射的解释很困难从而影响了该方法的使用。我们将通过分子动力学模拟，应用计算机技术，结合最新发展，从广角信号衍生出针对溶液扩散的原子论解释。该课题将会和哥廷根以及哥德堡的实验研究团队密切合作，并可能会有一段时间在斯德哥尔摩的实验室工作。 　　我们正在寻找一名积极进取、具有团队精神且愿意在一个青年研究团队中工作的成员。申请人需要有物理、化学、生物信息学或者相关专业的学位。有编程和使用 Linux/Unix 操作系统经历的应聘者优先。最重要的一点是要对计算机结构生物学有强烈兴趣。
研究中将要采用的方法： 分子动力学模拟，广角 X 射线散射
导师： XX 博士
单位： 分子结构生物学系，计算机分子生物物理研究组

　　从这份博士生岗位招聘示例中可以看到，招生博士生的是一个研究方向明确的跨学科科研项目，研究中需要运用物理学原理和计算机模拟技术。项目不仅对申请人基本的学业背景有要求，还明确要求申请人熟悉某种具体的

6　摘自哥廷根神经科学、生物物理及分子生物研究生院 2012 年 1 月招生信息。

研究方法甚至操作软件。由此可以看到德国生命科学领域的博士生招生完全是以科研项目的需求为核心的，具有很强的针对性和专业性。

基于科研项目需求进行岗位招聘已经成为德国自然科学领域普遍的博士招生方式。而在研究生院的组织框架下，原本零散的、由研究团队自行组织的博士招生行为被系统地组织起来，并引入了竞争性的选拔程序，提高了招生的效率和生源质量。本研究的这两所生命科学研究生院对招生选拔程序都有明确的规定，所有的申请人都需要通过研究生院的招生系统提交申请、招生面向国际并由专门的招生委员会负责。海德堡的招生程序是：申请人在线提交申请资料——个人简历、学业成绩、学历证明、英语成绩证明以及两封推荐信，然后由博士生岗位所属的科研项目负责人进行简历筛选并向执行委员会推荐最多三名候选人。对海外候选人的进一步考察可以是电话面试的形式；但可能的情况下，每个岗位的三位候选人将被邀请到海德堡参加持续两天的面试。具体内容包括在项目负责人和研究团队面前介绍个人的研究经验，参加一项与 GRE 形式类似的专业考试，再由项目负责人之外的至少三位专家组成的委员会进行面试。最后由执行委员会根据多项考核综合评定是否接收候选人为博士研究生，而这一决定将在面试结束后的两个工作日内完成并通知候选人。这样的面试程序在海德堡每个月举行一次。

哥廷根的招生方式与海德堡类似，但又被具体细分成了两种程序：

表 11 哥廷根生命科学研究生院入学程序

程序 1：	程序 2：
适用于有意来 GGNB 攻读博士但尚未选定具体的研究课题的申请人	针对希望加入某个特定导师的研究团队并与导师达成初步意向的博士生
提出申请：申请人在线提交申请并寄出申请资料（个人简历、学业成绩、学历证明、英语成绩证明以及两封推荐信）。 **预审**：在 8 到 12 周的审查期内，招生委员会对预选出的候选人进行电话或视频面试。 **正式面试**：被选定的候选人由研究生院出资邀请到研究生院来进行正式面试，期间候选人将参观相关实验室并与可能的未来导师及合作团队见面，并被要求向招生委员会做一次学术报告。	**确定研究课题和指导委员会**：申请人与导师商定具体的研究课题和指导委员会的人选，包括导师在内的三名指导委员会成员必须与申请人的研究问题在专业上相关，并且至少有两人是 GGNB 正式成员。 **向 GGNB 提出申请**：申请人向研究生院提交申请和相关资料，申请资料中没有对推荐信的要求，但需要已经确定的导师提供一份同意接受该学生的证明。

确定录取：招生委员会根据候选人的资质能力、与研究项目的匹配程度以及经费是否到位三个方面的因素决定录取与否。	**审查和面试**：研究生院办公室对申请材料进行审查之后，申请人需要向招生委员会进行一次报告。
确定导师、指导委员会和资助：确定录取后，招生委员会会将博士生论文的研究题目报给相关的培养项目，并与培养项目负责人商定该博士生的指导委员会的人选以及研究项目开始的具体时间。	**研究生院确定录取**：招生委员会根据申请人的资质能力、导师的接收意向以及资金情况决定是否录取申请人为研究生院成员。
注册入学：博士生在大学注册，正式开始博士学业。	**培养项目批准**：最后，博士生所在的博士生培养项目需要对博士生的研究项目和指导委员会的组成进行批准，并正式通知学校的注册办公室。
	注册入学：博士生在完成注册后正式开始博士学业。

哥廷根生命科学研究生院这两种不同的招生程序保证了不管博士生是否已经联系到某个导师/研究团队，都必须经由一定的竞争性选拔程序之后再被正式录取，保证对博士生考察的相对客观性，提高生源质量。事实上，不管是在海德堡还是哥廷根，研究生院并没有覆盖相关研究领域的所有博士生，博士导师也可以不通过研究生院自行招生，只要博士生符合大学对于博士学位申请的基本要求即可。这两家研究生院的招生程序事实上也是研究生院的"准入机制"，通过申请程序的学生成为研究生院的正式成员，其培养也就必须依照研究生院的规定进行。研究生院通过招生程序对每一个博士生研究过程的起点进行控制，进而对培养全程进行监督。事实上，越来越多的导师倾向于通过研究生院的程序招收学生：

> "我们的项目已经进行了三四年，在这一招生程序中收获了不少积极的经验，教授们意识到，通过这样的程序可以选择到好的候选人。虽然有的时候，（我们）还是会对候选人作出错误的评价，比如因为觉得（她/他）看上去比较吸引人，或者因为一些别的原因。但是无论如何，由一个委员会作出的评判比起个人的招生而言还是要客观一些。"

——海德堡研究生院负责人

研究生院录取博士生最终主要依据三个标准：首先是申请人是否具备必要的资质和科研工作能力；第二是博士生的研究课题是否和导师的研究项目

匹配；第三，对博士生的资助必须配套到位，也就是必须有确定的资金保障，才能录取博士生。这是为了避免因为资金不到位而导致博士生中途流失。

二、以介绍前沿研究方法、传播前沿研究成果为核心的课程体系

在两个研究生院的培养方案中，都有对博士生参加课程及其他培养项目的具体规定。海德堡的研究生院要求博士生参加总共 250-300 学时的学习项目并获得 15 个学分。这些学习项目包括核心课程、方法课模块、拓展技能训练、工作坊、学术会议、暑期学校和学生活动等等。哥廷根则要求博士生从分领域的研讨课、研究方法课、学术会议、关键能力训练、职业发展咨询五个类别的课程中自由选择并获得 20 个学分。

在知识性课程（核心课程、研究方法课）的具体安排上，两个研究生院都是以专题的形式安排每一门课程在一到三天的时间内集中授课。海德堡研究生院每学期开始会安排一次二到四周的密集授课，哥廷根的课程则分散安排。以 2011 年春季学期为例，海德堡生命科学研究生院在三周半的时间内安排 18 门专业课程供学生选修（表 12），哥廷根的研究生院则在四个多月的时间内分散安排了 70 门专业课（表 13），这些丰富的课程供博士生根据研究兴趣和实际研究需要自行选择参加。

表 12 海德堡生命科学研究生院 2011 年春季学期课程

核心课程：（3 月 28 日-4 月 22 日期间集中授课）	
－蛋白质质谱分析	－病毒介导下向啮齿动物脑内转移和导入基因
－神经系统结构及功能成像	－酶促反应动力学
－统计数据分析	－蛋白质的 SUMO 修饰
－磁性细胞分选与基础流式细胞术	－电子显微术
－定量 PCR 技术	－计算系统生物学
－化学交联技术	－植物遗传转化技术
－疾病调查中的分子生物学方法	－染色质免疫沉淀技术
－蛋白质纯化与分析（GE Healthcare 公司）	－流式细胞术（BD 公司）
－光学显微术基础（蔡司公司）	－RNA 分析（Qiagen 公司）

表 13　哥廷根生命科学研究生院 2011 年春季学期课程（部分）

– 细菌蛋白表达和纯化进阶

– 免疫共沉淀：研究蛋白-蛋白相互作用的技术

– 用亲和纯化法分离异质性大分子组合体

– RNA 结构的测定方法在分析核糖核蛋白（RNP）复合体中 RNA-蛋白质相互作用中的应用

– 呼吸链酶的活性测定

– 亚细胞分离

– 层析法纯化蛋白质的原理和方法

– 使用 ABI3100 DNA 测序仪进行片段分析及 Sanger 法 DNA 测序

– 高压冷冻电子显微术向相关显微术及 4D 电子显微术（EM）发展

– 透性化细胞检测法研究细胞内蛋白质运输

– 利用免疫电镜观察冰冻切片进行蛋白质的亚细胞定位

– 迁移中神经嵴细胞的成像

– 基础组织学技术导论

– 非放射性原位杂交技术

…… ……

从课程名称中不难看出，生命科学领域的博士课程绝大部分都是研究方法和研究技术的介绍。对此，海德堡研究生院的负责人解释说：

"博士生要为论文做一些技术上的准备，博士论文应该是一项前沿的研究，用到最前沿的技术，而这些技术是需要他们学习和了解的，而我们在模块化的专业课程中，有针对性地介绍介绍这些新的技术。"

哥廷根研究生院的负责人也举例说明了课程对博士生可能带来的帮助：

"比如学生在讲座中了解一项新的显微照相技术，然后就可以考虑，我的研究中是否可以尝试使用一下这项技术。"

生命科学领域的研究对于技术和方法的依赖程度非常之高，在上文引用的哥廷根的博士生岗位招聘启事中，可以看到这个岗位研究课题几乎完全基于一种特定技术方法——"小角和广角 X 射线散射"的运用（表 10）。哥廷根研究生院在其宣传资料中也强调了当代生命科学研究对于前沿研究方法、研究技术的高度依赖：

"科学进步一方面依赖于研究工具、研究方法的发展和改进，另一方面则依赖于通过假设和探索性的尝试将这些方法和工具应用到前沿问题的研究中。在哥廷根的科研世界中，这样的尝试尤其受到重视——方法的探索和前沿的生物研究一直都是紧密结合在一起的，并取得了世界瞩目的成绩。比如，1991 年哥廷根科学家获得诺贝尔物理学奖就是因为将最前沿的物理理论和技术应用到生命科学探索之中……突破性的技术和新的理论是当前研究强大的推动力。[7]"

所以，生命科学领域研究生院为博士生开设课程一个重要意义就是集合研究生院所涉及的广泛的研究领域、众多研究团队和高级学术人员，在一个统一的课程平台上介绍各个研究方向最新研究技术、理论方法，供博士生了解并在自己的科研中进行实践，很多课程实际上就是各个研究团队在他们自己的实验室中向前来学习的博士生介绍和演示相关的实验技术，具有很强的针对性，课程形式多样化，很多课程都是三四个人的小型研讨活动。归根结底，这样的课程学习是为了服务于博士生具体的科研实践的。哥廷根研究生院的负责人也强调，科研永远是博士学业的核心和最主要的任务。博士生和导师们对课程的积极性都很大，大多数导师都会根据自己团队的研究进展为博士生开课。尽管哥廷根对学生们规定了 20 个学分的最低标准，但很多学生还是会修到 30 到 35 个学分。哥廷根研究生院的负责人说：

"需要强调的是，我们的课程对于博士生而言是非常有吸引力的，我们加起来有 120 多门课，其实我们不需要多说什么，他们都很愿意来参加课程。"

与经济学科相比，生命科学领域博士项目的课程安排是非常宽松的。首先课程的总量不大，如果以三年的培养期计算，则海德堡生命科学研究生院要求学生参加的课程仅占总工作时间的 7.8%，其余 92.2% 的时间博士生都是在实验室中进行个人研究。[8]其次，上课的形式是比较灵活的，没有考试的要求。学生在课程的选择上有很大的自由度，可以根据各自的研究需求和兴趣来计划自己的课程表和上课时间。

"我们不是要把它（研究生院的培养项目）"中小学化"（verschulen），我们不会规定，你们哪个学期必须修完什么课程。

---

7 哥廷根生命科学研究生院宣传资料。
8 海德堡生命科学研究生院内部评估资料。

> 在三年之内，什么时候该学什么由学生自己把握，他们知道自己什么时候需要什么。"

——哥廷根研究生院负责人

生命科学研究生院博士生课程的另一个特点是，这些课程并不全是由大学中的科研人员开设，很多课程是在相关领域的知名企业实验室中开设的。比如，海德堡生命研究生院 "光学显微术基础"这门课程由德国著名的光学仪器企业蔡司公司设在海德堡的应用中心开设，"蛋白纯化分析"是在通用公司旗下专门的生命科学公司 GE Healthcare 设在慕尼黑的分公司开设，"RNA 分析"由著名的生物分子样品供应商 Qiagen 公司开设，"流式细胞术"则由世界最大的医疗技术和医疗设备公司美国 BD 公司位于海德堡的研发中心开设（表 12）。研究生院的负责人说，这些公司在相关领域掌握着世界最前沿的研究技术、实验器材和实验平台，并且与大学及科研机构密切合作，他们设在海德堡的研发中心、实验室与大学和其他研究机构一起成就了海德堡在生命科学研究领域的重要地位。

总之，生命科学领域结构化博士项目的课程体系是为科研实践服务的，以前沿研究方法、研究技术、研究成果的介绍、研讨和实践为主，博士生可以根据自己的科研需求和兴趣选择学习，课程并不占用博士生过多工作时间，整个博士学业过程还是以科研为主。对于这样的课程体系，博士生也给出了积极的反馈：

> "我们上的课很杂，有科研写作、前沿科学报告，还请了很多公司的 CEO 来讲他们的研发技术，还有人来讲生物伦理，基本上都是找各个领域最好的人。我们一届有五六十个人，研究方向都不同，所以（研究生院）安排的都是对生物有总体性把握的课程。有的时候还会请诺贝尔奖获得者来讲，虽然他们年纪都大了，可能不做实验了，但是他们的视野很宽阔，可以从宏观上把握一些东西，帮助拓宽我们的眼界。"

——海德堡研究生院博士生

三、"以项目带培养"模式下权责明确的导师制度

在自然科学领域，由于研究团队的不断分化，博士研究生分布在具体的研究项目和研究团队之中，博士生实际指导人（supervisor）通常都是其所在

实验室或者团队的负责人，"以项目带培养"成为主要的博士生培养模式。这些负责人不一定具有教授身份，但他们有独立的研究经费和招募研究人员的权力，被大学或研究所认定为"青年研究小组负责人（Nachwuchsgruppenleiter/Junior Research group leader）"。由于传统上只有教授有资格任博士生导师和博士论文评阅人，青年研究小组负责人在德国大多数大学目前还不具备正式的担任博士论文指导人和评阅人的资格，所以经常会出现实际导师跟名义上的博导不符合的情况——博士生通常要"挂靠"在一位具有指导资格的教授名下，最后论文评定和答辩由这位教授负责，但日常科研中，博士生却跟这位名义上的导师没有直接或密切的联系，所以会出现博士生培养权责不明的情况。但是在一些人事制度改革走在前列的大学，通过修改博士考试条例，青年研究小组负责人也已经具备了担任博士论文指导人和评阅人的资格，在哥廷根和海德堡就是这样。

在哥廷根和海德堡大学，就在最近三四年之内，通过修改博士考试章程，在自然科学的相关院系，青年研究小组负责人达到特定要求——拥有独立研究经费、独立领导研究团队等，就有了博士指导权，可以作为评阅人评审博士论文，主持博士答辩。所以在这两所生命科学研究生院中，导师对于博士生的指导有了权责明确的制度约束。博士生导师是博士生所在团队的负责人，是博士生的科研指导人，是经费提供者，最后也是博士论文的评阅人，也就是说，从日常科研指导到论文评阅和主持答辩，全部都是由博士研究生的"实际导师"主导，指导责任清晰。在这个基础之上，研究生院的制度框架则发挥了某种"协议式"的约束力，导师加入研究生院需要提交申请，作为研究生院的成员须履行研究生院规定的指导义务并保证能够提供博士科研岗位，按照研究生院规定控制培养时间，做好中间环节的考核，等等。

四、过程监督与奖学金激励相结合的质量保障制度

在生命科学领域的这两家研究生院，论文指导委员会（Thesis Advisory Committee）都是培养方案中规定的一项基本制度。每一位博士生都有一个论文指导委员会，由包括博士生导师在内的三位成员组成，另外两位成员由博士生和导师根据科研方向进行选择，至少有一位必须是研究生院的成员，另外一位可以是外部专家甚至企业中的相关科研人员。论文指导委员会的主要职责是对博士研究生论文的选题、研究的进度和进展以及学生课程的选择等

进行指导和把关。论文指导委员会的成员在博士生入学之时就确定下来并在研究生院备案。

两个研究生院都规定，在学生入学后的半年之内，论文指导委员会需要进行第一次会谈，以后每年举行一次。博士生要在每一次会议之前向指导委员会提交一份年度报告，汇报学习和研究进展、主要困难以及下一步的计划，并进行口头陈述。指导委员会的成员会就博士生研究中的各种问题进行讨论，并提出建议。

事实上，在生命科学领域，由于研究课题通常都涉及到跨学科的理论方法和实验技术，博士生有正式或非正式的指导小组、或者第二导师也已经越来越普遍。而研究生院作为一个博士生培养的专门组织框架，通过"论文指导委员会"的设置将事实上已经存在的联合指导模式制度化，并进行监督和约束，从而起到过程控制和质量保障的作用。在案例研究生院中，对于论文指导委员会制度的监督是由研究生院办公室负责的。海德堡生命科学研究生院的一位博士生在提交自己的年度报告给论文指导委员会时，曾因为迟交而收到研究生院办公室的催促信，他说：

> "（年度报告）如果推迟太久的话，他(研究生院办公室工作人员)就会……（笑），我觉得他是在恐吓我们，说"太晚了，太晚了"，因为他也是有压力的，这个研究生院也是有人在"盯着"的，给学生们的承诺是三年半后毕业，如果毕不了的话，岂不是很麻烦？"

此外，奖学金制度在生命科学领域研究生院中并不是博士生的主要资助方式，而被作为了一种激励制度。如前所述，德国大多数自然科学领域的博士生以与科研单位签订工作合同的方式获取资助，所以研究生院并不是博士研究生资助的主体。研究生院招生通常也是按照导师们各自科研项目的岗位需求进行，也就是说，有岗位有资金才招生，博士生资助主要由导师来负责。具体而言，博士生获得的资助的性质因其所在的科研项目或实验室的资金来源不同而各有差异，有的资金来自德国教育科研部，有的来自德国科研基金会，还有的来自企业，并且由于生命科学领域第三方资金充足，通常不存在博士生资助上的困难。但是哥廷根和海德堡的这两家研究生院都各自设有若干奖学金的项目，主要是依靠卓越倡议的资金来发放。如哥廷根研究生院的奖学金分为以下四类：

- 卓越博士生奖学金：用于奖励科研成绩优异或具有卓越潜质的在读博士生，每年 6 个名额，学生必须在博士学业开始的一年之内提出申请，以一年为一个资助期，最多可获得三年。
- 青年研究小组奖学金：用于资助由非终身制职位的青年研究小组负责人领导的研究团队中的博士生，每年 6 个名额，每人最多可获得 12 个月。
- 过渡阶段奖学金：最多三个月的短期奖学金，用于资助博士生因各种原因面临的资金暂时不到位的阶段，比如因现有资助到期而新的资金尚未到位而出现的资金空档期。
- 学术交流旅费支持：用于资助博士生参加国际学术会议。

海德堡研究生院也有类似的奖学金安排，并另有专门的跨学科博士研究奖学金和硕博连读项目的学生在硕士阶段的资助[9]。从这些奖学金项目的设置来看，一方面是为了鼓励竞争，体现"卓越"原则；另一方面则是弥补现有资助模式的不足，并有针对性地对特殊科研课题——如跨学科研究，或者特殊群体——如青年研究小组负责人的研究团队进行支持：

> "大部分学生拿的是第三方资金的岗位资助。我们这个奖学金（卓越博士生奖学金）其实是一种奖励，比一般的奖学金要高 300 欧元左右。因而是非常有吸引力的。这是一种奖励，他们可以作为一项荣誉写进自己的简历……另外就是青年研究小组奖学金，这个是针对青年研究小组负责人的，他们面临很多困难，因为学术生涯刚刚起步，还没有什么名气，可能只有一两个助手职位。但是他们很有想法，所以我们就有这个奖学金，每年 8 个左右，专门配给助理教授或者青年研究小组负责人让他们也能够多几个博士生助手。这个奖学金还是很受欢迎的，很多人申请，当然我们也会控制一下，看看这个岗位是不是稳定，这个研究团队是不是可以长期存在。"
>
> ——哥廷根研究生院负责人

---

9 德国目前的法律规定，只有获得硕士学位的研究者可以签订科研工作合同，获得科研人员的工资。因而硕博连读项目中还没有获得硕士学位的学生无法像博士生一样签订工作合同。这一奖学金项目正是针对这一问题。

五、国际同行评议主导下的质量评价

在生命科学领域，国际范围内的同行评议是研究发表、学术交流以及科研评价的一种主要方式。尽管两所案例研究生院都没有对于学生在学期间进行学术发表作出硬性要求，但大多数学生都会争取发表甚至能够发表若干篇论文。受访的教授和学生表示，论文发表不是"刻意为之"，而是这一领域进行学术交往和科研成果展现的基本方式，所有的实验室和研究团队都会在第一时间把自己的科研成果进行发表，大多数发表都是合作完成的。

海德堡研究生院的负责人说，论文发表的数量与博士研究生学业评价没有必然联系，即便同样是生命科学领域的研究，不同性质的科研项目的实验周期各有不同，论文发表也有周期，并不是论文发表得多就代表科研质量更高。很多学生即便是没有论文发表，也可以拿到很好的博士后职位。

但是，当问及海德堡的一位博士生如何判断自己领域博士论文的质量时，他还是马上就提到了国际期刊上的发表：

> "其实还是看你平常发的论文吧，看发的期刊的水准，看影响因子。影响因子高的话，博士论文肯定差不了。"

这位博士生还举了另外一个例子，来说明学术发表对于自然科学领域科研评价的意义：

> "开国际会议的时候，上面的人在讲，下面的人就赶紧用 google 搜发言人，看他发了哪些杂志，影响因子多少，然后就知道这个报告要不要好好听。"

接受访谈时，这位博士生自己已经完成了答辩，他在近四年的博士研究过程中在国际期刊上一共发表了七篇论文。最后的博士论文也是由这些论文中他独立完成的部分集合修改而成。这位博士生也说，在生命科学领域，像这样将自己发表的论文中独立完成的部分抽出来组成博士论文的方式是非常普遍的。但是这并不是严格意义上的"累积论文"，在这两所大学生命科学领域博士论文的考试章程中，对于累积论文的具体形式和适用范围是有明确规定的，比如哥廷根研究生院就对累积论文做出如下规定：

> "由被同行评议的期刊接收的若干篇论文组成的累积论文可以替代博士论文。但是博士生导师必须证明，这些发表的论文代表了博士生科研项目中的大部分工作，并且累积论文中必须加上一个讨论和一个总结的部分。同时，累积论文还应包括一项声明，说明博

士生个人对这几篇论文的贡献。准备提交累积论文的博士生需要至少提前三个月向所在博士项目的委员会提出申请，获得批准后才能提交。[10]"

在生命科学领域，大多数的论文发表都是合作的形式，而博士论文则要求体现研究者的独立原创性研究，所以才会对累积论文做出上述规定。哥廷根研究生院的负责人还补充说，他们要求累积论文中必须有 2 篇是博士生为第一作者的论文。

事实上，虽然不是严格意义上的累积论文，生命科学领域的博士论文与博士生平时的发表还是有密切的关系，很多博士生像上面这位受访的博士生一样，将自己负责的研究部分从合作发表中抽离出来，再写成完整的博士论文，是"阶段性研究成果的累积"而不是论文的直接组合。在受访的博士生看来，博士论文"有很明确的规则可循"，按照规则去做实验，整理和分析实验结果，既可以阶段性呈现也可以按部就班写成博士论文。哥廷根研究生院甚至还为学生们提供了一份由研究生院院长起草的《博士论文撰写指南》，其中明确地建议，博士论文应该包括以下几个部分，并对每一个部分的写作方式和注意事项都进行了详细的说明：

- 题目和作者
- 导论
- 材料和方法
- 结果（包括数据，表格，图例）
- 讨论
- 摘要
- 参考资料
- 致谢
- 附录，补充材料，缩略语等[11]

这样一种科研评价方式和论文撰写方式的背后，可以看到自然科学研究本身所具有的科研范式的标准化和知识判定的清晰性。比如，受访的博士生在介绍平常很少跟他交流的教授如何判断他的博士论文水准时这样说：

---

10 引自哥廷根生命科学研究生院提供的博士论文撰写指南。
11 引自哥廷根生命科学研究生院提供的博士论文撰写指南。

"我发的论文他肯定看过，论文都很短，四五页、七八页，他们读论文很快，看摘要，看方法，看结论，然后很快就看完了。他就很清楚你做的是什么程度。"

通过以上分析，可以看到生命科学领域结构化博士生培养模式有以下一些基本特征：

- 通过竞争性原则和统一程序面向国际招生，招生计划以科研项目的具体岗位需求和资金情况为准；
- 有完整、明确的培养方案，课程的学习以研究方法和技术的介绍为主，课程设置较为灵活，在整个博士学业中所占的时间比例非常小；
- 博士生导师是博士生所在课题组、研究团队或实验室的实际负责人，并不一定由教授担任。设有论文指导委员会制度，对博士生学习和科研进展进行定期把关；
- 有丰富的学术交流活动；
- 博士论文有标准的写作范式，既可以是累积论文，也可以是阶段性研究成果的累积，学术期刊发表对于科研质量是重要的评价参考；
- 以英文为工作语言，人员国际化程度很高。

以下本研究将继续讨论，这种新的培养模式在生命科学领域是如何建立起来的，其驱动力来自哪里，新的模式又是如何整合到与大学原有的组织框架之中的。

第三节　生命科学博士生培养结构化改革的动因与路径

一、跨学科对整合科研训练的需求

20 世纪 50 年代，遗传物质 DNA 双螺旋结构的发现开创了从分子水平研究生命活动的新纪元，在分子的层面上，传统的生物学研究延伸到化学、物理、医学、心理学、计算机科学等多个领域，使生命科学成为一个典型的交叉学科。德国联邦教育科研部有关德国生命科学领域基础研究的战略规划中就有这样的描述："分子生命科学领域知识的迅速增长清晰地表明，在对生命进行全面理解方面，单一的一个自然科学学科的研究很快就达到它的极限。所以必须要通过整合的、总体性的研究来产生新的行动领域，从而获得对于生命过程的更深入的认识。"[12]所以跨学科性是生命科学研究的首要特征。在基层的科研实践中，这种跨学科的实践已经非常普遍，但德国大学知识传授和科研训练的基本框架还基本保持着学科逻辑下的系科结构，随着科研的不断推进，对于一种跨院系、跨学科的整合的人才培养模式的需求在德国生命科学领域逐渐显现。

从德国 1984 年建立的第一个分子生物研究训练小组，到今天海德堡和哥廷根的两个案例研究生院，生命科学领域结构化的博士生培养项目全部都是在跨机构跨学科的层面上建立起来的。海德堡研究生院对其组织特征有这样的描述，通过"跨院系、跨学科的性质"，使研究生院能够"不受机构和学科的局限建立并发展其博士生培养理念和制度"[13]。哥廷根研究生院也在其建院宗旨中指出：

> "我们的博士项目反映了研究生院所涉及的所有领域的急速的科研发展。对于生命科学研究而言，需要一种整合的训练理念，这样的理念对于传统的科研设施、机构和部门的分类方式而言是一种挑战。"[14]

前文对于两个案例研究生院课程设置的分析已经提到，通过研究生院提供的丰富的课程系统，博士生可以了解到生命科学研究不同领域的最新方法和技术，并且能够有选择地学习和了解与自己的科研工作相关的内容。尽管在非结构化的培养模式中，博士生也可以在一个跨学科的研究团队中参与科研，但由于研究团队规模和科研方向的局限，对尚处于接受科研训练阶段的博士研究生而言，日常能够密切接触的研究人员和科研方法还是十分有限的。而通过研究生院这样一种专门的组织结构，可以对不断分化的科研组织和不断延伸的领域前沿进行一种整合，提供一个共同的学习项目，处在知识前沿的一线研究者可以将自己的科研发现或前沿技术方法拿到研究生院的课程系统中进行传播和推广，而学生也可以在这样一个课程系统中搜索到可能对自己的研究有重要作用的知识和技术方法。

---

12 德国联邦教育科研部. Lebenswissenschaftliche Grundlagenforschung.
　　http://www.bmbf.de/de/979.php.
13 海德堡生命科学研究生院内部评估资料。
14 哥廷根生命科学研究生院宣传资料。

二、科研组织的异质性对新的师徒关系和科研训练组织框架的要求

过去二三十年中，德国高校科研活动的组织结构在生命科学领域发生了显著的变化，传统上基于教席形成的单一的研究所、实验室结构逐渐被更为复杂弹性的科研组织结构所取代，显示出异质性、项目化、网络化的发展趋势，并对科研人才的培养模式产生了重要影响。

在根本上，这种组织变迁源于科研模式的变化。在知识爆炸性增长、新兴科研领域不断出现、交叉学科研究兴起和科研人员数量不断增加的背景下，传统的科研组织模式在很多领域已经不能适应科研的实际需求。在生命科学领域，德国大学最初的基层组织模式与其他学科类似，按专业方向设立教席，由教席教授领导研究所或实验室，形成一个个独立的金字塔式的组织结构。在知识分化交叉、专业扩张、人员增多的情况下，同一方向的教授职位逐渐增多，由于科研主要依赖第三方资助而不是学校预算，所以在生命科学领域教席教授与其他级别略低的教授在科研资源方面没有明显差别，科研按照研究方向和研究课题进行组织，同一个研究所或研究方向上逐渐形成多个课题组（Arbeitsgruppen），在组织结构的定义上，很多院系甚至已经用课题组代替了教席作为基本单位。在一些较大的研究课题组中，又根据具体的研究分支分出子课题组，这种最基层的子课题组通常由博士后研究人员或已经取得博士学位的学术助理来领导。因而在科研的组织形式上，金字塔结构逐渐转变为一种更加分化的树形结构。尽管这种树形结构中存在一定的科层关系，但在实际的科研中，基层科研单位的负责人通常独立支配科研经费、指导包括博士生在内的科研人员，是博士生实际上的导师。在过去几年中，德国高校借鉴马克斯-普朗克研究所等专门科研机构的做法，同时利用德国科研基金会等单位的专门支持项目，将那些虽然不是教授，但是已经独立领导研究团队，有独立的科研经费的研究团队或实验室负责人通过一定评审程序确认为"青年研究团队负责人"并赋予他们考试权，进一步明确了基层科研团队负责人的独立身份。而传统上以教席制为组织基础、以学科或专业为中心、基于学术寡头权力的师徒关系在这种科研组织变迁中逐渐淡化，取而代之的是以科研项目为核心、基于科研需求和"岗位聘任"模式的、更加专业化的指导关系。

另外一方面的变化是，生命科学领域科研人员的流动性非常大，课题组随时根据科研项目和科研经费的变化而建立、撤销、调整规模和人员，新型

的基层科研单位与机构的隶属关系变得模糊，研究团队甚至会根据研究的实际需要而改变所处的机构。海德堡研究生院一位受访的博士生入学时是在马克斯普朗克研究所做研究，后来随所在的研究团队迁到海德堡理论研究所，他说：

> "海德堡理论研究所是一个有钱人捐资建立的私人研究机构……这个所里每一个研究小组的头儿都是各个大学的研究员或教授，他们只是把自己的研究小组或一个实验室放在那里。在大学里面建组要交房租电费，在私人机构里就可以在这方面省钱。我们看上去是一个整体，但'老板们'的正式职位还是大学的职位，除了这个研究所给各个组的经费之外，各个实验室还可以去申请其他的项目资助，所以大家的经费来源也是多种多样的。"

这种组织变动的范围已经不仅仅是在一个城市或国家，而是国际性的：

> "海德堡很大，人员流动也很大，建（研究）组跟开店差不多，有时候会突然发现，一个（研究部门的）负责人去美国了，然后这个部门一半人就没有了。"
>
> ——海德堡博士生

生命科学领域的人员流动和国际合作早已经突破了机构的界限，直接发生在科研的基层单位——实验室和实验室之间：

> "我们这个领域有很多的国际合作，机构合作是一个方面，更主要的是实验室和实验室之间的合作。打个比方，我现在手头的科研项目需要一项特别技术的支持，对我来说，（有）这个技术（的实验室）是在北京、旧金山或者是悉尼根本没有关系，我马上会派一个博士生过去，在那做实验，然后大家一起发文章。这就是我们的专业文化，非常的全球化。"
>
> ——哥廷根研究生院负责人

所以说，在德国的生命科学领域，科研的组织形式已经脱离了传统的学科逻辑下的系科结构以及学术寡头或者科层制逻辑下的等级藩篱，正在朝向一种动态的网络形式发展（图17），处在网络节点上的，是一个个根据研究方向、研究课题组成的研究团队，这些团队突破传统机构的界限，按照科研的需求相互连接、组合，这种组合是情境化的、项目化的和高流动性的。在宏观上，这种网络结构是世界范围的，国家、学术系统的界限变得模糊。学术人员在这种网络结构中的分布也是异质性的，他们追随研究问题、研究热点和科研资金随时变换自己的机构位置和地理方位。

图 17　德国大学生命科学领域科研组织模式的演变

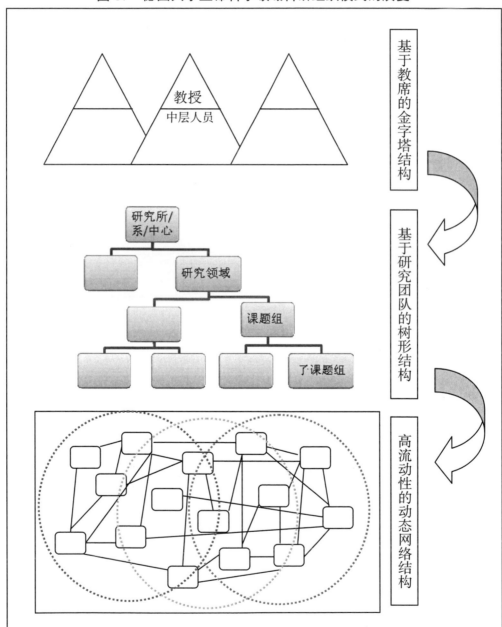

这样一种科研组织模式的变迁同样推动了博士生培养模式的变迁。首先，德国第一个正式的研究训练小组就是以分子生物学为研究方向的，研究训练小组的最初的组织形式是由生命科学领域的教授们设计的，与这一领域项目化的科研组织形式高度一致。

其次，如前文所述，传统的由教授担任博士生导师的模式在生命科学领域已经不合时宜，明确博士生科研项目的实际负责人的导师身份，进而明确指导的权力和责任成为这一领域博士生培养改革的诉求，因而有了哥廷根和海德堡大型通过人事制度改革赋予青年团队负责人正式博导资格的案例。而研究生院的建立则为这样的改革提供了操作框架和约束机制，希望能够实现权责明确：

> "以前的问题是，一些实际上指导学生的研究团队负责人，可能已经独立做了很多年，比他'老板'的发表成果可能还多一倍，或者是一些校外的研究机构，他们的博士生在提交论文的时候总是需要一位大学教授来做名义上的导师，在论文的封面上写上"我跟某某教授读了博士"，有的教授名下上百个博士生，但实际上不是这样子。我们希望把这个程序做得透明化，谁指导的学生就应该算谁的（责任），我们应该把这些人作为第一评定人（erste Gutachter）。现在这样的规定已经明确地写进了我们的《博士考试章程》。"

> ——哥廷根研究生院负责人

最后，博士生以研究助理的身份被"聘任"加入各自的研究团队，与研究团队一样处在一个动态网络之中，原本没有突出的机构身份认同，也就谈不上对于指导关系和博士学业的监督和约束。而研究生院则在这样的动态网络结构之上，针对博士生的支持和培养建立起一种新的组织框架和合作平台，科研团队的负责人自愿申请成为研究生院的成员，然后通过这样一个平台来招收自己团队需要的博士生科研人员、并发布和传播自己的科研进展。

三、科研全球化背景下外化的人才竞争战略

在生命科学领域，改进人才培养模式的很大动力来自国际比较的压力。1984 年科隆大学建立的德国第一个结构化的博士生培养项目就是在生命科学领域，当年发起建立这个"分子生物学研究训练小组"的教授回忆说：

在那样一个时代（20世纪80年代），因为纳粹时代留下的阴影，'精英'（Elite）在德国被视为禁忌，我们不能使用这个词。什么东西都要做成一样的，不能有差别……这让我感到很不舒服……我之前在美国工作了很多年，我想在德国也做这样一种尝试，以专门的博士项目来选择那些最好的学生，不管是德国的还是其他国家的学生，都可以来申请，给他们更好的系统科研支持。[15]

这位教授曾经在世界著名的生物医学教育研究中心——纽约洛克菲勒大学工作过多年，他推动建立这个研究训练小组的直接动因是基于对美国研究生选拔机制的认可，希望能够在德国建立一种机制吸引全世界的优秀学生并对他们进行集中的科研训练。如本书第三章第二节所述，在20世纪80年代的德国，高等教育已经进入大众化时代，学生人数猛增使大学面临层次和功能的分化。但是由于"学习自由"的传统观念影响以及二战后、特别是20世纪60年代高等教育民主化改革以来德国社会对于精英理念的排斥，大学长期以来没有竞争性的人才选拔机制，并且学生流动是相对封闭的，并没有面向世界的开放的招生模式。因而首先在科研国际化程度较高的生命科学领域，教授们启动了博士生培养模式改革，为系统层面的改革建立了榜样。

生命科学领域是一个知识生产高度国际化的学科。与经济学相比，德国生命科学科研国际化的一个突出特点是跨国的科研合作更加深入，并且这种合作在上世纪六七十年代就已经非常普遍了。在今天德国生命科学领域的一流实验室中，不同国家的研究人员在一起工作，并且如上文所述，实验室和实验室之间的跨国合作也是常态。国际化的另一个指征是英语作为工作语言的普及。曾经有一位海德堡大学理论物理领域的知名教授说过："我最后一篇用德语撰写的论文是在70年代发表的"[16]，德国自然科学的很多领域都是如此。在哥廷根和海德堡的案例中，受访的教授都有在美国、英国从事科研工作的经历，对于美英体系中的结构化博士生培养模式早已非常熟悉，因而对于借鉴结构化的博士生培养模式，学术人员的共识是非常清晰的。2000年前后，当哥廷根大学开启博士生培养模式改革的艰难讨论时，生命科学领域建立研究生院尝试则进行得非常顺利[17]。在海德堡，卓越倡议宣布启动后，生命

---

15 基于研究者对科隆大学当年分子生物学研究训练小组负责人的一次电话访谈。

16 基于笔者与这位教授的私人谈话。

17 哥廷根大学在2000之后启动了一系列的博士生教育改革议程，最终在2005-2007

科学领域的这个研究生院也"迅速地，没有太多争议就建立了"（海德堡研究生院负责人）。

需要特别说明的，在访谈中，两个案例研究生院的教授和博士生都认为，德国生命科学研究具有世界一流水准和很强的竞争力，并没有"人才流失"的显著压力，海德堡研究生院平均每年会收到来自世界各地的 2200 份申请，而每年录取的博士生仅有 70 余人，其中 39% 是国际学生（图 18）。哥廷根研究生院也有 40% 的外国学生。而哥廷根三个马普研究所中，外国研究人员的比例高达 70%。

但是，即使是在科研水准和国际化程度原本就已经很高的生命科学领域，建立研究生院依然承载了重要的国际人才竞争的战略目标。从卓越倡议启动的背景可以看到，德国缺乏具有世界知名度的精英大学品牌，这是德国在今天高等教育和科研的全球化竞争中面临的最大挑战。尽管马克斯-普朗克研究所在全球非大学科研机构中位列第一，但是其影响却仅限于专业领域之内。而作为现代社会核心知识机构的大学有着更高的社会认知度和跨国的可比性，也因其兼具教育、科研和社会服务的功能而被广泛认知，成为全球化竞争的聚焦点，当下广受关注的大学排名现象就足以说明这一点。

图 18 海德堡生命科学研究生院学生来源分布[18]

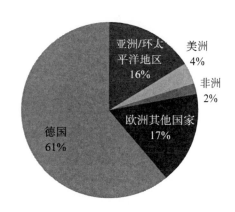

年分学科领域建立了自然科学、社会科学和人文科学三个大的研究生院，在访谈中笔者了解到，另外几个研究生院的讨论和建立过程相对复杂，而生命科学领域的研究生院则迅速和顺利地得以建立。

18 海德堡生命科学研究生院内部评估资料。

所以，德国生命科学领域建立的研究生院可以看做德国以大学为核心，整合已有的优质科研资源，强化大学品牌和竞争力的战略举措。特别是基于大学作为唯一的博士学位授予机构的特殊地位，以研究生院为框架，在一个新的层面上将地区整体的科研优势结合起来，特别是将马克斯-普朗克研究所等一流科研机构的科研训练也纳入这一框架之中，重塑了大学作为科研人才培养主体的组织地位及国际认知度。也就是说，在科研全球化的背景下，原有的基于专业认知度的领域内部的人才流动被提升到"外化的"、以提高国际和社会认知度为根本目标的人才竞争战略的层面。

四、改革的路径：第三方资金依赖下的政策参与和政策驱动

在德国，生命科学研究在过去二三十年中持续受到国家科研战略和科研政策的重点支持。1998 年以来，在联邦政府的"生物工程项目"和"健康研究项目"两个战略框架下，德国持续加强了对于生命科学研究的支持。联邦教育科研部提出："新的世纪是生命科学的世纪。生命科学极大地推动着人类对于生命和生态系统的了解，对于理解遗传性疾病或由外部因素引发的疾病和开发新疗法提供了前所未有的机遇。同时，生命科学也在创造新的、面向未来的工作机会方面有很大的潜力。而联邦教育科研部的政策任务是将创新研究与社会责任结合起来。"[19]在 2009 年德国教育科研部发布的一份有关生命科学发展的报告——《生命科学动力——面向创新未来的科研》中，教育科研部也强调："提高科研竞争力、经济创新能力、保障民众健康、提高生活质量是当代社会面临的核心挑战，而分子生命科学研究对于应对这些挑战都是至关重要的。"[20]

在科研政策的推动下，过去二十多年中，德国投向高校生命科学领域科学研究的第三方资金持续增加，其中大约 20%直接来自联邦政府的委托项目，50%通过科研基金会的资助项目发放，另有约 10%的资金来自欧盟[21]。在科研基金会目前的合作资助项目中，生命科学领域的项目在各种不同的资助计划中都占到资助总项目数的三分之一到一半，比如全部 234 个"合作研究中心"

19 德国联邦教育科研部. Lebenswissenschaften. http://www.bmbf.de/de/1237.php.

20 Bundesministerium für Bildung und Forschung. Impulsgeber Lebenswissenschaften – Forschung für die Innovationen der Zukunft. Bonn: BMBF, 2009: 3.

21 Gemeinnütziges Centrum für Hochschulentwicklung. Das CHE-Forschungsrankingdeutscher Universitäten 2009. Arbeitspapier Nr. 130. Gütersloh : CHE, 2009, E-7.

（SFB）中的 100 个、6 个"特别研究中心"（DFG-Forschungszentern）中的 3 个、209 个研究人员小组（Forschergruppen）中的 74 个都属于生命科学领域。卓越倡议迄今资助的 39 所研究生院中的 12 所和 37 个卓越集群中的 12 个也都属于这一领域。而每年仅在生物学科毕业的博士就有 2600 多人，是德国学术性博士生培养中授予学位最多的学科。德国在这一领域形成了弗莱堡、海德堡、哥廷根、图宾根、柏林、慕尼黑、康斯坦斯、维尔茨堡等十几个突出的科研高地和一批世界知名的研究院所。在海德堡、哥廷根等生命科学领域的研究重镇，数百个科研团队的几千名科研人员同时聚集在生命科学研究的最前沿进行工作，探索未知的知识边界。可以看到，生命科学是受到科研政策和科研资金重点支持、基于大规模的学术人口基数形成的一个"朝阳"科研领域。这一领域高度依赖第三方资金，科研经费需求高，来源多，用科研经费雇佣科研人员，长期以来形成了突出的"委托科研"文化。而资助是通过学术人员和研究团队参与经费竞争这样的一种"准市场"行为实现的。海德堡生命科学研究生院的受访博士生在描述其导师申请科研资金的情况时这样说：

> "很多研究项目博士生岗位的经费给的是一年或者两年，博士后也是……人员很多，每个人的岗位经费来源可能都不一样，有的是马普所的钱，有的是科研基金会的钱，有的是私人企业的钱，拿到经费才能招人。然后（教授）就要一直不停的申请新的经费。教授可能也很难把心思都放在科研上，最多地时候可能有四五十个博士生博士后，要不停的开会作报告，不停地写项目申请书。"

在这样一种科研文化下，生命科学领域对科研政策的新方向也总是能够做出敏感的反应。在结构化博士生培养项目资助计划启动之后，生命科学领域的学术人员积极反馈，在科研基金会启动研究训练小组项目之后的 9 年时间里，仅哥廷根和海德堡两地，就先后建立了 15 个研究训练小组项目。这一领域的学术人员已经习惯了这种具有准市场性质的经费竞争模式，并将这种竞争与声誉紧密相连，海德堡研究生院的负责人说：

> "海德堡视自己为一所有竞争力的、追求创新的大学，我们也想要为我们的研究争取更多的经费资助；当卓越倡议启动以后，我们也一直想提高海德堡的声誉，对于我，以及对于我们领域很多其他的教授而言，如果我们的研究生院没有入选卓越倡议，那是不可想象的。"

然而与其他学科不同的是，在科研资助中占有重要比例的生命科学领域不仅仅是对政策驱动反应积极，事实上这一领域的学术人员也在很大程度上参与或影响着科研政策的制定。1984 年，生命科学领域的教授在科隆大学建立第一个研究训练小组，其后，相关教授也直接参与了科研基金会有关大规模研究训练小组资助计划的讨论。并且，早期研究训练小组的组织形式事实上也是按照生命科学领域（也包括自然科学的其他一些领域）通常的团队科研模式设计的——由多名高级和初级研究人员围绕具体的研究课题进行合作科研，在这个过程中进行密集的科研训练。可以说，研究训练小组是为这一领域的学术人员"量身定制"的。

所以，基于其科研工作所具有的重大政策意义和社会意义，生命科学成为德国科研投入的重点领域。基于对第三方科研资金的高度依赖以及与科研政策的密切关联，生命科学领域的学术人员在政策驱动下积极地参与博士生培养的结构化改革实践，并且也在很大程度上参与和影响着政策制定，学术人员的目标与政策目标保持着高度的一致性。

五、学校层面的系统整合

在哥廷根和海德堡，两家生命科学研究生院受到了广泛的认可和支持，随着结构化改革的推进和影响面的扩大，这两所研究生院都与大学原有的院系结构进行了一定程度的整合。

在海德堡，通过与校长、生物学院建立合作协议，研究生院分担了一部分原本属于院系的功能，即利用研究生院的招生考核平台对生物学院所有外国研究学生进行入学资格的复核。而在哥廷根大学，在生命科学研究生院之上，学校又联合所有的自然科学学院成立了自然科学研究生院，计划在未来将所有的自然科学领域的博士生培养纳入统一的制度框架之中。这两所大学的改革实践证明，在生命科学乃至整个自然科学领域，研究生院模式在专业领域内部得到了广泛的认可。

但是，在制度设计上，研究生院也遭遇了"顶层设计"的瓶颈，其法定地位还有待确认。海德堡生命科学研究生院的负责人解释说：

> "研究生院是一个美国系统的概念。在卓越倡议开始之前，研究生院在德国是没有任何角色的。直到现在研究生院也没有一个'身份'（Status），大学的每一个功能阶层和部门都是各州高校法规定的，

比如大学有校长，校务委员会（Senat），然后是学院，学院有院长副院长。要不是卓越倡议，根本就没有研究生院，所以这里面是有很大的阻力的。在海德堡我们是这样来解决这个问题的：一方面我们确保研究生院有绝对的独立性，我们的理念是独立于任何一个学院建立的，同时，我们又和学院密切相关，因为我们没有博士授予权，博士授予权是在学院的。我们与生物学院签订了合作协议，其中很重要的一项就是由我们研究生院来负责为整个生物学院来安排针对那些博洛尼亚计划之外的学生的学科考试，也包括那些不属于我们研究生院的学生。也就是说，生物学院把他们的一部分工作分给了研究生院。"

在卓越倡议第二期的资助申请过程中，研究生院与生物学院的整合更进了一步：

"现在我们在做的是建立一种结构性的整合（struktuelle Vernetzung），生物学院已经指定我们研究生院作为它的正式研究生院，比如我们现在已经做到了在学院的博士考试委员会里，一定有一位成员是研究生院管理委员会的，大家一起来讨论有关博士考试和学位授予的各种事项。"

——海德堡研究生院负责人

在申请"卓越倡议"第二期资助的申请书中，研究生院也阐明了其下阶段的发展目标，即"从一个特定研究主题的研究生院发展成为海德堡大学整个生命科学学术共同体服务的分子生物研究生院"[22]。当然，对于这种整合的性质，海德堡研究生院的负责人表示还只是协议性的，没有涉及到根本的法律上的整合：

……也就是说，现在我们做的整合不是从根本上，也就是州高校法的基础上做的一种法理上的整合，也许过几年州高校法也会做相应的调整，但是现在还不行。现在还只是研究生院、校长和学院三方之间的一种协议。

22海德堡研究生院为笔者提供的申请"卓越倡议"第二期资助的内部材料。P1。

本章小结

生命科学是过去半个世纪自然科学新兴的热点研究领域，在分子和细胞的微观层面上，生命科学将传统的生物、化学、物理和医学研究紧密结合在一起，其科研具有明显的跨学科性，特别是对于跨学科的实验方法和研究技术高度依赖。这一领域聚集了大量的科研人员，科研的组织突破了传统的机构、等级界限，按照即时的研究课题组成一个个跨学科的研究团队，分布在一个动态的网络结构上，而不同节点上的研究团队之间实现了跨机构和跨国的频繁合作、互动。在这一领域，基础研究与前沿研究、学术研究与成果转化都被联通起来，其科研具有广泛的社会意义和应用价值，因而在科研政策中被视为国家争夺创新制高点的战略性领域，在政策和资金上受到显著倾斜，高度依赖外部科研经费，学术人员以准市场化的竞争争取科研资助。概括而言，生命科学典型地体现了当代知识生产模式转型的特征，其科研具有突出的跨学科特征，研究问题的设定是情境化的，科研组织模式则是异质性、网络化的，而其科研文化和科研工作模式也有典型的全球化特征，换言之，生命科学比较集中地体现了模式 II 知识产生的特征。

在这样一种知识生产模式下，生命科学领域成为德国结构化博士生培养改革最早启动也是范围最大的一个领域。这一领域的学术人员不仅仅是积极参与结构化改革，也在很大程度上参与和影响了改革模式的设计。今天，德国在这一领域聚合区域科研优势建立了大规模的研究生院。研究生院的建立基于跨机构和跨学科的合作，特别是将德国专门科研机构的资源优势整合到大学的人才培养战略之中，以提升大学整体科研竞争力特别是国际范围内的人才竞争力为目标。研究生院中遵循这一领域"以项目带培养"和"岗位聘任"的科研训练方式，博士生的招募依据研究团队的实际需求，博士生直接参与科研，并通过人事制度改革明确团队负责人对博士生的指导责任。研究生院提供的课程体系主要是跨学科的前沿科研技术和方法的学习，课程总量很小，博士研究生大部分时间都在实验室中从事研究。研究生院是高度国际化的，国际学生比例占到 40%，以英语为工作语言，科研人员流动频繁，科研评价也高度依赖于国际范围内的同行评议。生命科学研究生院涉及学术人员众多，影响面大，在学校层面与原有的院系结构进行了很好的整合，逐步发展成为相关学科和研究领域正式的研究生培养框架。

第七章　差异化探索中的结构化
——人文学科的案例

第一节　案例描述

一、弗里德里希·施雷格尔文学研究生院

　　柏林自由大学建立于 1948 年，是德国一所有独特历史渊源的大学。二战结束时，原来的老柏林大学所在的区域由苏军占领。出于政治分歧的原因，一部分学生、学者在德国政治家和美国盟军的支持下，"以自由之名"在柏林西南的美占区建立了这所新的大学。柏林自由大学建校之初的资金很大一部分来自美国的捐赠，因而这所大学与美国有深厚渊源。除了这种特殊的国际联系，战后东西德分裂也使地处西柏林飞地的自由大学有更多与外界学术机构建立联系的迫切需求，所以这所大学从建校之初就"向外看"，定位于国际化的发展战略。今天，柏林自由大学与全世界一百多所大学建立了伙伴关系，并积极参与各种国际间的学术交流和学生交换项目。[1]2007 年，柏林自由大学以"国际网络大学"的战略规划入选卓越倡议"未来构想"计划。

　　除了机构合作和人员交流上的国际化，自由大学学术研究的布局也贯彻了一种"世界视野"，这一点突出地体现在人文社会科学领域的研究中。在基

---

[1]　柏林自由大学.建校历史.
　　http://www.fu-berlin.de/Universität/leitbegriffe/gründungsgeschichte/index.html

本的学科设置之外，自由大学形成了以文学-文化的国际比较、国际关系以及区域研究等为重心的跨学科科研特色，并在上世纪 50 年代-70 年代先后建立了约翰·肯尼迪北美研究所、东欧研究所和拉美研究所三个区域研究实体机构，这相比于德国其他大学是一个突出的特色。2001 年学校的科研布局进行了重大调整，建立了 11 个跨学科的研究中心。在人文学科领域，传统上分布在两大学院十几个研究所的学术人员在"历史人类学"、"中东社会和文化史"、"欧洲语言"、"中世-文艺复兴-近代早期"等几个跨学科研究中心中展开合作研究。2003 年在德国科研基金会支持下建立的两个合作研究中心——"审美体验与艺术界限的消融"以及"信息结构：建构话语、语句与文本的语言学方式"进一步强化了这种领域内的跨学科研究。

在这样的科研基础之上，2007 年柏林自由大学"弗里德里希·施雷格尔文学研究生院"（Friedrich Schlegel Graduiertenschule für literaturwissenschaftliche Studien，以下简称柏林文学研究生院）建立，这是第一期"卓越倡议"中唯一一所文学领域的研究生院。研究生院的 28 名教授分别来自"哲学与精神科学"和"历史与文化学"两大学院的哲学、希腊与拉丁语言文学、比较文学、德语和荷兰语言文学、罗曼语言文学、戏剧学、媒体研究、艺术史、日本学、阿拉伯文学与文化等多个研究所。研究生院的负责人表示，基于自由大学的合作科研传统，这些教授们在各类跨学科和跨机构项目中有过很好的合作经验，所以建立这样一所研究生院在集合教师的方面非常顺利。

在研究取向上，研究生院专注于以比较文学的方法进行国际性的文学研究，在一个整合的理论关切下对不同语言和文化的文本进行比较分析——"用语言文学的现代理念，使研究者跨越文化和语言类别，把握语言的多样性，把文学史的研究置于知识和意识的现代史情景中，建立一种同一的理论基础来对文学中通用的范畴如诗学、流派、风格、修辞等进行研究"[2]。具体来说，从比较的视野切入，研究生院将其研究分为以下 8 个研究领域：

    －文本比较：文本性与文本间性

    －系统比较：修辞、诗学、审美

    －表征比较：语言与文学

    －认知秩序的比较：文学与知识话语

2　柏林文学研究生院宣传资料。

- 语境中的文本比较：文学与文化差异
- 媒介比较：文学与其他艺术形式
- 理论比较：文学理论的定位
- 版本比较：编辑学研究
- 文学生活研究：作为文学场域的柏林[3]

在这样的一个研究框架下，研究生院希望通过专门的学术训练让博士生"在某一个专业系所做博士论文的同时，把眼光也扩展到其他学科、其他国家的文学或者其他的文体类型这些具有可比性的成分上"，拓宽视野，培养他们"在成为德语文学家、罗曼语文学家、英语文学家的同时，也是世界文学学家"（研究生院行政人员）。

柏林文学研究生院的规模较小，每年招收 12-15 名博士生，其中三分之一到一半是国际学生。大部分博士生由卓越倡议提供奖学金，培养年限为三年。组织结构与其他卓越倡议的研究生院相似，设有执行委员会、行政岗位和国际学术顾问委员会，并对研究生院的成员身份有明确规定。研究生院与剑桥大学、约翰·霍普金斯大学、牛津大学等 7 所海外大学建立了合作，每年互派访问学生、学者，共同举办学术活动。

二、吉森文化研究国际研究生中心

地处德国中部黑森州的吉森大学建于 1607 年。19 世纪，有机化学的创始人、"化学之父"李比希在这里建立实验室并开创了现代实验教学方法，被视为 19 世纪德国大学教学与科研相统一的原则在自然科学领域的代表性例证，[4]吉森大学也一度享有世界性的声誉。二战中，这所大学被彻底损毁并一度关闭，直到 1957 年才得以重建。

今天的吉森大学在组织结构上已经看不到传统大学的印记，大学按照学科类别以数字编号划分了 11 个专业领域（Fachbereichen），其中人文学科分属 03 专业领域——"社会和文化学"、04 专业领域——"历史和文化学"以及 05 专业领域——"语言、文学和文化"。这样一种结构不仅以广义上的文化学（Kulturwissenschaften）为中心对传统的人文学科进行了新的划分，还把社会

---

3 柏林文学研究生院宣传资料。
4 Eric Ashby. The Future of the Nineteenth Century Idea of a University.Minerva vi, 3-17.

学、政治学和教育学纳入进来。由此也可以看到吉森大学在科研和教学组织上的一些创新之处。

90年代，吉森大学人文学科领域先后建立了三个研究训练小组，分别是"外语教学法"（1991）、"中世纪和近代早期的国家性"（1992）和"欧洲语境中的古典主义与浪漫主义"（1997）[5]。2001年，在一些博士生和教授的共同倡议下，吉森大学建立了"吉森人文研究生中心"（Gießener Graduiertenzentrum Kulturwissenschaften），作为03、04、05三个专业领域博士研究生培养的专门支持性组织。研究生中心最早没有任何资金支持，其主要功能是为博士生开设学术性和技能培养性的课程以及提供职业发展方面的咨询和服务，这是德国大学第一个在人文学科建立的博士生培养的整体支持性组织。2002年，通过德意志学术交流中心的国际博士项目的资助，中心在组织结构上逐渐完善。2006年，在原有的吉森人文研究生中心的基础上，学术人员以文化研究为主题，建立了"文化研究国际研究生中心"（International Graduate Centre for the Study of Culture）并入选卓越倡议。

所以在吉森大学，人文学科博士生培养的结构性支持体现为一种两个层次的框架。其基础和整体框架是建立于2001年的吉森人文研究生中心，而文化研究国际研究生中心则是2006年在此基础上建立的研究领域更加聚焦、博士生培养项目更加具体、面向国际并获得卓越倡议资助的一个研究生院。这两个中心的对比如下（表14）：

表14　吉森人文研究生中心与文化研究国际研究生中心的比较[6]

	吉森人文研究生中心 （Giessener Graduiertenzentrum Kulturwissenschaften，GGK）	文化研究国际研究生中心 （International Graduate Centre for the Study of Culture，GCSC）
成员/对象	面向03、04、05专业领域所有博士生	通过选拔程序产生的一定数量的成员
资助来源	学校经费	卓越倡议
研究概况	面向03、04、05学院的所有研究主题	特定研究领域：文化研究中的八大领域
定位	以本地为主	面向本国以及国际

5　Deutsche Forschungsgemeinschaft. Jahresbericht 1999. Bonn: DFG, 2000:254-257.
6　http://cultdoc.uni-giessen.de/wps/pgn/home/cultdoc/vergleich/.

培养项目	针对博士阶段的基础培养内容：博士基础课；工作坊；就业指导服务	除 GGK 项目之外，另有国际水准的卓越项目：跨学科研讨课；大师课；暑期学校等
学生指导	除导师指导以外，学生可在基础课程以及工作坊上获得相关教师的指导；在同专业组内，为学生提供同伴组支持（peer group coaching）	导师指导通过 GCSC 的指导协议落实指导责任；除了 GGK 的各项支持外，学生还有机会获得项目博士后以及其他研究人员的指导；帮助学生选择（国际）第二导师
成员能够获得的其他支持	参加研究部（sektion）	教学技能培训，科研和参加学术会议的旅费资助

在组织结构上，这两个中心的核心领导和管理人员都是重合的，除了管理委员会之外，两个中心还有一个近三十人的管理支持团队，其中的很多岗位由博士生兼任。文化研究国际研究生中心对正式成员的身份有明确的认定，包括 40 多位核心教师和 150 多位博士研究生，另有 40 多名合作教师。

在人文研究生中心的框架下，按照研究方向划分了 8 个研究部（Sektion）作为固定的研究讨论小组，分别是"文学与文化理论"、"文学研究的模式与方法"、"社会学实证研究"、"历史源分析的理论与方法"、"教育与社会化"、"外语教学"、"梦幻世界"、"大屠杀与记忆"，此外还有若干个工作组（Arbeitsgruppen）由学生自发成立，定位于阶段性的具体研究课题。人文研究生中心为这些不同的科研合作组织提供经费、场地、出版等方面的支持。

在文化研究国际研究生中心，研究更加聚焦于狭义上的文化研究，并划分了"记忆文化"、"文化与叙事"、"文化与表征"、"视觉文化"、"文化、语言与新媒体"、"文化与身份认同"、"政治与跨国文化"以及"知识、研究与教育的文化"八个研究领域（Research Area）。

这种两个中心相互嵌套的组织形式看上去有些复杂，但是却都是在同一目标下建立的以博士生培养的结构化支持为核心任务的组织形式，前后具有继承性，人员和功能上也有很多重叠，因而本研究后文的分析以卓越倡议的文化研究国际研究生中心为主要对象，需要对吉森人文研究生中心进行单独论述的地方则另加说明。

三、柏林洪堡大学"作为知识范畴的性别"研究训练小组

柏林洪堡大学"作为知识范畴的性别"研究训练小组（Graduiertenkolleg "Geschlecht als Wissenskategorie"）成立于 2005 年，是德国科研基金会资助的研究训练小组项目。

性别研究在柏林洪堡大学有特殊的传统。早在 1980 年前后，在当时还属于民主德国的东柏林，来自洪堡大学和柏林科学院的 10 余名学者自发形成了一个学术圈子，其中以文化学家居多，也有历史学家、文学家、社会学家和医学社会学家。他们以私人沙龙的形式定期聚会，围绕女性主义研究和性别研究的主题进行学术研讨。[7]1990 年，在这个学术圈子的基础上，柏林洪堡大学在改建的过程中成立了"跨学科女性研究中心"（ Zentrum für interdisziplinäre Frauenforschung），并且在文化学、语言学、法学、社会学等领域设立了专门的性别研究方向的教授席位。1997 年，洪堡大学设立了德国第一个性别研究硕士培养项目（传统学制）。2003 年，跨学科女性研究中心更名为"跨学科性别研究中心"（ Zentrum für transdisziplinäre Geschlechterstudien）。2005 年，中心开始为本科生开设性别研究辅修专业。2008年，又按照新学制设立了两年制的性别研究硕士项目。今天，跨学科性别研究中心已经发展成为柏林洪堡大学一个重要的跨学科合作研究实体机构，其核心成员包括来自 9 个学院不同专业的 30 多位教授和 20 多位助理研究人员。

"作为知识范畴的性别"研究训练小组（以下简称柏林性别研究训练小组）就是在跨学科性别研究中心的框架下建立的。按照德国科研基金会对项目规模的要求，研究训练小组的教师团队由来文化研究、文学、语言学、神学、法学和医学史等领域的 10 位教授组成，提供 15 个博士生奖学金名额和 2个博士后研究岗位。研究训练小组有一个明确的科研主题，即，探讨"'性别'在科学知识建构中的显性和隐性的功能"。根据具体的研究兴趣，博士生还可以组成阶段性的工作小组，进行合作科研。事实上，柏林性别研究小组是一个高度跨学科的项目，其教授和博士生来自文化研究、文学、语言学、社会学、医学、法学、伦理学等多个学科和研究领域。但是，因为性别研究本身被视为当代文化研究的一个重要领域，并且柏林性别研究训练小组以及洪堡大学跨学科性别研究中心都挂靠在文化学研究所，因而本研究将这一研究训练小组作为文学-文化研究领域的案例。

7　Hildegard Maria Nickel. Vom Privatsalon zum Zentrum für interdisziplinäre Frauenforschung. （柏林洪堡大学跨学科性别研究中心资料）.

2009 年，这一研究小组通过了德国科研基金会的阶段性评估，获得了第二期资助，将持续到 2014 年。跨学科性别研究中心正在计划未来在这一研究训练小组的基础之上，建立一个国际化的博士生培养项目。

第二节　文学-文化研究领域结构化博士生培养模式的特征

一、基于研究主题"关联性"的招生选拔

文学-文化研究领域三个案例研究生院和博士生培养项目都在每年春季通过竞争性的选拔程序进行招生，并有固定的学生规模限制。在招生的程序上，与其他两个学科领域的研究生院没有特别的差别，都是按照"提交申请-初选-面试-确定录取-确定奖学金资助"的程序进行并由专门的招生委员会负责。

特别之处在于，人文学科的三个项目对申请人的知识背景有非常明确的要求。首先是语言的要求，柏林文学研究生院要求所有学生同时掌握必要的德语和英语水平，母语非这两种语言的学生须提供相应的语言能力证明。在吉森文化研究研究生中心，申请人也必须提供包括德语在内的两门以上外语的能力证明，同时，根据申请人的具体研究领域还应满足相应的院系对于特定语言能力的要求，比如古典文学研究对于拉丁语的要求、各国文学研究对于具体语种的要求等。

其次，三个项目都要求申请人提交一份详细的论文选题、研究计划以及一个基本的时间进度安排。在柏林文学研究生院，论文选题应体现与研究生院理论取向和研究方法的联系，也就是说，培养项目各自有一个专门的知识领域的界限，其边界可能是按照理论、方法、问题域等多种维度划定的。这对于申请人而言，是需要去特别思考、准备和解释的：

> "我之前在网上也已经了解到，研究生院的研究重点和课题中心是什么，所以在申请的时候，就试着处处体现和研究生院的联系，说明为什么我的研究问题适合在研究生院的课题框架中进行。我不仅仅只是递交了材料，而是说明我的课题在如下如下的方面与研究生院的结构之间的关系，然后在面试的时候也以此为出发点，指出我的课题和项目的关联……这是一个比较文学的研究生院，其实我做的是理论性和历史性的研究，主要的重心是叙事理论，项目里的

> 比较文学不仅仅是两个不同国家文学的比较，还有普遍的理论性的研究，这点上我的课题与之联系很紧密。之前我也了解过，这也是属于比较文学的研究范畴之内的，这没问题，就找到了连接点……在这过程中还要学会去证明联系在哪里。"
>
> ——柏林文学研究生院博士生

柏林性别研究训练小组对申请人研究课题的要求则更加具体。研究训练小组的规模较小，对于研究主题的描述也非常清晰。对于申请人的选拔重点从"研究课题本身的质量"、"与研究训练小组主题的契合度"以及"能否形成一个互助合作的研究团队"三个方面进行考察。

吉森文化研究国际研究生中心的人员规模较大，涉及的领域相对宽泛，申请人论文选题需要能够归入研究生中心划分的八个研究领域之一，这是一种相对宽泛的要求：

> "实际上，划分研究领域是为了提供一种想法，告诉博士生哪个潜在的研究领域是可能的。这在根本上是一种理念的结构化，有助于博士生的申请，帮助他们对自己的研究兴趣进行定位。并不是说培养就完全按这种划分来组织。"
>
> ——吉森文化研究国际研究生中心负责人

除了研究取向上的关联之外，吉森文化研究国际研究生中心还要求那些研究课题具有很强的跨学科性的申请人对研究进行一个基本的学科定位，也就是明确自己的研究最后定位于哪一个或哪几个学科，并对此进行解释。柏林文学研究生院办公室人员经常会接到申请人的咨询，帮助申请人一起讨论其研究课题是否与研究生院的研究定位相符，以及是否能有合适的导师来指导这项研究。

也就是说，在文学-文化研究领域，结构化的博士生培养项目在所涉及的研究主题或研究领域上有具体的限定，博士生必须先有相应的博士论文选题和研究计划，才能开始博士学业。人文学科的知识是相对离散的，没有经济学那样集中和相对统一的研究问题，也缺乏生命科学知识所具有的确定性。为了使博士生培养更有针对性，结构化项目通过方法、理论视角或者具体的问题域来描述和规定研究主题。博士生需要通过理解和阐释来建立自身研究课题与培养项目主题之间的这种关联性。这种限制也是为了实现培养的效率，柏林文学研究生院的负责人就表示，如果想实现在三年的培养期限内完成博士论文，有一个清晰的、具体的研究问题是必须的。如果没有明确的主题，不仅难以按时完成学业，博士生也无法从结构化项目中获得足够的学术支持。

二、差异化的培养方案

柏林文学研究生院的培养方案如下，博士生必修的课程分为方法和理论研讨课、实践性技能训练和博士生报告课三类，另有不定期的学术交流活动（表 15）：

表 15　柏林文学研究生院培养方案

	博士论文研究	方法论和文学理论研讨课	实践性技能训练	博士生报告课
第一学期	自由研究（包括海外访学）	普通美学与文学理论	项目管理	第一次研究报告
第二学期		艺术、媒介与跨媒介理论	学术交流	
第三学期		文本-文学-知识	教学法	第二次研究报告
第四学期				
第五学期			教学法	第三次研究报告
第六学期				

吉森文化研究国际研究中心规模更大，涉及的学科和研究领域更为宽广，因而培养方案中安排的课程和学术活动也更为丰富（表 16）：

表 16　吉森文化研究国际研究中心培养方案

第一学期	第二学期	第三学期	第四学期	第五学期	第六学期
	核心课程				
			进阶课程		
				论文写作	
					答辩准备课
职业发展服务工作坊：至少参加一次					
教学技能工作坊：至少参加一次					

<u>跨学科博士生研讨课</u>：按照不同的研究领域进行组织，持续进行，举办频率由各领域自行安排
<u>研究工作坊/大师课</u>：每学期至少参加一次
<u>国际会议/暑期学校</u>：每学期至少参加一次
<u>至少参与组织一次工作坊、大师课或学术会议</u>：提高项目管理能力，发展个人学术网络
<u>软技能训练课</u>：自由选修

受项目规模所限，柏林性别研究训练小组没有研究生院那样丰富的培养方案和课程设置，其核心的课程设置包括博士生研讨课、方法论课程和系列讲座三个部分。博士生研讨课在三年的培养年限中每周举行一次，由博士生轮流报告个人的研究，是研究训练小组最常态的研讨活动；方法论课程由研究训练小组的博士后研究人员为博士生开设；系列讲座每学期举行十次左右，由相关教授、学者进行主题报告。这些都是研究训练小组的学生必须参加的学术活动。另外有年度工作坊和不定期举行的学术会议供博士生选择参加。

概括来说，文学-文化研究领域的三个结构化项目的课程类型与其他两个学科领域相似，都包括专业课程、博士生研讨课、学术交流性活动和实践性的能力训练课程。从博士生必须参加的学术活动总量来看，人文学科领域少于经济学，多于生命科学。

就博士生专业课程的内容而言，三个项目的安排并不相同。柏林文学研究生院有相对具体的研究方法和理论取向，因而专业课程也是基于这样的框架设置的，分为三门具体的课程，虽然有具体的课程名称，但基本是一个主题框架，课程具体的授课内容有比较大的变动的空间：

> "我们有一门课以前叫'文本比较方法'，现在改名叫'普通美学与文学理论'。之前的太专业了，没有人愿意开课。第二门叫'文本、文化、知识'，目的在于将哲学和文学结合起来思维，在这个主题下可以研究不同的子课题。第三门课程是'艺术、媒介与跨媒介理论'，这也是研究生院教育另外一个重点：不仅仅是具有国际性，眼光放宽到各种可以比较的成分上，还有跨媒介、跨艺术性等。当然，教授与教授的研究重点是不同的，但是教授自行申请登记开课，然后由管理委员会决定。有的时候博士生也会说他们想上什么样课，

有什么想法。通常都是'自下而上'的，也就是由教学的人决定，
而不是由院委会来规定。"

——柏林文学研究生院学生

吉森的情况与柏林有所不同，由于涉及的专业领域广泛，尽管有统一的
培养方案，但在核心课程的设置上，还是按照专业领域分成了三个模块——
"历史与文化研究"、"社会与文化研究"和"文学研究"，学生只需参加自己
专业领域所属的模块。而核心课程所包括的基础课和进阶课并不是知识性的
传授，而是针对博士论文研究的引导和讨论性的课程：

> "这种基础课程按照专业分成不同的模块，博士生会得到引导
> 和帮助，学习如何去描述一个研究项目，怎样写开题报告，还有像
> 了解'什么是一个好的研究问题'，怎去去呈现一项学术研究的概观。
> 在提高课程上，博士生可以报告他们的博士论文的一个章节。"

——吉森文化研究国际研究生中心负责人

柏林性别研究训练小组并没有所谓的核心课程，博士生研讨课和系列讲
座都属于交流研讨性的学术活动，只有由博士后讲授的方法论讲座是知识性
的，在方法论讲座上，博士后重点引导博士生了解性别研究和知识社会学的
研究方法和研究范式。

三个项目核心课程内容的差异一方面与项目所涉及的研究领域的广度有
关，另一方面则是由领域知识特征决定的。比如对于柏林文学研究生院而言，
比较文学本身所涉及的文化和语言领域非常宽广，只有从方法论或理论的层
面切入，才可能为具体研究主题分属不同语言文化情境的博士生提供相对统
一的知识性学习内容。但是，即使是这样的一种课程安排，在实践中也存在
一些问题，学生们对于课程的接受和反馈存在很大差异：

> "我们来自不同的领域，虽然都做文学研究，但是有西班牙文
> 学、日本文学……很难一起上课，课程是普遍性的理论性的问题，
> 文本理论、文化理论。对我来说是很棒，对大多数来说…该怎么说，
> 总体来说课程内容与德语语言文学的学生以及英语文学、罗曼语言
> 文学学生有比较多的交集，对我来说所有的内容都很有意思，或者
> 是我以前已经接触过的，或者说知道的本来就比较多了。但是对有
> 些人来说很无趣，或者非常陌生，与他们自己的专业相去甚远……"

——柏林文学研究生院博士生

不仅学生们对于课程内容的接受存在差别，在授课的教授之间，对于同一理论或研究方法主题的讨论和对话也存在差异和争议：

> "有时候是两个教授一起主持课程，虽然不是每次都这样，这很奢侈……有时两个教授的意见不同，然后讨论一下，交换意见，我们就在下面……（笑）然后等他们说完……该怎么说，有点……双方针锋相对，讨论就停滞不前了……只要上面的两个人互相争论，我们在下面就…我就不会想问题，而是放松一下……其实不太理想……但是也有合作很好的教授，我觉得那样就很好。很难有个理想状态，但是毕竟能够看到双倍的呈现，和专家们同处一室，整体上来说是个好主意。"
>
> ——柏林文学研究生院博士生

所以在研究生院建立以来的四五年中，柏林文学研究生院的课程设置一直在探索中。研究生院刚刚建立时，三门核心专业课程安排了四个学期，而后进行了调整，将课程总时间缩短为三个学期，一门课的名称也进行了调整。

可以看到，在这一领域，各个研究生院/结构化项目之间培养方案差别较大，并且对于该如何为博士生开设课程、开设怎样的课程存在争议，课程实践效果也有待检验。在这种差异的背后，如何使结构化的培养模式符合领域知识特征和科研需求是一个核心问题。人文领域的知识具有离散性的特征，研究主题和研究人员的分布则具有比彻（T. Becher）所归纳的"田园剧"的特征，研究人员各自的研究问题分布在广阔的领域中，彼此间难以形成共识。[8]现在的结构化项目尝试在跨学科、跨领域、跨文化的情境中基于特定主题进行博士生培养，但即使是在同样的主题下，如"比较文学的文本研究"，不同研究人员的具体研究问题之间也可能相距千里。在这样的领域，如何为一个博士生群体提供最合适的学习内容和学习形式，是尚在摸索之中的问题。

三、个体化的指导方式

与其他卓越倡议的研究生院一样，文学-文化研究领域的两个案例研究生院也有指导委员会的制度。除了导师，博士生还会有一到两名指导人（Mentoren）。每个博士生在入学之后都会与研究生院院长、导师以及指导人

8　[英]托尼·比彻，保罗·特罗勒尔. 学术部落及其领地：知识探索与学科文化. 唐跃勤 蒲茂华 陈洪捷译，北京：北京大学出版社，2008：110-114.

签订一份辅导协议（Betreuerungsvereinbarung），协议对各方的权利和义务进行了规定，比如导师和博士生交流的频率，导师对于博士生论文选题的可行性、论文进度安排的合理性的责任等。在柏林性别研究训练小组，每位博士生也都有两名指导人，并且为了强化跨学科的研究取向，两名指导人通常来自不同的学科。

但是，对于这种制度化的指导行为进行规范和控制存在实际的困难，制度规定往往更多地发挥了一种潜在的"引导"作用：

> "尽管我们对于导师和博士生定期见面有一个指导流程，规定了一些必须讨论的项目，但是在人文学科，人们是非常个人主义的……比如博导说我们每个月要有一次谈话，而博士生可能会说，我这半年都得在档案馆里查资料，不想安排谈话……也就是说，这个指导流程执行起来是很软弱的，但是这种引导的做法是很重要的，它让人们有所反思，一种指导关系应该是什么样的。我们不控制他，把它交给博士生和导师，让他们自己管理他们的指导关系。"
>
> ——柏林文学研究生院负责人

柏林文学研究生院的受访博士生也说，她与第二导师没有密切的联系，指导基本上还是依赖于第一导师：

> "我的第二导师在一开始的时候给我们做过报告，然后暗示说他有许多其他的事情要做，所以我就没有麻烦他特别多，他现在在我的委员会里，但总的来说反正他起的作用也不是很大。"

在这一领域另外有一种特别的情况，结构化的研究生院或项目人员规模有一定的限制，而博士生的研究课题分布很广，有的博士生未必能在结构化项目的核心教师群体中确定一位最合适的人选来作为第一导师。这在根本上还有由人文领域知识的离散性所决定的，对于一个具体的研究选题而言，可能一所大学、一座城市仅有一位研究兴趣相关的教授作为最佳的导师人选，而这些教授未必恰好是结构化博士生培养项目的成员。对此，相应的结构化项目都有变通的规定，比如，仅要求博士生的一位指导人属于结构化项目成员，或者一旦博士生找到一位合适的导师，这位教授可以自动成为结构化项目的合作成员，本研究访谈的柏林的两位博士生都属于这类情况。这些学生需要在参加结构化项目所提供的学术活动之外，专门再在各自导师所在的研究所参加由导师主持的博士生研讨课及其他学术活动。柏林性别研究训练小组的博士生对她的这种双重身份进行了描述：

> "在高级研讨课或者在答疑时间我会去找我的导师，或者他来听我在研究训练小组研讨课上的报告，这就是说，在这之间总是有座桥。相对而言，我对研究训练小组的归属感更强一些，这与训练小组里的密集的学术活动有关，也与'理论交叉点'有关——我的研究问题、特别是理论取向，与研究训练小组有更大的关系。我（感觉自己）属于研究训练小组，也有一点属于（导师的）教席，但是更像是这个教席的外部成员，因为我在那里没有关系密切的同事……"

他们往往有一种双重的身份认同和坐标定位——即属于研究生院，同时又与一个具体的教席密切相关。而与生命科学和经济学不同的是，人文学科领域博士生这两种身份之间存在一定的距离，研究生院的学术活动与教授日常主持的学术活动之间有较大差别。

四、基于"学术对话"的学术交流与合作研究

三个案例项目的培养程序中都安排有学术交流性的活动如工作坊、学术年会等供博士生选择参加；在日常的科研中，则以研究小组的形式为博士生提供进行合作科研的平台支持。

在吉森，这种学术交流和研究合作在负责人看来是研究生中心最有活力的部分。一大批教授积极地参与到不同的"研究领域"中，与博士生合作进行研究、出版。虽然博士生在入学的时候都要按照研究方向确定加入一个研究领域，但这种合作基本是自愿参加的。学生也被鼓励根据自己的兴趣和专长自发地组织工作坊、研讨会等：

> "所有的博士生受到激励，提出建议或者自己组织活动，比如说，他们在一个研究领域一起合作，然后说我们正在做一个关于物质（Materialität）的项目，很想邀请X、Y来参加工作坊，然后就得组织，得写一个申请给研究生中心的管理委员会，得到对这个活动的支持。我可以说，多数的研究领域的活动都是由博士生组织或者博士生参与组织的。"
>
> ——吉森文化研究国际研究生中心负责人

在柏林性别研究训练小组，博士生按照研究兴趣自愿组成"研究小组"，进行合作研讨，组织工作坊，策划出版学术文集。研究训练小组的负责人特别强调了这种自发的研究小组对于博士生"在学术上共同成长"的意义：

> "这种研究小组不是由所有人组成，而是博士生各自组队，进行自主研究，而且多数人也很喜欢这样做，不需要强迫，他们从这种小组工作中受到教育……小组成员之间的联系很紧密，他们在一起组织研讨会，一起出书……不得不说，在这两三年中博士生们共同成长，在一个项目中完成他们自己所选的题目，也会发展出一种学术伙伴的关系和群体文化。"

——柏林性别研究训练小组负责人

但是，既不同于生命科学的实验室分工合作研究，也不同于经济学领域以合作撰写论文为主的合作研究，文学-文化研究领域博士生之间或者博士生与教授的合作研究更像是一种点对点的接触与对话：

> "在人文学科我们没有研究团队这样的概念。我们有那种非正式的团队，有一些项目，在内容上或者主题上的关联，有非正式的合作，比如说博士生们一起组织研讨会或者读书会，或者更具体的，点对点的合作，但不是向自然科学那样，研究团队做一个确定的研究问题，这是由于专业文化差异，在生物学是有的，在文学领域是没有的。"

——柏林文学研究生院负责人

五、以奖学金为主的博士生资助方式

在柏林的文学研究生院，每年招收的正式博士研究生都能获得卓越倡议提供的三年奖学金资助。柏林性别研究训练小组则由德国科研基金会提供 15 个奖学金名额，年限也是三年。而在吉森，同样是卓越倡议支持的文化研究国际研究生中心并不为所有的博士生直接提供经济资助。每年招收的 40-50 名博士生中，有 9-10 人能获得卓越倡议提供的博士生奖学金，另外有 10-15 名博士生可以获得岗位资助，也就是为参与研究生中心的教授的教席或者研究课题担任研究助理。此外，还有一部分博士生直接兼职研究生中心的工作，比如就业中心、教学中心、网站建设、教务工作等。在柏林性别研究训练小组，德国科研基金会提供总共 15 个博士生奖学金名额，另外有五六名合作博士生依赖其他不同的资助方式。

对于柏林文学研究生院而言，奖学金资助本身也是一种激励和约束的手段。以第一届博士生为例，三年培养年限到期时，除了三名因为中间怀孕生育的女博士生之外，其他人都已经按时提交了博士论文。受访的博士生认为正是资助的压力促使他们抓紧论文的研究和写作，因为在文学专业，如果奖学金资助结束，"再临时去寻找一个助理岗位是比较困难的"。另外研究生院对于博士生论文上交有明确的时间要求，如果过期没交的话，无法申请卓越倡议提供的一项过渡奖学金：

> "就在上个星期又有四个人交了论文。我们受到了表扬，因为他们真的担心交的人不多。项目要求我们9月30日前完成上交论文，不然没有过渡奖学金，这是一个很大的动力。因为答辩还要几个月时间，但是这段时间我们不能注销学籍，也就拿不到社会救济金，我们会陷入经济困难的。"
>
> ——柏林文学研究生院博士生

对于博士生论文的完成情况，研究生院的负责人也感到很"骄傲和欣喜"，认为这"说明项目本身运作良好"。

在柏林性别研究训练小组，项目本身没有卓越倡议研究生院那样大的"政策压力"，对于学业时间虽然有规定，但还是有很多博士生不能在三年期限之内顺利完成学业。受访的这位博士从进入研究训练小组到正式答辩毕业，一共用了五年的时间。在三年的奖学金到期后，她先后在不同大学兼任学术咨询和学术助理的岗位，同时继续撰写论文，在此期间，她与研究训练小组没有密切的关系，只是跟自己的导师就论文进行沟通。在研究生院的负责人看来，奖学金到期后很多博士生事实上是"面临困境"的。

而在吉森，研究生中心面向更大的博士生群体，其根本目标是为吉森大学人文学科的所有博士生提供支持，使他们顺利完成学业，获得更好的学术训练和职业准备。而不同博士生群体的资助方式各有不同，政策意义上的"三年培养期限"难以全面实现，也不是研究生中心主要关注的问题：

> "我们没有特别关注哪一个（博士生）群体，我们同样给那些从外部机构获得奖学金或者自费的博士生一样的支持。对于那些在读博士之外还有别的工作的博士生而言，我们可以延长一年他们的成员身份。因为我们当然知道，要是一个人每周有几个小时为教席工作，最终不能像那些三年里拿奖学金的人一样都集中在他们的博

士论文上。因此，我们允许这样的博士将他们的成员期延长一年，对有孩子的学生也一样。"

——吉森文化研究国际研究生中心负责人

实际上，吉森文化研究国际研究生中心尝试在一个共同框架内以不同的资助方式——奖学金、学术助理、研究中心的服务性岗位等——包纳尽可能多的博士生，在整合资助的同时也创造和维护研究生中心作为一个博士生共同体的氛围。在根本上，这种方式被认为能够提高博士学业的效率。而整合不同资助方式的一个重要前提，是研究生中心获得更多教席教授的支持，因为学术助理的岗位都是由教授提供的。

概括来说，奖学金资助还是目前文学-文化研究领域的结构化博士生培养项目最主要的资助方式。在这一领域，第三方资金科研项目较少，也没有高度协同性的合作科研模式，通常的科研合作与结构化培养项目的学术主题都是围绕特定的知识"接触点"展开的，即使是"合作"，但是个体的研究依然有离散型的特征，研究话语也是阐释性、对话性和异质性的。而博士论文的研究相对需要较多的个体工作的空间和时间保证，因而像生命科学那样以研究助理的身份同时在结构化项目中攻读博士学位是难以实现的。吉森大学的案例事实上是在一个相对整合程度较高的平台基础上尝试多种资助方式的结合，但这种模式在学术主题更加聚焦的小规模的培养项目中尚难以实现。

四、质量评价

与卓越倡议的其他研究生院相似，吉森和柏林的这两家研究生院也以年度报告作为中期考核的基本程序。而柏林性别研究训练小组则自行设置了一个中间考核的环节——要求博士生在学业进行两年之后提交一份与博士论文相关的一百页以上的研究报告，并且由两位指导老师对报告进行评价作为申请第三年奖学金的前提条件。这一规定在受访的研究训练小组负责人和毕业博士看来，都是一个重要的控制和督促，对鼓励博士生加快论文研究和写作，合理分配时间有重要意义。

除此之外，在培养过程中，这一领域的结构化项目都没有其他的考核性程序，学术发表对于博士生而言也不是一项直接或间接的要求，甚至教授们并不支持博士生在学业期间过多地在学术发表上投注精力：

　　　　"如果有额外的文章发表的话当然也不错。但是我们经常提醒他们（博士生），不能在额外的事情上花费太多精力，不然不能很好地把论文进行下去……尽管我其实是支持他们参加一些报告的邀请，发表一些文章，但是这花费了他们原本该花在论文上的时间。"

　　　　　　　　　　　　　　　　　　——柏林性别研究训练小组负责人

　　　　"我的教授主张我不要发表太多的文章，保持保守的态度，所以我发表的东西不是很多，只有一些很短的文章。我也一直试着不要让这些来打扰我，把精力集中在博士论文上……有的人发表文章，想作为他们论文的一部分，已经发表了 5 篇文章，但结果主题相互雷同。这对他来说益处不大。"

　　　　　　　　　　　　　　　　　　　　——柏林文学研究生院博士生

　　对于这一领域而言，学术期刊的发表似乎与博士论文有相冲突的地方，并不能像经济学和生命科学领域那样，直接作为博士论文的一个部分。但是这也与政策方针特别是一些刚性的考核评价有些矛盾：

　　　　"之前一直没有关于（学术发表）的明确的说法，但是不久前要求我们上报文章发表情况，因为研究生院面临评估，要看看学生们的成绩，决定研究生院是否能继续得到资助。"

　　　　　　　　　　　　　　　　　　　　——柏林文学研究生院博士生

　　可以看到，人文学科的博士考核并不依赖日常发表或者国际层面的同行评议，量化考核也不多见。尽管本案例三个研究生院的研究主题都涉及国际化的议题，但同行评议的实施还是在小范围的"地方情境"中实施的。结构化项目博士论文的最终评价和学位授予依然是按照传统的学科划分在相应的院系依据博士考试章程的规定进行。以柏林文学研究生院为例，尽管博士生们在一个跨学科的情境中基于相似的理论视角或方法论进行学术研讨，但是最后毕业授予学位时需要按照各自专业方向的不同回归到不同院系接受评定。

第三节　文学-文化研究博士生培养结构化改革的动因与路径

一、知识生产的新趋势：组织化的跨学科交往空间的构建

　　在文学-文化研究领域，对博士生培养进行结构化改革的动力来自不同方

面。在根本上，知识发展和科研模式的变化是重要因素——尽管三个案例项目所代表的具体研究领域有所不同，但过去若干年中，这些领域的知识组织和科研方式都发生了一些相似的变化，体现为跨学科话语下知识对话、学术交往与科研合作的深入，进而为结构化的科研训练模式奠定了基础。

柏林自由大学文学研究生院是在卓越倡议的申请过程中建立的，政策的刺激是一个直接的因素。但是，这一研究生院的研究取向却与自由大学过去几十年中学术发展的传统、特别是 2000 年以来在跨学科合作研究方面的发展密切相关。2001 年，自由大学对学校的科研布局进行了重大调整，建立了 11 个跨学科的研究中心。仅在在人文学科领域，学术人员依托"历史人类学"、"中东社会和文化史"、"欧洲语言"、"中世-文艺复兴-近代早期"、"审美体验与艺术界限的消融"等多个跨学科研究中心中进行合作研究。参与文学研究生院的核心教授们都曾在不同的跨学科合作研究中心和项目中有过合作基础。

文学研究生院的建立将这种跨学科科研合作的传统延伸到博士生科研训练的过程之中，在比较文学研究的层面上，将来自不同领域并且分属不同院系、教席的研究者组织起来，在跨学科的研究基础中再加入跨学科的培养活动，进一步强化大学已有的跨学科合作研究特色：

> "我们这儿的理念是这样：一方面博士生仍像以前一样，在一个专业系所里做博士，但是同时，把眼光也扩展到其他学科、其他国家的文学、或者其他的文体类型这些具有可比性的成分上……不同的学科相互联接，把眼界视野放宽，而不耽误专业性的培养和他们自己的博士学业……在身份认同上，他们既是德语文学家、罗曼语文学家、英语文学家，同时又是世界文学研究者。"

——柏林文学研究生院负责人

然而，文学研究生院的知识交叉和跨学科又有其特殊性，在解释博士生各自研究方向之间的联系和差异时，负责人说：

> "如果观察所有这 42 个博士生，可以看到很明显的多样性。但另一方面，更深入地看他们的研究课题，也可以看到不同的课题或论文可以在特定主题下进行归类……看到这些接触点在哪儿，这是很有趣的。比如说，有一个很有趣的例子是，一个博士生在研究母语是阿拉伯语的作家用德语进行的文学创作，尽管正式来说是这是一个当代德语文学的主题，但是同时也是有关特色的语言变化和文

化传播理论的课题。这样的例子也可以在其他课题里找到……比如有一个新来的博士生，正在做一个德国和日本浪漫主义的研究……不能只看专业，而应该看他们的接触点，这样的例子有很多。"

在知识结构上，人文学科缺乏自然科学典型的严密结构，组织松散，学科的边界模糊，可以相互渗透，其知识呈现出联合性的结构（contextual association），而区别于自然科学的规则性结构（contextual imperative）[9]。所以人文学科领域的跨学科研究不是基于规范方法、确定原理准则或者标准程序的分工合作，而更像是基于主题、兴趣的对话或者在比较与互涉意义上的反思和阐发。在这所比较文学研究生院中，知识的交叉是在特定主题或情境下进行定义的，是不同研究者在某些"接触点"上的碰撞融汇，基于这些接触点，德语文学研究者可以与阿拉伯语、日语文学研究者进行对话，提供视角、对比、阐释与反思。

而性别研究本身就是过去二三十年中兴起的一个跨学科研究领域，洪堡大学性别研究训练小组的建立同样基于洪堡大学自 1980 年以来在女性研究、性别研究领域积累的跨学科合作经验，特别是 1989 年建立的跨学科性别研中心对于这一领域研究的推动。在研究训练小组的负责人看来，性别研究正在经历范式的转变，从最初由不同学科背景的研究者（如文学、社会学、神学等）从各自学科视野出发对于性别主题进行研究到越来越多地进行深入比较、反思和方法论的互涉，形成性别研究独有的问题意识和研究方法。而这个性别研究训练小组本身的研究主题——"作为知识范畴的性别"也正是在知识上做这样的一种推进，即，从性别研究的立场出发，探讨有关性别的知识话语是如何进入学术话语系统，进而形成一个独特知识领域的。这种深度的知识交叉和融合甚至影响到了博士生的学科认同：

"以前，我们的博士生会（根据各自的学科背景）说他是在读社会学博士或者攻读文学博士，现在，很多人都认为他们实际上就是在读性别研究的博士。"

——柏林性别研究训练小组负责人

吉森的情况与前两个项目有所不同。这所 1957 年复建的大学没有德国很多传统大学既有组织格局的束缚，其学术组织模式与大学组织架构具有相当

---

9 [英]托尼·比彻，保罗·特罗勒尔. 学术部落及其领地：知识探索与学科文化. 唐跃勤 蒲茂华 陈洪捷译，北京：北京大学出版社，2008: 136-137.

的创新性意义。在人文学科，吉森大学尝试以广义的文化学概念整合所有的人文学科以及社会学、政治学和教育学，将这些学科纳入三个专业领域——"社会和文化学"、"历史和文化学"以及"语言、文学和文化"。而文化学研究生中心的建立从一开始就是面向这三个专业领域所有博士生的。同时，研究生中心也为包括博士生、教授在内的所有学术人员提供了一个进行跨学科合作科研的平台，在研究生中心的框架内以"研究部"（Sektion）、"研究领域"（Research Area）和"工作小组"（Arbeitsgruppe）的方式进行科研合作。由于涉及的领域广泛，本研究并没有深入探讨研究生中心教授与博士生们具体的科研方式，但仅仅从组织形式上已经可以看到，吉森大学在很大程度上突破了传统教席模式和学院结构对于跨领域学术合作的局限，打通了平台。同样，尽管研究生中心为博士生提供的培养项目和资助方式相比于其他卓越倡议研究生院来说并没有很高的结构化程度，但是却以更加开放的方式将领域内所有的博士生都包纳了进来。

所以在文学-文化研究领域，组织化的跨学科科研合作是推动博士生培养结构化改革的一个重要动因。这里需要特别强调"组织化"的含义。事实上，由于人文学科知识结构的特征，人文学科之间在学科边界上的渗透与互涉是非常普遍的。美国学者克莱恩（J.T. Klein）以文学研究为例梳理了这一领域19世纪末以来跨学科发展的脉络，指出，在19世纪后期文学的"学科化"完成并且在研究型大学中建立系科之后，传统上综合性的人文主义宣言与新的专业主义的学科宣言之间的张力就一直存在，跨学科以不同范式、理论和视角在人文领域大行其道，比如在文学批评中对社会学分析方法的广泛应用，文本分析中对于心理分析和符号学视角的借鉴，等等。[10]但是，现代研究型大学基本组织结构在根本上是依据学科专业化的逻辑建立的，美国模式的系科制与德国模式的教席制都是如此。在广泛的跨学科的组织形式——专门项目、研究中心等建立之前，在以个体研究为主要研究方式的人文学科，跨学科的科研主要是在学科制度和系科-教席结构的框架内基于研究者个人的兴趣进行的。本研究文学-文化研究领域三个案例所体现出的跨学科趋势实际上是过去二三十年才兴起的组织化的跨学科合作模式。只有在这种合作模式建立之后，结构化的博士生培养模式才有了实现的平台。

10　Julie T. Klein. Crossing Boundaries-Knowledge, Disciplinarities and Interdisciplinarities. Charlottesville and London: University Press of Virginia,1996:133-153.

如前文所述，与生命科学和经济学相比，由于人文学科知识的"联合性结构"特征，文学-文化研究领域的跨学科研究在知识内容上有更多不确定性，知识不是聚合的，而是离散的。因而，跨学科的科研和人才培养的组织形式创造的并不是一个像生命科学那样进行协同工作的实验室，也不是经济学那样进行密集的同质性辩论的讲坛，而更像是提供了一个交往的空间，供不同知识背景的研究者在主题的交叉点上进行对话。这种空间也就是一种特定的、灵活的情境，情境的确定也是描述性而非规定性的，比如吉森的文化研究国际研究生中心为博士生划定的"记忆文化"、"文化与叙事"、"文化与表征"等八个研究领域，以及柏林性别研究训练小组博士生自发组织的"交互性/依存/后殖民主义"、"视觉文化"等几个工作小组的主题都体现了这样的问题情境。由于缺乏规范的知识判定，这种交往空间和问题情境也缺乏相应的稳定性，是灵活异变的。有一个有趣的例子是，在柏林自由大学的文学研究生院建立两年之后，研究生院的院长更迭，因而"研究生院的整体研究取向发生了明显的转变，开始更偏重于欧洲之外的语言文学"（研究生院博士生）。可以看到，尽管在理论和方法上有基本的框架和取向，研究问题的空间还是非常大的，研究的重点和特色容易发生转向。

概括而言，本研究认为，在过去二三十年中人文学科领域跨学科研究趋势的增强、新的交叉学科领域的出现以及跨学科研究在德国大学得以组织化是推动这一领域博士研究生培养结构化改革的重要动因。跨学科研究的兴起要求拓展博士研究生的学术视野，只有打破原有的教席结构的局限，在组织化的合作框架之内才能实现这种拓展，为博士生提供更广阔的学术支持和进行跨学科学术对话的空间。

二、效率与组织支持的需求

跨学科趋势是文学-文化研究领域博士生培养结构化改革在的内在动力，而结构化培养模式对于效率的强调及其对博士生提供的组织支持对于这一领域而言则是结构化改革的直接动因。

人文学科的知识特征决定了博士生的论文研究主要依赖个体的、独立的工作。学术人员彼此之间相互独立，对于外部科研资金的依赖也不突出。在传统的师徒制模式下，这种孤独的科研状态往往被进一步放大，导致学业的拖延。而结构化模式提供一种组织支持被认为能够有效地避免孤独带来的负面效应：

"很多人在做博士的人容易陷入"隔绝"的状态，日复一日，其他的朋友工作的工作，有的抚养孩子，有时感觉非常孤独，但是我没有这样，通过研究生院还可以接触更多的人……是有网络联系，各种令人启迪的建议，还有高度的重视。有的研究者群发邮件说想要读我们的文章，了解我们的课题，和我们讨论。然后我们有一个课程，可以做报告，介绍我们的课题。坐在底下的也有 10 来个博士生，除此还有 6 到 8 个教授！每个人都有自己的观点、批评、激发学生的地方。再奢侈不过了……"

——柏林文学研究生院博士生

柏林性别研究训练小组的负责人也指出，在研究训练小组中看到了"更好的工作状态"：

"学生会在博士论文的写作中遭遇低谷，会遇到一些瓶颈，会有'我永远也不能把这些材料组织起来'的感觉。和别人在一起有助于服这些瓶颈。在个体指导关系中，不能够这么好地把别人作为榜样……一个团队能提供很大的帮助。即使做的课题完全不一样，这种心理上的帮助是非常大的……结构化也有助于更好地规划时间。"

——柏林性别研究训练小组负责人

在吉森，最早的人文研究生中心的建立就是直接源于博士生对于一种组织支持的呼吁。2000 年前后，吉森人文学科领域举办过一系列的工作坊，对博士学业的一些问题进行了讨论：

"那时有一系列工作坊，由一些到这儿来读文化学博士的博士生们发起的，他们讨论，他们自己需要些什么，怎样可以更快的、更有效率地、目标明确当然也是基于学术兴趣来读完博士学位。工作坊的成果就是我们这个中心的设立。"

——吉森文化学国际研究生中心负责人

尽管最初的倡议来自博士生，但是却受到了多位教授和学校的支持，中心也因而得以成立。而后，研究生中心提出"有系统地读博士"（Promovieren mit System）作为核心的目标和原则。

所以说，在文学-文化研究领域，由于研究本身的个体化特征，在传统培养模式中，相比于其他社会科学和自然科学领域，博士生面临更大的孤立和闭塞的风险。因而对于一种组织支持和团队氛围有切实的需求，从培养者的角度而言，组织支持和制度约束能够带来效率的提高，这成为建立结构化培养模式的重要动因和目标。而这种需求背后，也能够看到当代科研活动对效率、质量的强调，对人文学科的工作模式形成的挑战。

三、变革的路径：政策驱动下的差异化发展

在人文领域，第三方资金科研项目相对较少，学术人员对于结构化的培养模式的必要性也没有像经济学科那样形成广泛的共识，因而结构化改革相对于经济学和生命科学而言缺乏强大的自下而上的动力和充足的资金支持，专项政策的推动是促成人文领域结构化改革的直接因素。在本研究涉及的案例中，柏林的两个项目都是在相关的专项资助政策——卓越倡议和德国科研基金会研究训练小组项目支持下建立的。

吉森大学的情况相对比较特殊，2000 年人文研究生中心的建立是一个由部分博士生和教授主导的"自下而上的创议"，这个中心从一开始就定位于对吉森大学人文学科三个专业领域的所有博士研究生进行支持。但是，在没有外部资助的情况下，中心最初仅能为博士生提供引导性的、组织性的和职业发展上的服务，比如开设以"如何顺利完成博士学业"、职业规划等为主题的工作坊，为学生提供职业发展方面的规划。2002 年，这个研究生中心申请获得了德意志学术交流中心的国际博士项目经费支持，才在小范围内建立了正式的博士生培养项目并完善了组织结构，通过专业部的划分为博士生建立扩展学术联系、建立同伴网络并进行学术交流的平台，随后又通过多个资助项目特别是卓越倡议进行了扩展。所以说，在吉森大学，人文领域博士生和教授们自下而上的创议与政策项目的结合是推进博士生培养结构化改革的途径。

也由于知识结构的特殊性，在文学-文化研究所代表的人文学科领域，博士生培养的结构化改革的过程并没有形成经济学和生命科学那样具有同质性的发展路径，而是一种差异化的改革。

首先，现有的结构化培养模式主要是在那些具有国际化特色的、与本土历史和文化情境关系相对疏远的知识领域建立的。例如，柏林自由大学文学研究生院定位于超越语言、国别的"世界文学"的研究和"世界文学研究者"的培养；吉森大学在申请卓越倡议项目之际在原有的人文研究生中心框架内

建立了文化研究国际研究生中心，突出了国际性的定位，而其科研特色——文化研究本身就贯彻了一种跨媒介、跨文化的比较视野；而柏林洪堡大学性别研究训练小组也正在计划在未来强化项目的国际性，因为"性别研究是一个国际化的、比较性的主题，要从一个国际化的层面来进行研究，别的课题或许没有这么明显的国际化特征。"（性别研究训练小组负责人）不仅是本研究所涉及的案例，在卓越倡议资助的研究生院中，有 7 所属于或涉及人文学科，其研究领域分别是文化学、北美学、非洲学、穆斯林文化与社会、景观与人类发展、世界文学、历史与社会学（详见第四章表 5）。这些领域一方面有典型的跨学科特征，另一方面也大多在一定程度上显示出去本土化的取向。

对于这样一种特点可以做多种解读，一方面，政策的引导是一个重要因素，国际化在卓越倡议的项目计划中被作为一个明确的政策目标，因而可能首先围绕国际化的研究主题建立研究生院。另一方面，在全球化的大背景下，人文学科尽管不像经济学和生命科学那样具有典型的全球化特征，但是也以其独特的反思性功能对全球化下变化的社会格局、知识格局做出反馈，其研究主题也越来越具有"国际视野"。比如狭义的文化研究（Culture Studies）就是 20 世纪后半叶以来基于批判理论和文学批评发展起来的一个研究领域，关注意识形态、性别研究、大众传媒、民族和种族、日常文化等后现代语境中的问题，超出了传统的人文学科基于特定文化脉络进行的本土化研究。比较文学研究的兴起也有类似的特定。这些知识区域相对开放，与国际学术同行的对话相对密集，对于合作式的科研模式和人才培养模式更容易接受。同时，作为新兴的研究主题，这些领域在德国传统大学模式中并没有深厚的组织根基，比如性别研究在德国的开展，一开始就是跨专业、跨教席进行的。与此相对的是，除了吉森大学、波鸿大学等少数"新型大学"之外，在德国大多数大学中目前还看不传统的人文院系对于结构化博士生培养模式的全盘整合和接纳，这与经济学、生命科学都有所不同，也显现出博士生培养的结构化改革在人文领域的差异化发展。

与经济学、生命科学不同的另外一点是，人文学科博士生培养的结构化改革实践还处在尝试和摸索阶段，特别是对于政策引导下建立的制度框架以及培养内容，实践中显现出不少矛盾，制度设计、改革目标与学科领域内在的研究风格、知识特征之间存在张力。如上一节所述，对于基于跨学科取向建立起来的博士生培养项目而言，如何安排知识传授的内容和程度在人文领域是一个突出的问题，因而对于研究生院所开设的课程，教授、学生并非都给予了积极的反馈和支持。对人文学科而言，个体化的研究依然是最重要的工作模式，结构化模式下的制度性约束与个人研究所需的空间之间始终存在矛盾：

> "我一方面要做自己的题目，另一方面还要为课程做准备……我们还时不时的有晚上的报告、客座讲座，这些我们也都被认为应该去参加。同时我们还为自己的研究到处去开会，作报告，这是我自己想做的事情……我的指导教授不属于研究生院的核心成员，他自己也有一套课程安排，我也经常去听课……我经常会有过度工作的情况。在柏林一直有有趣的会议，有的会议和我的题目联系很近，而当我的课程同我的课题关系不那么紧密的时候，我当然会设法去参加会议……总是有点矛盾的。

> ……加上潜在的压力，就是'你必须去这里，做什么'心理上的压力……我们是第一批学生，对我们的期望很高，虽然我们都不差，但是有的时候我们也听到对我们的失望的声音，有点……有的人很个人主义……我们有的时候收到提醒说我们应该去参加什么什么课程，但是我们也知道，如果我们每门课都去，那么我们就没有时间做自己的工作了。我从一开始就担心时间不够，因为三年时间本来就短，以前做博士论文的时间长的多……我们刚开始有一个专门的办公室，但是效果并不好，对我来说。精力经常被喝咖啡占据，然后会有各种各样的小会议商讨各种问题。这让我反而压力很大。"

> ——柏林文学研究生院博士生

事实上，对于研究生院的培养模式，参与研究生院的教授之中也存在批评的声音：

> "她（导师）对于研究生院持批判性态度，当她看到研究生院所带来的压力……太多其他的……她坚信做博士应持有个人的独立性，她觉得，应该静下心来深入研究。她一直暗示说，我不应该去（上课），应该做自己觉得正确的事情。"

> ——柏林文学研究生院博士生

柏林性别研究训练小组的负责人也认为，博士生需要有充足的时间专注于博士论文的研究，而不应当被"额外"的任务分散精力。

可以看到，在这一领域，结构化的改革实践中存在矛盾和张力，主要问题在于如何使结构化的培养模式符合领域知识特征和科研需求，或者说在结构化培养模式制度化的约束框架与人文学科自由的、个体化的研究方式之间实现平衡。而在政策主导的结构化改革进程中，统一的改革模式和刚性的评价标准可能掩盖了人文学科知识的异质性特征，这是值得反思的问题。

吉森大学的案例似乎能够提供一些启示。由于吉森人文研究生中心最初的建立是基于来自博士生的自下而上的创议，在建立知识性的培养项目之前，就已经确立了一种基于学生立场的系统支持理念和一个包容性的框架。在后来逐步结构化的过程中，由于涉及的领域广泛，知识性的培养项目和培养内容的设置也相对灵活，为博士生提供了选择的空间和自主权。核心课程也不是专业知识性的传授，而是针对博士论文研究的引导和讨论性的研讨。甚至在研究生中心自身的组织管理中也吸纳了博士生进来，形成了一种博士生参与管理的组织文化。这种结构化模式强调的是一种组织支持和合作氛围的创造，而没有对培养内容做过于制度化的规定。

本章小结

在德国博士研究生培养模式的结构化改革过程中，人文学科项目在所有结构化项目中所占的比重较小，并不是结构化改革的"代表性"领域。但人文学科改革实践中所体现出的特殊性和异质性对于更好地认识和理解博士生培养模式改革具有重要意义。人文学科的知识具有抽象性、主观性和地方化的特征，缺乏严密的结构，对知识的判定没有确定的标准。[11]在学术交往的方式上具有典型的"田园剧"的特征，即使是在统一的理论框架或分析方法之下，研究者的研究主题之间往往也存在很大的距离。这种知识特征和科研方式与结构化改革所倡导的规制性的、标准化、组织化以及合作性的科研训练模式之间存在一定的矛盾和张力，所以德国人文领域博士生培养的结构化改革没有像经济学和生命科学领域那样显现出统一的改革共识、标准模式和改革路径，而是呈现出异质性的特征和差异化的改革过程。

首先，在本研究所选取的文学-文化研究领域，科研组织方式在过去二三十年中经历了显著的变化，体现为跨学科的科研方式兴起，并以科研项目、

---

11 [英]托尼·比彻，保罗·特罗勒尔. 学术部落及其领地：知识探索与学科文化. 唐跃勤 蒲茂华 陈洪捷译，北京：北京大学出版社，2008: 112-118.

研究中心的形式在德国大学中被组织化。在这种组织化的跨学科合作基础之上，结构化的科研训练模式建立起来。但这种结构化在人文学科内部并不是平衡发展的，而是首先发生在那些新兴的、与本土情境联系松散、与国际化的学术取向和学术语言对接的领域，如区域研究、比较文学、性别研究、文化研究等等。现有的结构化项目和研究生院大多也没有与大学的院系结构实现组织上的整合。

其次，在基于跨学科主题建立的结构化培养项目和研究生院中，科研和学术交流没有同质性的模式，而是提供了一个交往的空间，供不同知识背景的研究者在主题的交叉点上进行对话。研究问题和研究情境的确定是描述性而非规定性的，是灵活异变而非稳定的。而在结构化培养模式的具体实践中，制度设计与实践效果之间存在张力，对于科研训练的知识性内容难以达成共识，制度约束与个人研究所需的空间之间也有矛盾和冲突。

最后，人文领域不同项目、不同机构之间，结构化博士生培养模式的具体建立方式也存在差别，政策性外部资助项目是重要的驱动，但学术人员也肯定了为人文学科博士生提供组织性支持的重要性。总体而言，这一领域博士生培养的结构化改革，还在探索和尝试之中。

第八章 结 论

第一节 知识生产模式转型中的德国博士生教育改革：
动因与目标

通过对政策文本、发展脉络和学科案例的研究分析可以看到，德国博士研究生培养模式的改革是一个正在进行中的复杂过程，其影响因素、参与主体都是多方面的，发生的变革也是多层面的。基于博士生教育的本质特征——一个科研训练的过程和科研知识生产的一个环节，从知识生产模式转型的视角，可以对德国博士生培养模式改革的根本动因、目标以及新培养模式的核心特征进行归纳和分析，并有助于揭示世界范围内，科研人才培养的发展趋势和博士生教育改革的本质。

一、博士生教育改革的动因

现代意义上的博士生教育是在 19 世纪科研成为大学的核心任务以及现代学科体系的建立过程中逐步确立的，遵循"为科学而科学"的原则，以学科为单位，以基于学科结构的教席或系科制度为组织框架对博士生进行科研训练，其目标是为本学科培养合格的研究人员，培养活动及科研评价遵循学科共同体的同行评议制度，这是一种基于默顿范式的传统知识生产模式下的科研训练和人才培养模式。在德国，这种培养模式体现为以教席制为组织基础、基于个体研究和非正式指导的师徒制模式。过去三四十年中，知识生产模式的转型逐渐改变了作为传统博士生培养模式基础的知识格局、科研组织方式和评价管理方式。在德国，这种变化是随着整个高等教育体系的巨大变迁发生的，改变了传统博士生培养模式的组织基础，从根本上影响了博士生培养的理念和目标，因而出现了博士生培养的结构化改革。具体而言，本研究对德国博士生教育改革的动因有如下归纳：

1. 知识生产的全球化

1977 年，波恩大学经济系加入"欧洲定量经济学博士项目"，开始选派博士生到伦敦经济学院参加那里的经济学课程。1984 年，科隆大学物理化学领域的教授"基于在美国学习工作的经验"主持建立了"分子生物学"研究训练小组。1986 年，科学审议会在其政策建议中比较了德国和美国的博士生培养模式，指出"对于博士研究生的系统的指导"对美国大学的科研成就至关重要，德国应当通过建立研究训练小组等方式"加速追赶科研上的差距"。[1]把这些线索连接起来可以看到，德国博士生培养模式改革的启动与国际比较和竞争的因素密切相关，显现了知识生产全球化对于科研训练的重大影响。

知识生产的全球化对于博士生教育的影响首先在于，**科研人才培养被纳入日益加剧的全球科研竞争的背景之中**。在知识生产的全球化趋势中，科研竞争和人才流动在更广阔的范围内日益激烈，传统上去中心化的德国学术系统格局为系统内部大学与大学之间、以及相同领域的学术人员之间的平等竞争提供了条件，但是却难以增强作为整体的德国大学在世界科研和高等教育中的竞争力。科研竞争的参照系在过去三十年中越来越转向世界，并特别强调在世界范围内吸引优秀的科研人才，这是推进德国博士生培养模式改革的重要动因。在德国有关博士生教育改革的讨论中，可以清晰地看到德国所面临的国际竞争的压力，对于博士生培养中存在的问题的分析基于国际比较的语境，美国的研究生院制度成为改革的重要参考。

同时，知识生产的全球化使科研和科研人才培养向"国际参考模式"靠拢，显现出制度的趋同。在德国相关的政策讨论中，博士生教育被认为应当建立"国际上可比较"的培养模式，使德国博士生培养的组织形式和培养模式在更广的范围内得到辨识和认可，并通过改革入学方式在世界范围内吸引优秀生源。德国博士生教育的结构化改革与德国高等教育的其他改革，如博洛尼亚进程的内在逻辑具有一致性，通过强化博士生培养作为高等教育一个

1　Wissenschaftsrat: Empfehlungen zur Struktur des Studiums, Köln, 1986: 44.

学业层次的意义并建立研究生院的组织形式，使德国博士生教育实现与国际参考模式的接轨。

在特定的学科和知识领域，知识生产活动越来越显现出全球性的同质化、标准化，从而在学术共同体内部内生出强大的改革动力。在经济学和自然科学的案例中，知识生产和科研模式在过去二三十年中的国际化程度大大提高，英语成为科研和科研训练的正式语言。在经济学领域，科学研究依赖的核心知识和方法是规范性的，而日益紧密的全球经济联系使得经济学的议题在世界范围内显现出高度的同质性，因而学术人员积极推动了博士生培养模式的改革，并且与国际参考模式高度一致。在自然科学领域，研究训练的人员组织和科研模式都是高度国际化的，在全球范围内形成了通畅而高效的科研合作网络和同质性的科研文化，因而学术人员也积极地推动了博士生培养模式的改革，并且，研究生院在这一领域有很大范围的影响力。全球化对于人文学科的影响是间接的、不平衡的。过去二三十年中，德国人文学科新兴的知识领域如区域研究、性别研究、文化学等与全球化进程中显现的文化现象相互联系，甚至参与到全球化话语的建构之中，特别是区域研究、文化学等领域。相对于人文学科的传统领域，这些新兴领域有着更畅通的国际学术联系和广阔的学术网络。正是在这些领域，博士生的科研训练模式首先发生了变化。

2. 知识生产的情境化

情境化是当代知识生产模式转型的一个根本性的特征。其主要含义是，知识生产活动不再严格遵循现代学科体系的基本结构和自我指涉的普遍性原则，而是在"情境"中进行重新的定义。科学研究逐渐背离"知识以自身为目的"的逻辑，而更多地基于"问题的解决"（Problem-solving）进行研究主题的设定。知识的组织结构发生变化，跨学科越来越成为科研的常态和有意为之的研究范式，传统的学科和知识类别在问题主导的情境中进行不同形式的重组。在组织上，这种情境化则体现为在传统的系科结构之外，项目、计划、研究中心等即时性的、灵活的组织形式的建立并越来越成为科研的主要平台。在认识论的层面，情境化体现为知识的判定越来越涉及复杂的政治、经济和社会因素。

知识生产的情境化深刻影响了科研训练模式的变化。**首先，跨学科成为博士研究生培养的重要知识取向**。随着跨学科科研合作的广泛开展，传统上基于学科结构进行科研训练的模式已经无法满足跨学科科研的需求，特别是德国以教席为基本结构的师徒制培养模式使博士生面临过度专业化、研究视野过于狭隘的风险。因而在过去三十年德国博士生培养模式改革的过程中，跨学科始终被作为改革的一项核心诉求，多数结构化的博士生培养项目也都是基于跨学科的科研合作建立起来的。新的培养模式要求博士研究生在跨学科的情境中进行科研实践，在科研合作的氛围中拓宽研究视野，从不同学科和不同学术人员那里汲取理论、方法和知识，这种"跨学科能力"被认为是当下知识生产的合格参与者所需具备的素养。在最近的改革特别是卓越倡议中，跨学科成为衡量大学科研和研究训练水准的重要标准。

其次，知识生产的情境化改变了科研训练的组织模式，"以项目带培养"成为普遍的博士生培养方式。在德国，过去三四十年中第三方科研资金持续增加并在上世纪 80 年代超过了大学预算科研经费成为科研投入的主要部分。与此相关的是，由科研项目提供的项目学术助理岗位大大增加，逐渐超过了教席配给的学术助理岗位，成为博士生特别是自然科学和工程科学领域博士生攻读学位的重要资助方式。而 80 年代开始出现的研究训练小组，也是按照第三方科研资助的方式建立的一种以项目带培养的博士训练模式；还有很多结构化的博士项目是在大型的研究项目、研究中心的框架内建立的。这种科研训练的组织形式不是稳定不变的，而是项目化、阶段化的，随着研究课题的改变而进行调整。而在知识取向上，科研项目的问题导向和问题解决模式直接影响到博士生的科研训练内容。在案例研究中清楚地看到，在生命科学领域，博士研究生是在研究团队中与其他学术人员一起围绕特定的研究问题进行科研；在人文学科，博士生培养项目对于博士论文的选题都有明确的限定，博士生的研究应该在主题、方法或理论上与整个培养项目的主题关联。而作为未来继续从事这种科研工作的准备，很多结构化博士生培养项目在培养内容中加入了诸如项目管理、课题申请、团队协作等能力的专门训练。

最后，知识生产的情境化也逐渐改变了大学的组织结构，在传统的系科结构之外，跨学科、跨机构的研究机构兴起，从根本上改变了师徒制结构的组织基础，使结构化的培养模式成为改革的方向。

3. 知识生产的社会化

知识生产的社会化首先是指知识生产在社会中的广泛弥散。在大学和专门研究机构之外，政府、企业等其他机构和部门也参与到知识生产活动中来，而受过科研训练具有知识生产能力的人员也不再仅仅在学术机构内部流动，而是广泛分布在社会各个领域。在认识论意义上，知识生产的社会化是科学研究"自反性"（Reflexivity）的提升，知识生产者对于自身科研活动所产生的广泛的牵连更加敏感，对于研究伦理和研究的复杂性后果的反思成为科研本身的一部分，对于科学研究的社会问责建立起来。

知识社会化对于科研训练和博士生培养的影响是多方面的。首先，由于社会各个部门对于具有科学素养和研究能力的人才的需求增长，以及越来越多的博士毕业生在社会各个领域的广泛就业，**通过有针对性的进行职业准备的训练，使博士生获得在更广阔的社会领域就业的能力，成为当下博士生教育改革的一项重要内容**。在德国，传统培养模式强调对于博士生专业化的学术研究能力的训练和博士生在学业过程中的科研贡献，但不关注博士生的就业问题。随着越来越多的博士生在毕业后离开学术研究机构而在社会其他部门求职就业，培养与就业之间存在的不匹配问题日渐突出，成为传统模式受到批评的一个重要方面。而在博士生教育改革的过程中，新的结构化培养模式中加入了对于博士生职业准备的训练，强调培养博士生"可迁移的能力"和"软技能"。在本研究涉及的所有案例研究生院中，职业准备性的培训被作为培养内容的必修部分写入培养方案。在卓越倡议的研究生院项目以及过去五六年部分大学建立的学校研究生院中，以职业发展中心、职业咨询办公室等形式建立了专门针对博士生的职业服务性职能。

此外，随着知识生产活动在社会广泛弥散，盈利性研究机构、商业部门、企业、公共组织等参与到博士生培养之中。这些传统上不属于学术研究单位的机构也开始参与研究性的知识生产活动，并成为吸引博士毕业生就业的重要领域。在德国，政府部门、企业、公共组织等通过科研资助特别是委托项目的形式对高校的科研方向和博士研究生的科研实践产生影响。在博士生培养改革中，大学被鼓励与校外研究机构、企业、公共组织等进行广泛的合作，卓越倡议中的研究生院几乎都是基于跨部门、跨机构合作建立起来的。在生命科学的案例中，大学的研究团队在私人研究机构和企业建立实验室和实验平台，企业的研发人员被邀请到研究生院中为博士生授课，介绍企业科研的前沿成果。在经济学领域，企业、金融部门、政策咨询机构参与资助结构化博士项目的建立，提供奖学金并进行研究合作。在文学-文化研究领域，结构化项目也支持博士生在博物馆、出版公司、剧院等文化机构进行工作和研究实践。

最后，科学研究自反性的增强和社会科研问责的强化使得科研训练中增加了反思性的内容，博士生培养被要求顾及多方利益相关者。一个典型的例子是，在德国生命科学领域的研究生院中，"研究伦理"已经成为博士生培养项目中的必修课程。事实上，博士生教育问题在各国受到社会舆论的广泛关注、讨论甚至批评，这一现象本身就显现了知识生产社会化的影响。而在与博士生培养密切相关的研究经费申请、项目设立和评估的过程中，包括博士生在内的研究人员除了要接受同行评议的审查之外，也被要求向资助方阐明研究项目的意义和潜在的影响，促使博士生在内生的学科标准之外，也要学习考量科研的社会影响和研究者的社会责任。

4. 知识生产的市场化

在德国，知识生产的市场化对于高等教育机构科研人才训练的影响并不是直接显现的。在德国的制度传统和法律规定中，大学是由各州建立的公共机构，高等教育是公民平等享受的公共产品，高等教育不收取学费，在科研资助中公共经费也占了绝大部分份额，因而大学在组织运营上的市场化、企业化与其他国家特别是美国相比并不突出。但是市场化作为当代科研面临的共同趋势，对科研模式、科研管理和科研文化都间接产生影响，因而对于德国博士生教育改革也有重要的推动作用。

首先，第三方资助已经成为德国大学科研投入的主要方式，学术人员以准市场方式竞争科研经费，这种科研文化直接推动了同样高度依赖第三方资金的结构化博士生培养项目的建立。在项目化的科研组织模式下，结构化博士生培养项目的建立也受到"竞标-投标"模式的影响，在项目设计、申请、评估的各个环节贯彻竞争性原则，强调项目的宣传和推广，而科研资助方的兴趣、利益和政策导向直接影响到结构化博士生培养项目的设置和运行。所以可以看到，在对外部资助高度依赖的生命科学、工程科学等领域，结构化的博士生培养项目也是最多的。

其次，科学研究与成果应用、生产的联系更加密切，大学与企业的科研合作深化，博士研究生的科研训练越来越多地涉及企业生产的情境和应用导向的研究。传统上，德国现代大学理念强调追求纯粹的科学，反对实用性的研究，因而传统博士生培养注重理论化的和基础性的研究训练。20世纪以来，应用导向的科学研究在德国更多是在大学之外的专门研究机构中进行的。但是过去二三十年中，这种研究取向发生了根本的变化。在计算机、机械、生命科学等领域，大学中的应用性研究迅速发展，并与企业研发部门以及专门研究机构密切合作，博士生的研究课题也直接涉及到成果应用和生产转化。

更重要的是，**市场化趋势下形成的质量观、效率观和"竞标文化"对科研训练产生了深刻的影响。**质量逐渐成为博士生培养评价的核心概念。在德国博士生培养模式改革的案例中，对"质量"的追求一方面体现为对"标准操作程序"和质量保障的强调，而结构化的培养模式相比于传统模式符合"质量观"隐含的标准化、制度化、可监督的要求；另一方面，在学术同行评价以及博士生导师评价之外，来自外部的评价和监督机制逐渐建立起来，校级研究生院的建立、卓越倡议中专门的质量评估机制、以及以科研质量研究所（IFQ）为代表的第三方科研评价机构的建立，都体现了质量主义的影响。而效率低下是德国传统博士生培养模式广受批评的一个重要问题，结构化改革的核心诉求之一，就是提高博士生培养的效率，在限定的时间内通过密集的科研训练保证和提高博士生培养的质量，而培养效率本身也成为质量评价的 个指标。

最后，市场文化影响下形成的新管理主义原则被应用到科研组织和博士生培养的管理方式中。德国传统的博士生培养模式中，对于博士生培养和博士学位授予只是在院系的层面以考试章程的形式进行规定，在实践中则主要依赖博士生的自律和导师的引导和把关，并不存在对于博士生培养的专门管理。而随着结构化项目的建立特别是研究生院这一专门组织形式的建立，针对博士生培养的专业化的管理也逐渐得以确立。研究生院大多以董事会、管理委员会等形式确立核心的运营结构，在主要的学术负责人之外，通常设有专门负责日常组织管理工作的岗位。以专业化的管理对研究生院进行宣传推广，保障科研培养的系统性和制度化，保障质量、提高声誉成为结构化模式区别于传统博士生培养模式的重要特征。

二、博士生教育的目标多元化

在知识生产模式转型的推动下，博士生教育的目标发生了根本性的变化，由相对单一的追求科研卓越、培养学科专家的目标向更加复杂和多元化的目标转变。具体而言，本研究基于对德国案例的研究，将博士生教育目标的多元化分解为"博士生培养目标的多元化"和"博士生教育的多元化诉求"两个方面进行归纳。

1. 博士生培养目标的多元化

简言之，博士生培养目标是基于内部视角、从培养的角度出发对"博士应当具备何种能力"的界定。传统的博士生培养模式是学科中心和科研导向的，以为学术系统培养未来从事科研教学的学科专家为根本目标。而随着知识生产模式的转型，这种单一的培养目标已经无法满足新的知识生产活动的需求，通过对德国博士生教育改革的研究分析可以看到，今天的博士生培养目标是多元化的，要求博士生达到以下几个方面的能力要求：

基于学科领域的基本科研能力：今天博士研究生的训练依然是在学科结构中进行的，培养学科守门人这一基本目标并没有改变。但是在知识不断分化和学术分工不断细化的背景下，无论是博士研究生还是高级研究人员都难以掌握一个学科的全部知识，科研训练事实上是聚焦于一个具体的专业化的研究领域或研究方向进行的。因而博士生培养的基本目标不是培养学科"大家"或"大师"，而在于使博士生掌握本领域的基本的理论知识和研究方法，并具备学科的科学素养和问题视野，具备独立从事本领域专业化的科研工作的基本能力。

跨学科能力：随着知识生产的情境化趋势下跨学科研究的兴起并成为一种重要的科研范式，博士生的科研训练也越来越强调跨学科能力的培养。跨学科能力要求博士生在跨学科科研合作的情境中建立开阔的学术视野，对相关学科的理论和方法有基本的了解。跨学科能力的培养一方面是为了通过在科研中引用和尝试不同学科的理论方法促进科研进步，另一方面则是为了适应不断情境化的科研工作的需求，使研究人员能够根据研究问题流动和组合，在不同背景的研究团队中都能顺利进行科研合作。

可迁移的软技能：针对知识生产的社会化、情境化和博士就业面的不断拓宽，在学术研究能力之外的可迁移的软技能也成为博士生培养的重要目标。在德国博士生培养的结构化改革中，可迁移的软技能训练被作为必要培养内容列入结构化博士项目和研究生院的培养方案，包括研究成果展示、专业外语、团队协作能力、项目申请与科研管理，有的研究生院甚至还设置了诸如危机管理、嗓音训练等技能培养课程。这些软技能不仅是博士毕业生在社会其他部门广泛就业所需的能力，也是团队化、情境化、市场化的科研工作要求的必备素养。

2. 博士生教育的多元化诉求

博士生教育的诉求是基于宏观视角和外部视角对"作为学术机构一项任务和功能的博士生教育在系统层面应当实现哪些目标"的描述。传统的博士生培养模式仅仅是从学术共同体的内部立场出发,专注于科研训练的内容和博士生直接参与科研,博士生培养在德国甚至不被认为是一个独立的学业阶段,也就很少从宏观和系统层面讨论博士生教育的目标和诉求。而随着学制改革和培养模式改革的推进,博士生教育作为一个独立学业层次和大学的一项专门任务的意义凸显出来,因而博士生教育也就涉及系统层面的多元化的诉求。

科研卓越:在科学的世界中,卓越本是一个永恒的主题。现代科学体系建立以来,探索未知的世界,推进知识的前沿一直都是学术人员自发的追求。但是在传统意义上,这种追求基于"知识以自身为目"(knowledge for its own sake)的内生逻辑和学科的基本范式,较少涉及外部目标。而今天,在知识生产的全球化、社会化背景中,科学研究的意义被提升到国家战略的高度,科研竞争成为全球化竞争的重要一环。在德国的博士生教育改革中,作为一个核心目标的科研卓越与国家科研实力提升和大学国际声誉的重塑密切相关,被赋予了政策和政治意义,人才招募的范围扩展到全世界,科研竞争也由原本学术系统内部的自由竞争和均质化竞争逐渐向政府和政策引导、通过外部科研资助推动的差异化竞争转变。

提高效率:效率是德国过去三十年博士生教育改革的重要诉求。在传统上一元的学术性目标下,科研卓越与效率似乎是相悖的,科研作坊式的传统训练模式强调在寂寞和自由的原则下进行研究探索,好的研究被认为必定需要更长的时间投入。而今天,在知识生产市场化的影响下,效率本身成为博士生教育改革的一项目标,成为质量的内涵之一。在德国案例中,效率低下是传统博士生培养模式的最大问题之一,修业年限过长、博士毕业生平均年龄偏大是被广泛批评的问题。新的培养模式把合理的博士学业时间规定为三年,学科案例研究中也切实地看到这一目标成为博士项目和博士研究生的压力和督促。尽管有教授认为,三年的时间规定有些过于刚性,博士学业实际需要的时间更长,但是也认可这一规定所具有的"政策意义"[2]。

2　基于经济学科案例中的访谈资料。

责任保障：责任保障是当下博士生教育的一项制度性诉求。在基于默顿范式的传统科研模式中，学术人员的自治自律以及同行评议制度是引导研究训练并保障科研质量的基本方式，在德国传统的师徒制博士生培养模式下，对博士研究生的培养则主要由导师负责把关。而在知识生产模式转型的过程中，科研训练的意义发生了变化，博士生教育成为一个明确的学业层次和大学的特定功能，并牵扯到更加广泛的政策和社会意义，因而出现了对于责任保障的诉求。在德国案例中，博士生教育的相关责任包括大学作为科研训练主体的机构责任和导师作为博士训练的直接指导者的个人责任。通过政策引导、改革项目和评估监督机制，在学校的层面，科研训练被明确地作为学校在教学与科研之外的第三项任务，通过信息系统的建设和学校研究生院组织的建立，大学逐渐建立了对博士研究生提供系统支持的机制。而对于导师指导责任的规定和监督，则主要依赖于结构化培养项目、特别是卓越倡议中的研究生院所规定的指导协议的签署来落实。

职业准备：如前所述，在19世纪确立的现代科学的知识生产模式下，科研训练基于学术逻辑和学科规范，是对学术共同体未来守门人的规训。博士毕业生大多留在高校和学术机构中，学术训练的过程也就是职业准备的过程。而随着知识生产模式的转型，受过科研训练的博士毕业生流向社会各个部门，这不仅仅是因为培养规模扩大后博士毕业生超出了学术机构的容纳能力，也是因为不同社会机构和部门参与到知识生产性的活动中，对于科研型的专业人才的需求增加。而传统培养模式下博士生面临过度专业化的风险，培养与就业之间存在的不匹配的问题受到批评。适当的职业准备因而逐渐成为博士生教育在系统层面的一项重要诉求。德国博士生培养的结构化改革将职业准备确立为博士生教育的一项重要功能和结构化项目评价考核的重要方面。

第二节　德国博士生培养模式改革的路径特征

通过宏观和微观两个层面上的研究分析，本研究对德国博士研究生培养在过去三十年中经历的改革进行如下归纳：

德国博士研究生培养的传统模式是在19世纪确立的现代科学体系和现代大学模式的基础上形成的。这种培养模式服务于为科学而科学的根本理念，遵循自由研究的原则，没有专门和系统的组织，博士学业也并不是一个明确的学业过程。博士生沿袭19世纪确立的科学学徒传统，以学术助理的身份聚集在基于教席的研究所、实验室中协助教授开展科研和教学工作，对教席教授的依附性很强。博士生的研究过程是个人化的、高度自由的，导师与博士生之间一对一的交往是最关键的因素。这种培养模式与基于学科的现代科学体系以及德国大学以教席为基本单位的组织模式密切相关。

上世纪七八十年代以来，在知识生产模式转型的大背景下，德国高等教育体系经历重大变迁。传统培养模式无法适应新的知识生产模式的需求，遭到广泛的批评并产生改革的诉求，因而自80年代中期开始了以"结构化"为核心线索的培养模式改革。"结构化"简而言之就是将博士研究生培养作为培养机构（大学）的专门工作纳入特定"结构"之中。具体而言，则是将传统上没有系统组织、博士生身份模糊、缺乏制度性规约、重科研轻培养、交织在大学日常学术活动之中而非一个明确学业阶段的博士生培养模式转变为以人才培养为核心任务、系统性的、有组织并且有完备制度约束的培养模式。这一改革过程通过建立专门的结构化培养项目首先在局部展开，逐渐发展到提出整体的结构化改革目标。结构化的培养项目则从小规模的、基于特定研究主题的研究训练小组逐渐发展到组织规模较大、结构更为复杂、涉及更广泛研究领域的研究生院的形式。

在结构化改革的过程中，传统培养模式从科研立场的培养学科守门人的一元化目标逐渐转变为从培养立场出发、强调博士生的跨学科能力和综合能力、追求科学卓越的同时兼顾效率、责任与就业的多元化目标。从博士生培养作为科学训练的本质出发，德国博士生教育的结构化改革与世界范围内博士生教育和科研训练经历的挑战和变革在本质上是相通的，都是对知识生产模式转型的回应。特别之处在于，与美国在19世纪末确立的系统性和制度化的科研训练模式相比，德国的传统博士生培养模式保留了更多"前现代"的特征，即一种缺乏分化也缺少组织性的"科学作坊"的模式。也正因此，德国博士生教育改革伴随着一个更加复杂的系统性变革的过程，成为整个高等教育系统结构性变迁和功能分化中的一个环节。而德国博士生培养的结构化改革的过程也因为文化传统、组织基础和制度环境的限制显现出独特性。概括而言，德国的改革路径特征可以从如下几个方面进行归纳：

一、系统分化

在宏观层面，德国博士生培养模式改革与德国高等教育系统在过去三十年中经历的结构和功能分化相一致，这种分化发生在垂直和水平两个层面上。

在垂直维度上，德国博士生教育改革与高等教育学制改革相呼应。在 80 年代关于学制改革的讨论以及国际比较中，博士生教育作为高等教育一个学业层次的意义凸显出来。随着博洛尼亚进程的启动和深化，博士教育在政策议程中被明确确定为高等教育的第三层次，博士学制也通常被规定为三年，博士生被赋予明确的学生身份。通过垂直分化，德国博士生教育与盎格鲁-萨克森高等教育体系结构实现了对接。

而结构化博士生培养项目、特别是研究生院的建立则遵循了德国高等教育系统在水平的维度上逐渐强化的差异化发展策略。尽管"结构化"在上世纪 90 年代就已经成为博士生培养模式改革的方向，但结构化的培养项目和研究生院却没有在德国大学全面建立，而是依赖第三方资金项目或学术人员的自发努力基于重点学科和优势团队逐步建立的。卓越倡议的启动进一步强化了这种差异化发展的趋势，显现出科研资源的逐步集中。在政策的层面，这种发展策略除了"推优"之外还推动大学以结构化项目来勾勒和进一步突出机构的科研特色和优势（Forschungsprofil）。也就是说，结构化虽然是德国博士生培养模式改革的整体目标，但其改革的路径却不是全面铺开，而是集聚资源的差异化发展。

二、政策引导下的第三方资助

自上世纪 70 年代的高等教育改革以来，政府、特别是联邦政府对高等教育事务的影响不断加大，并通过直接的委托科研项目以及由德国科研基金会等机构实施的第三方资助成为科研资助的主体。博士生资助在德国被视为科研资助的一个部分，大学的预算经费并不涉及博士生资助和博士生培养支持，因而第三方资助是推动博士生培养改革、建立结构化培养项目的最主要资源。通过政府、学术资助机构和学术学者团体的沟通协商制定改革目标，由政策引导实施有针对性的第三方项目资助，成为结构化培养项目建立和发展的主要模式。

从 90 年代德国科研基金会的研究训练小组项目的建立到 2006 年卓越倡议启动后研究生院成为结构化博士生培养模式的主要组织形式，按照"局部尝试——政策建议——德国科研基金会/科学审议会主导实施第三方资助——改革项目全面扩散"的逻辑，政策讨论中确立的改革模式得到全面贯彻，并引导着结构化改革的发展方向。第三方资助的模式通过设立项目标准贯彻改革目标，同时又在具体的研究取向上给予学术人员充分的自主权。同时，第三方资助遵循竞争性原则，择优资助，进一步强化了项目的榜样性和吸引力。

三、以人才培养为核心的跨机构合作

20 世纪以来，由于德国大学在理念上坚持非实用性的纯科学和理论化研究，在组织上受到作坊式的科研模式的局限，应用性科研和大科学开始在大学之外寻求发展的土壤。由国家直接资助的专门科研机构兴起，形成一个庞大的体系并在资金和资源上占据优势。德国大学在科研上曾经享有的世界性声誉在过去百年的动荡和变迁中衰落，科研主导地位也面临被马克斯-普朗克研究所等机构所取代的尴尬地位。尽管大学一直是博士学位的唯一授予机构，但对于很多领域的国际学生而言，往往"只知马普所而不知德国大学"，德国大学也因为在国际排名并不突出而在人才竞争中面临压力。

在博士生培养模式的改革过程中，重塑大学作为博士研究生培养主体的职能，同时以入学为中心通过机构合作利用和整合专门研究机构在资金、科研水准以及国际竞争上的优势，最终突出和提升大学的科研声誉以及人才吸引力成为改革的重要路径。具体而言，由大学与相近并有合作传统的科研机构基于优势学科和优势团队提出建立结构化博士生培养项目或研究生院的申请，将大学和科研机构的平台、资源、人员优势在结构化项目的框架中进行整合。特别是自然科学和工程科学领域研究生院项目，大多都是基于这样的合作模式建立的。通过这样的合作，原本相对分散甚至相互竞争的科研资源得以整合，在不同机构、不同团队中从事科研工作的博士生在研究生院的框架内成为一个整体并被纳入统一的培养程序。而对于国际学生而言，这种具有辨识度的统一的平台有相当的吸引力，因而研究生院能够更好地在国际范围内吸引优秀的科研人才。而通过这种合作模式中，原本分化的科研优势通过科研人才培养这样一项核心任务得到聚合，大学的科研优势和声誉得以重塑和提升。

四、学校层面的结构调整：权力上移与功能分化

在传统的培养模式中，德国大学通常是在学院的层面对博士考核的基本制度做出规定，并有专门的博士考试委员会负责博士学位申请的资格审查和论文评定的执行，博士生的指导、博士论文的评价则完全由博士生导师主导，

大学在机构层面上并不参与博士生培养的具体事务，也没有针对博士生培养的管理和支持制度。在结构化改革的过程中，大学作为博士生培养主体的机构责任得到强化，对于博士生教育的管理和调控的权力不断上移，同时具体的支持性功能在不同的组织结构和层面实现分化。

首先，通过过去三十年中科学审议会主导的政策讨论和政策建议，在教学与科研之外，包括博士在内的学术后备力量的科研训练被确立为大学的第三项任务，大学在博士研究生培养中的机构责任在政策层面得到明确。其次，第三方资助项目的申请全部是以大学为主体向项目资助机构——德国科研基金会、德国教育科研部、德意志学术交流中心等科研资助主体提出。在这个过程中，大学管理层介入结构化项目的筹备、协调和支持。特别是在卓越倡议中，研究生院被作为大学提升整体科研水平、提高国际竞争力和声誉的战略规划中的重要部分而成为大学的核心机构甚至由校长直接负责。在设计规划、资源配置、组织协调等各个方面，学校管理层发挥着重要的作用。最后，随着结构化改革的推进，通过建立校级研究生院或其他组织管理上的改革，博士研究生培养在学术训练之外的其他任务被逐步明确并分化出来，由学校研究生院或专门的管理服务部门负责。这些工作包括：对博士研究生的专项资助，如过渡奖学金、家庭支持；职业发展服务和能力培训；博士生培养信息系统的建设和对外的招生宣传和信息咨询服务；等等。

五、基层革新的多元化选择

不管是传统培养模式还是新的结构化培养模式，学术系统中的基层单位都是研究训练的主体。在德国传统的博士生培养模式下，研究训练以教席为单位由教授主导。在博士生培养的模式改革中，改变博士生对于教席的过度依附和个体研究的孤立状态是一项主要的目标，结构化的培养项目都是在跨教席、跨专业甚至跨机构的基础上基于合作原则建立起来的。而改革的具体路径和方式是多元化的，呈现出不同的学科和机构特色。其决定性因素主要在于，学术人员在多大程度上对结构化培养模式达成共识；科研本身的需求，比如对于规范知识、方法的训练需求以及科研合作的接触点或者交叉领域的范围；科研组织模式的变革；学术人员的规模和科研经费的多少，等等。

还需要特别指出的是，结构化的培养模式与教席制的组织形式并不是对立的。在经济学案例中可以看到，基于学术人员的共识，以教席制为基础的岗位资助方式同样被用于结构化项目中的博士生的资助。而在生命科学领域，科研组织模式本身已经发生了重大变化，传统的教席等级和机构界限被打破，按照即时的研究课题组成一个个研究团队，分布在一个动态的网络结构上，结构化的培养模式是这一动态网络之中研究合作向人才培养合作拓展的结果。在这些博士生培养结构化程度较高的领域，研究生院已经开始成为学科领域或院系的正式培养结构，以教授个人为核心的学术寡头结构向系科结构所代表的科层制结构转变，在院系层面进行系统化的博士生培养成为发展趋势。但是在结构化程度较低的领域如人文学科，基于教席的师徒制依然是博士生培养的主要模式。而学科差异对于结构化改革的具体影响将在下一节进行专门总结。

第三节　博士生培养模式改革的学科实践

本章第一节从知识生产的视角归纳了当下各国博士生教育和科研人才培养普遍面临挑战的根本动因和改革的基本目标，第二节结合德国学术系统的制度环境和组织基础，归纳了德国博士生教育改革的具体路径特征。在这一节中，本书将结合前文对德国三个学科/知识领域结构化改革的具体案例的研究分析，讨论不同学科/知识领域博士生培养模式改革动因和特征的差异，从这种差异出发，反思博士生培养的改革实践。

一、博士生培养模式改革的学科差异

博士生的科研训练是一项基于特定学科或知识领域的学术活动。学科、领域或专业的知识特征、科研方式与博士研究生培养的具体方式有密切的关系。当下知识生产模式转型的基本趋势和特征具有普遍性意义，但是在具体的学科或知识领域，知识生产转型的具体特征是不同的，因而科研训练模式改革的具体动因、过程以及新培养模式的具体特征也显现出差异。基于第五、六、七章对八所案例研究生院的分析，本研究发现，结构化的博士生培养模式在三个案例学科/知识领域中的具体特征存在差异，结构化改革的动因、路径也各有不同（表17）。从知识生产模式转型的视角，可以对这三个领域的博士生培养模式改革进行如下总结：

当代经济学在过去三四十年中发展成为了一个典型的全球化的学科。在全球性的经济联系日益密切的背景下，经济学领域的研究主题也显现出高度集中的特征；学术人员总量大、分布密集，并且具有高流动性；国际间的学

术交流频繁，竞争激烈。并且，当代经济学研究依赖于一整套规范知识和规范方法，而这样的知识和方法在大众化高等教育的本科甚至硕士教育层面都无法很好地获得。而德国大学传统的组织结构和个体化的科研训练方式并不能适应经济学今天的科研方式，因而德国经济学界内部对于博士生培养模式改革显现出强烈的诉求，并自发开始进行结构化的改革实践。改革有明确的国际参考模式，并且是以国际合作的形式开始的。基于对结构化培养模式的广泛认同，学术人员以一种契约精神自发合作建立结构化项目和研究生院组织，自下而上推进改革并在这个过程中利用了政策引导的第三方资助项目所提供的组织和资金支持。在制度设计上，德国经济学领域的研究生院或结构化项目具有国际标准化和同质性的特征：以国际通行的方式和标准进行招生选拔，以一个强化的核心课程体系作为培养方案的核心内容，博士生以阶段性撰写工作论文的方式迅速发表科研成果，利用结构化项目提供的多种平台参与学术交流，并以累积论文的形式完成博士论文。在密集的学术交往和频繁的人员流动中，传统的师徒关系被弱化，变得松散。

生命科学是过去半个世纪中自然科学新兴的热点研究领域，其科研具有明显的跨学科性。科研的组织模式则是异质性的，突破了传统的机构、等级界限，按照即时的研究课题组成一个个跨学科的研究团队，分布在一个全球分布的动态的网络结构上。生命科学研究具有市场化和社会化的特征，基础研究与前沿研究、学术研究与成果转化被联通起来，其科研具有的广泛的社会意义和应用价值，因而在科研政策中被视为国家争夺创新制高点的战略性领域，在政策和资金上受到显著倾斜，高度依赖外部科研经费，学术人员以准市场化的竞争方式争取科研资助，这是一种典型的模式 II 的知识生产方式。在这样一种知识生产模式下，生命科学研究生院也遵循"以项目带培养"和"岗位聘任"的科研训练方式，按照项目研究的需求进行招生，由研究团队负责人担任博士生导师。在研究生院中，博士生可以根据科研需求和兴趣选择参与课程，进行前沿科研技术和方法的学习。生命科学研究生院是高度国际化的，国际学生比例占到 40%，以英语为工作语言，科研人员流动频繁，科研评价也高度依赖于国际范围内的同行评议。

人文学科的博士生培养改革实践则更加复杂。知识生产模式转型对于人文学科的影响不是直接、均衡显现的。在本研究所选取的文学-文化研究领域，科研组织方式在过去二三十年中经历了显著的变化，体现为跨学科的科研方式兴起，并以科研项目、研究中心的形式在德国大学中被组织化。同时，在全球化的大背景下，人文学科尽管不像经济学和生命科学那样具有典型的全球化特征，但是也以其独特的反思性功能对全球化下变化的社会格局、知识格局做出反馈，其研究主题也越来越具有"国际视野"，关注全球化中的文化议题，因而在人文学科也形成了一些国际化的问题领域。结构化的博士生培养项目正是在这样的组织化的跨学科研究领域和去本土化的问题领域首先建立起来，如文化研究、当代比较文学研究、区域研究、性别研究等。但现有的结构化项目和研究生院大多没有与大学的院系结构实现组织上的整合。

　　在根本上，人文学科抽象性、主观性和地方化的知识特征和个体化的科研方式与结构化改革所倡导的规制性的、标准化、组织化以及合作性的科研训练模式之间始终存在一定的矛盾和张力，所以德国大学人文领域博士生培养的结构化改革没有像经济学和生命科学那样显现出统一的改革共识、标准模式和改革路径，而是呈现出异质性的特征和差异化的改革过程。但是对于在知识生产转型中受到不断外化的竞争性压力和效率观冲击的人文学科而言，研究生院所能够提供的交往空间和组织性支持受到了学术人员的普遍欢迎。

表 17　案例学科/研究领域结构化培养模式特征及改革过程的比较

		经济学	生命科学	人文学科
结构化培养模式的基本特征	入学方式	国际标准化招生程序；以学业成绩为主要选拔标准	基于科研项目需求的"岗位招聘"招生方式；以学业背景和科研能力与项目需求的匹配程度为选拔标准	基于"主题关联性"的招生选拔；以知识背景、博士论文选题与培养项目的适切程度为考察标准
	培养方式	以强化的国际标准化课程为核心，课程学习时间长，强度大；密集的学术交流；导师与博士生关系松散	以项目带培养；课程学习以前沿理论方法和实验技术的介绍为主；密集的学术交流；博士生由所在研究团队或实验室负责人指导	基于特定研究主题、研究领域或理论方法建立培养方案；课程内容差异较大，以专题研讨和研究交流为主，学习内容和课程量的合理设置存在争议；师生关系存在较大个体差异；个体自由研究是主要的研修形式

质量评价	国际范围的同行评议；高度依赖学术发表；累积论文是博士论文的主要形式	国际范围的同行评议；重视学术发表，以合作发表为主；论文有累积论文或单篇章论文两种形式	不强调阶段性学术发表；论文评价在特定的学科框架内按照传统的评价方式进行
改革的动因	高度全球化和聚合的知识生产模式下激烈的同质性竞争	跨学科的知识特征与异质性的科研组织方式对新型人才培养模式的要求，科研全球化背景下外化的人才竞争战略	基于知识接触点的组织化的跨学科研究兴起，对于效率和组织支持的需求
变革的路径	基层革新与政策驱动相结合，学术共同体基于共识的合作与自治是重要因素	第三方科研资助模式下的政策参与和政策驱动	政策驱动为主，不同领域、项目之间发展路径差异大

二、博士生培养模式改革学科差异的影响因素

基于对这三个案例学科/领域博士生教育改革的差异性分析，本研究认为，学科/知识领域对博士生培养模式改革的限制和影响可以从以下四个方面进行归纳：

1. 知识的国际化与地方化

这里所说的国际化是基于学科知识在认识论上的特征而言的，是指知识在多大程度上具有跨越地理和文化界限的规范性和一致性。通常而言，以世界的物质层面为基本研究对象的硬学科在知识上具有高度的国际化特征，而以社会和文化为对象的软学科则具有较强的地方化特征。本研究发现，在建立结构化博士生培养模式的过程中，国际化程度高的学科和知识领域能够更加主动、迅速地接受体现"国际主流"的培养模式，甚至自发地进行借鉴和改革，生命科学就属于这样的知识领域。经济学虽然属于软学科，但当代经济学研究对于规范定量方法的高度依赖以及经济全球化时代各国经济学研究主题的聚合性使这一学科也呈现出高度国际化的特征。以英语为工作语言是博士生培养国际化程度的一个重要指标，在生命科学和经济学领域，英语成为科研工作和高级科研训练的正式语言，使结构化项目显现出更典型的国际化特征。德国在生命科学和经济学领域建立的研究生院在知识内容和科研训

练方式上已经看不到本土制度和文化特征的影响，其组织文化也是高度国际化的，可以与世界其他国家具有竞争力的博士生培养项目进行比较、参照以及合作和对接。

　　传统上而言，人文学科具有很强的地方性特征和文化属性，其研究也是高度个体化的。但是本研究发现，在德国博士生培养的结构化改革中，人文学科的改革实践显现出差异化发展的特征。在文化研究、女性研究、比较文学、区域研究等领域，结构化项目首先建立起来，而以传统的人文学科知识范畴如文学、哲学、神学、历史学为主题的结构化项目却非常少。建立结构化项目的这些领域大多属于20世纪后半期以来新兴的交叉学科，强调跨文化的比较研究范式，体现出国际化的知识取向。与生命科学和经济学不同的是，人文学科的这些新兴领域并不是依赖规范的知识结构或统一的研究主题来规划结构化的科研训练，而是在一种跨文化、跨学科的情境中尝试构建一个问题空间，使传统上分散的或者受制于本土文化情境的研究能够对话、融合，建立一种更上位的、普遍性的问题关照。但是具体到这些领域中的研究者个人或者单个研究，却依然具有离散的特征，因而在结构化科研训练模式的实践中也显现出与制度化、组织化产生张力和矛盾之处。总之，结构化改革在人文学科显现出的差异化发展一方面体现出当今时代人文学科研究的若干新的趋势，另一方面也提示研究者和政策制定者进行反思，比如这种差异化发展现象是否也与政策目标和政策话语相关，是对政策目标进行应对和反馈的结果？而人文学科的传统领域或知识范畴中的博士训练面临怎样的挑战，又有怎样的改革诉求？这些问题本书尚未涉及，有待进一步的研究分析。

2. 高级训练的核心内容

　　相对于传统培养模式，德国结构化的博士生培养模式的一个重要特点在于建立了系统的培养方案，以课程的方式进行高深知识或研究方法的传授、训练和交流。本研究发现，不同学科和知识领域高级训练的核心内容和课程量存在较大差异，显现出其对结构化培养模式依赖程度的不同。

　　经济学是一个典型的高度依赖结构化训练的学科。经济学的科学研究以于一整套规范知识和规范方法的习得为基础，而这样的知识和方法需要强化的训练才能掌握。但是在当下大众化高等教育时代，由于经济学科学生培养规模大，而有志于从事科研工作的学生仅仅是少数，在本科甚至硕士教育层面都无法很好地实施这种强化的科研训练。因而经济学科的结构化的博士生培养完全是围绕一个强化的课程体系安排展开的。

生命科学是过去四五十年中兴起的一个交叉学科领域，其科学研究涉及生物学、化学、物理、医学、计算机科学等多个领域，高度依赖于跨学科的研究方法、技术和理论，并且，研究者需要与技术方法的最新进展保持同步，因而结构化培养项目的课程内容主要是前沿科研技术和方法的介绍和交流。这个领域的结构化培养项目并没有标准化的课程方案，而是提供一个课程平台，供不同研究方向的学术人员及时介绍本领域最新的实验技术、研究方法或理论视角，由博士生根据自身科研需求进行灵活选择。课程总量较小，博士生大部分时间都是在实验室中进行科研。

在人文学科，结构化博士项目的课程训练并没有一个标准化的模式，在内容、课程形式和课程量上，不同项目之间差异较大，实践中也存在矛盾和争议。这是由人文学科知识缺乏严密结构、组织松散、主观性的特征和离散型的、田园剧式的学术交往模式决定的，这种知识特征与结构化科研培养模式强调的制度化、规范化、组织化之间存在天然的矛盾和张力。因而对于人文领域结构化的博士生培养模式而言，什么样的知识内容以及怎样的知识传授方式能够使培养项目中的所有博士生都受益，以及如何平衡课程学习与个体研究之间的关系是需要讨论的问题。在本研究涉及的具体案例中，不同项目在课程设置上进行了不同的尝试，相对而言，研讨性的学术对话和交流为主的课程形式更受欢迎。

3. 学术交往模式

结构化的博士生培养模式强调基于学术人员广泛合作的系统的科研训练，以区别于传统上基于个体研究和非正式交流的师徒制模式，学术交往、科研合作是结构化模式背后的重要逻辑。由学科知识特征决定的学术共同体的交往模式对于结构化培养模式在不同学科的具体实践而言有重要的影响作用。

学术交往的模式特征体现在学术人员的密度、学术发表、竞争与合作等多个方面[3]。在经济学和生命科学领域，科研人员基数大，研究人员对于前沿

---

3 [英]托尼·比彻，保罗·特罗勒尔. 学术部落及其领地：知识探索与学科文化. 唐跃勤 蒲茂华 陈洪捷译，北京：北京大学出版社，2008: 110-137.

的、重要研究问题具有相对统一的认知并聚集在相应的研究领域之中，学术交流密集，竞争激烈，学术成果通过期刊发表的形式迅速公开，科研合作是学术工作的常态。在这两个领域，结构化培养模式提供了一种新的科研合作的正式平台，并且在科研人员的训练过程中强化学术交流与合作的工作模式。而在人文学科，研究主题相对分散，知识的判定较难达成共识，尽管也同样越来越强调学术合作，跨学科的研究也广泛存在，但研究合作通常发生在不同主题之间的"连接点"上，基于情境进行定义，同时也具有很大的可变性。所以即便是在结构化的培养项目之中，不同的学术人员和博士生之间在科研主题和知识关注点上也显现出离散的特征，与其他学科相比，则体现为"结构化程度"的差异。

4. 科研组织模式

德国传统的博士生培养模式是在 19 世纪确立的大学组织模式基础上形成的，教席是德国大学的基本组织单位，由此形成的科研组织模式和权力模式是师徒制博士生培养模式的组织基础。20 世纪六七十年代以来，一方面，知识生产模式转型对科研组织模式产生了重大影响，另一方面，德国高等教育的系统性改革从组织、人事制度、权力关系等多个方面改变了德国传统的大学组织基础，也使科研组织模式发生变化。这些变化在不同学科的体现各不相同，对博士生培养模式的改革产生影响。

在人文学科，科研组织模式在很大程度上沿袭了教席制的基本结构，个体研究依然是科研的主要形式，教席教授是科研的组织者和指导者。即使是在结构化的博士生培养项目之中，博士生的科研工作也在很大程度上依赖于博士生导师个人给予的指导；在经济学领域，学术人员的基数大，很多大学在同一专业方向上设有有多名教授，自德国大学引入助理教授制度以来，经济学领域设立的助理教授职位相对其他学科而言较多，教研人员流动频繁并且合作密切，在科研上显现出一种准科层制的组织形式。因而经济学的科研训练越来越接近于美国式的系科结构中的培养模式——博士生属于特定的结构化的培养项目，同时也从一个科层制的、涉及到众多学术人员的组织体系中获得支持；而在生命科学领域，模式 II 的知识生产模式使科研的组织突破了传统的机构、等级界限，按照即时的研究课题组成阶段性的研究团队，分布在一个动态的网络结构上，科研人员的组织和分布显现出明显的异质性特征。总之，不同的科研组织模式与结构化的博士生培养模式的适切程度存在差异，也导致不同学科/知识领域对一种专门化的、制度化的科研训练组织结构的需求也有所不同。

总之，对学科/知识领域与博士生培养模式变迁的影响作用进行分析，对于反思博士生教育改革实践以及深刻认识知识生产模式转型问题具有重要的参考意义。其主要启示在于：首先，应充分认识博士研究生培养中巨大的学科差异和实践中的异质性。改革的参考模式、标准框架应为基于知识特征的学科实践留出充足的调整空间。其次，应区分改革的政策话语与学科的知识诉求。例如，在德国的案例中，"国际化"是博士生培养的结构化改革的一项核心目标，对于经济学、生命科学而言，国际化是科研工作的基本特征，政策目标与学科的知识诉求高度一致。但是在人文学科，以地方文化为基本语境的研究领域与国际化的政策目标必然存在距离，所以改革往往选择从那些相对去本土化的知识领域开始，如性别研究、区域研究等，这种情况可能导致对其他领域的忽略和支持的减少。

第四节　研究的贡献与局限

一、研究贡献

本研究的贡献主要有以下三个方面：

首先是研究视角的创新。博士生教育在高等教育研究中是一个方兴未艾的研究领域，现有的研究多以宏观描述、政策讨论为主，从理论角度探讨博士生教育的本质特征的研究相对较少，现有的理论探讨也多聚焦于学科社会化、学术职业等几个主题。特别是对于当下博士生教育面临的挑战、改革和转型问题而言，国内外学界鲜有从理论的视角进行的研究分析。本研究抓住博士生教育作为科研训练的本质特征，从知识生产模式变迁的视角出发，对博士生教育的挑战和改革问题进行分析，这在理论视角上具有创新性意义。尽管本研究是基于德国改革实践的国别研究，但沿着知识生产模式转型的理论路径，可以将本研究的积累拓展到对其他国家的改革实践以及具有普遍性意义的博士生教育问题研究之中。

其次是知识性的贡献。本研究抓住了"结构化"这条主线，对德国从 20世纪 80 年代中期开始的博士生培养模式改革的历史发展进行了系统的整理、分期和归纳，分析和比较了不同结构化模式的特征，并对整体的改革发展进行了评价。这无论对于国内比较教育研究、博士生教育研究领域还是对德国的相关研究领域而言，都是一项开创性的工作。另外，本研究通过长期的实地观察和访谈研究收集了大量的一手的研究资料，这对于比较教育研究而言，是非常重要和宝贵的。

最后是研究方法上的创新。国内外现有的对于德国博士生培养改革的研究大多采用了定量研究方法和文献分析方法，本研究则主要依据质性研究方法对德国博士研究生培养模式改革的学科案例进行了研究。这在方法上是对现有研究的补充。

二、研究的局限

本研究的主要局限有以下四个方面：

首先，对于一项国别研究而言，本研究的问题框架略显宏大。一方面尝试对德国历时三十年的博士生教育改革过程进行总体的概括归纳，并结合德国大学两百年的组织和制度传统进行分析；另一方面，也尝试从学科的视角进入改革的实践情境进行微观分析和比较。这一研究框架总体而言关注的要点较多，使得整体的分析显得庞杂。

其次，在理论视角的把握上，本研究对知识生产模式变迁问题的分析和归纳主要还是基于现象出发的，因而可能难以做到分析深入。知识生产模式转型理论本身在学术界也还存在不少争议，理论的提升、批判和反思都还有提高和进一步探索的空间。

第三，本研究的案例研究数量有限，特别是对于人文学科案例的考察由于所选案例研究生院规模、结构差别较大，分析未能特别深入。试图通过学科案例研究对知识生产模式转型的理论进行修正和反思的目标未能很好地实现。

最后，研究中主要基于质性方法的学科案例分析由于案例样本数量、访谈数量以及语言文化理解上的限制，分析的深度和客观程度都可能存在一定的问题。

参考文献

数据库

1. 德国联邦统计局 http://www.destatis.de/
2. 德国教育科研部数据库 http://www.bmbf.de/

法律文本

1. 德国高校框架法
2. 柏林州、北莱茵-威斯特法伦州、巴登-符腾堡州、黑森州和下萨克森州高等学校法

档案资料

1. 柏林洪堡大学校史资料

中文文献

1. [以色列]本·戴维. 科学家在社会中的角色.赵佳苓译. 成都：四川人民出版社，1988。
2. [英]彼得·柏克. 知识社会史：从古腾堡到狄德罗. 贾士蘅译. 台北：麦田出版，2003。
3. [美]伯顿·克拉克. 高等教育系统——学术组织的跨国研究.王承绪徐辉殷企平蒋恒译. 杭州：杭州大学出版社，1994。
4. [美] 伯顿·克拉克主编. 研究生教育的科学研究基础. 王承绪译. 杭州：浙江教育出版社，2001。

5. 陈洪捷. 德国博士生教育及其发展新趋势. 学位与研究生教育, 1994(1)。

6. 陈洪捷等. 博士质量：概念、评价与趋势. 北京：北京大学出版社, 2010。

7. 陈洪捷. 在传统与现代之间：20 世纪德国高等教育. 高等教育研究, 2001(1)。

8. 陈洪捷. 德国古典主义大学观及其对中国的影响. 北京：北京大学出版社, 2006。

9. 陈向明. 质的研究方法与社会科学研究. 北京：教育科学出版社, 2000。

10. 陈学飞等. 西方怎样培养博士：法、英、德、美的模式与经验. 北京：教育科学出版社, 2002。

11. [德] 弗里德里希·包尔生. 德国大学的大学学习. 张弛 郗海霞 耿益群译. 北京：人民教育出版社, 2009。

12. [德] 弗里德里希·包尔生. 德国教育史. 滕大春等译, 北京：人民教育出版社, 1986。

13. 贺国庆. 德国和美国大学发达史. 北京：人民教育出版社, 1998。

14. [美] 亨利·埃兹科维茨著. 三螺旋. 周春彦译. 北京:东方出版社, 2005。

15. [美] 亨利·埃兹科维茨著. 麻省理工学院与创业科学的兴起. 王孙禺, 袁本涛等译. 北京：清华大学出版社, 2007。

16. 胡玲琳. 我国高校研究生培养模式研究. 华东师范大学博士论文, 2004。

17. [美] 华勒斯坦等著. 学科·知识·权力. 刘建芝等编译. 北京：生活·读书·新知三联书店, 1999。

18. 黄福涛. 外国高等教育史. 上海：上海教育出版社, 2003。

19. 靳军. 德国博士生培养模式研究. 北京大学硕士论文, 2000。

20. [英]杰勒德·德兰迪. 知识社会中的大学. 黄建如译. 北京：北京大学出版, 2010。

21. 李其龙. 德国博士研究生制度的特色. 外国教育资料. 1999(1)。

22. 刘献君主编. 发达国家博士生教育中的创新人才培养. 武汉：华中科技大学出版社, 2011。

23. [德]马克斯·韦伯. 马克斯·韦伯社会学文集. 阎克文译. 北京：人民出版社, 2010。

24. [英]马尔科姆·泰特. 高等教育研究：进展与方法. 侯定凯译, 北京：北京大学出版社, 2007。

25. [美]默顿. 科学社会学. 鲁旭东林聚任译, 北京：商务印书馆, 2004。

26. [英]托尼·比彻，保罗·特罗勒尔. 学术部落及其领地：知识探索与学科文化. 唐跃勤蒲茂华陈洪捷译，北京：北京大学出版社，2008。

27. [美] W·理查德·斯科特，杰拉尔德·F·戴维斯. 组织理论，理性、自然与开放系统的视角. 北京：中国人民大学出版社，2011。

28. [美] 希拉·斯劳特，拉里·莱斯利著. 学术资本主义——政治、政策和创业型大学. 梁骁，黎丽译，潘发勤，蒋凯审校. 北京：北京大学出版社，2008。

29. 徐希元. 当代中国博士生教育研究. 北京：知识产权出版社，2006。

30. 中国博士质量分析课题组. 中国博士质量报告. 北京：北京大学出版社，2010。

31. 周丽华. 德国大学与国家的关系. 北京：北京师范大学出版社，2008。

32. 周雪光. 组织社会学十讲. 北京：清华大学出版社，2003。

33. 周洪宇. 《学位与研究生教育史》.北京:高等教育出版社，2004。

34. 中国学位与研究生教育发展报告课题组:中国学位与研究生教育发展报告. 北京:高等教育出版社，2006。

35. 中国博士质量分析课题组. 中国博士质量报告. 北京：北京大学出版社，2010。

西文文献

1. Andreas Keller. Hochshulreform und Hochschulrevolte: Selbstverwaltung und Mitbestimmung in der Ordinarienuniversität, der Gruppenuniversität und der Hochschule des 21. Jahrhunderts. Marburg: BdWi-Verlag, 2000.

2. Aleida Assmann. Einführung in die Kulturwissenschaft. Grundbegriffe, Themen, Fragestellungen. Berlin 2006.

3. Alexander Lenger. Die Promotion: Ein Reproduktionsmechanismus sozialer Ungleichheit. Konstanz: UVK Verlag, 2008.

4. Anja Kühne. Bildung bringt´s. Der Tagesspiegel, 2010-09-08(24).

5. Anke Burkhardt (Hg.).Wagnis Wissenschaft-Akademische Karrierewege und das Fördersystem in Deutschland. Leipzig: Akademische Verlagsanstalt, 2008.

6. Aant Elzinga .Research, bureaucracy and the drift of epistemic criteria. Björn Wittrock and Aant Elzinga(eds.). The university research system. The public policies of the home of scientist. Stockholm: Almqvist & Wiksell International, 1985.

7. Barbara M. Kehm (Hg.). Hochschulen im Wandel: Die Universität als Forschungsgegenstand. Frankfurt a. M. und New York: Campus, 2008.

8. Barbara M. Kehm. Doctoral education – Quo Vadis? European developments in a global context. European Journal of Education, 2007(3).

9. Barbara M. Kehm. Developing doctoral degrees and qualifications in Europe. Good practice and issues of concern. Beiträge zur Hochschulforschung, 2005(1).

10. Barbara M. Kehm. Doctoral education in Europe: New structures and models. In: Georg Krücken, Anna Kosmützky&Marc Torka (eds.).Towards a multiversity? Universities between global trends and national traditions. Bielefeld: Transcript, 2007: 132-153.

11. Barbara M. Kehm. Zugänge zur Promotion: Zwischen Selektion und Multiplikati-on. In: Margret Bülow-Schramm(Hg). Hochschulzugang und Übergängein der Hochschule: Selektionsprozesse und Ungleichheiten. Frankfurt/M.: Peter Lang, 2009.

12. Barbara M. Kehm.Doctoral education: pressures for change and mobility. In: Jürgen Enders, Egbert de Weert(eds.). The hanging face of academic life. Analytical and comparative perspectives. Basingstoke: Palgrave Macmillan, 2009.

13. Bettina Rademcher-Bensing. Wissenschaftlerbilder: Promovenden und die Konstruktion des Wissenschaftlers zwischen Fachsozialisation und Entwicklungsausfgabe. Oberhausen: ATHENA-Verlag, 2004.

14. Bjorn Wittrock. The modern university: the three transformations. Sheldom Rothblatt, and Bjorn Wittrock. The European and American university since 1800. Cambridge: Cambridge University Press, 1993.

15. BMBF: Bundersbericht zur Förderung des Wissenscahftlichen Nachwuchses(BuWiN), 2008, 30.

16. Bund-Länder-Kommission für Bildungsplanung und Forschungsförderung (BLK), Jahresbereicht 1988-1990,Bonn.

17. Bundesminister für Bildung und Wissenschaft: Grundlgen Perspektiven-Bildung Wissenschaft Jahresbericht 1989, Bonn, 1990.

18. Bundesverband Deutscher Stiftungen: Verzeichnis Deutscher Stiftungen, Band 1, Berlin, 2008.

19. Burton R. Clark. Places of inquiry: Research and advanced education in modern universities. Berkeley ·Los Angeles ·London: University of California Press, 1995.

20. Burton R. Clark. The organizational conception. Burton R. Clark edt. Perspectives on higher education: Eight disciplinary and comparative views. Berkeley, Los Angeles, London: University of California Press, 1984.

21. Burton R. Clark ed. The research foundation of graduate education: Germany, Britian, France, United States, Japan. Berkeley · Los Angeles · London: University of California Press, 1993.

22. Carl Heinrich Becker. Gedanken zur Hochschulreform. Leipzig: Qülle und Meyer, 1919:17.

23. Carmelo Mazza, Paolo Quattrone,Angelo Riccaboni et al. European universities in transition. Cheltenham&Northampton: Edward Elgar Publishing Ltd., 2008.

24. Charles E. McClelland. State, Society and university in Germany 1700-1914. Cambridge: Cambridge University Press, 1980.

25. Clemens Knobloch. Wir sind doch nicht bloed! Die unternehmerische Hochschule. Münster: Verlag Westfälisches Dampfboot, 2010.

26. CHE: Das CHE-Forschungsrankingdeutscher Universitäten 2009.

27. Christoph Führ. Hochschulreformen in Deutschland im 20. Jahrhundert. Wozu Universitäten-Universitäten wohin? Essen: Stifterverband für die Deutsche Herausgeber, 1993.

28. Derek J. de Solla Price. Little science, big science. New York: Columbia University Press, 1963.

29. Daniel Fallon. The German unviersity: A heroic ideal in conflict with the modern world. Boulder: Colorado Associated University Press, 1980.

30. David Held, Anthony McGrew, David Goldblatt, Jonathan Perraton. Global transformations: politics, economics and culture. Cambridge: Polity Press, 1999:1.

31. Deutsche Forschungsgemeinschaft,Wissenschaftsrat: Bericht der Gemeinsamen Kommission zur Exzellenzinitiative an die Gemeinsame Wissenschaftskonferenz, Bonn:2008.

32. Deutschen Forschungsgemeinschaft. 20Jahre Graduiertenkollegs, Bonn: DFG,2010.

33. Deutsche Forschungsgemeinschaft. Tätigkeitsbericht, 1990: 33.

34. Deutsche Forschungsgemeinschaft.Merkblatt mit Leitfaden und Antragsmuster für Anträge auf Einrichtung von Graduiertenkollegs, DFG-Vordruck 1.30 - 12/11:5.

35. Deutsche Forschungsgemeinschaft. Quo vadis Promotion?Doktorandenausbildung in Deutschland im Spiegel internationaler Erfahrungen. Bonn: 2006.

36. Deutsche Forschungsgemeinschaft. Strukturiert Promovieren in Deutschland-Dokumentation eines Symposiums. Weinheim: Wiley-VCH Verlag, 2004.

37. Deutsche Forschungsgemeinschaft. Jahresbericht 1990-2010. Bonn.

38. Deutsche Forschungsgemeinschaft. Monitoring des Foerderprogramms Graduiertenkollegs: Bereicht 2011,Bonn: DFG,2011.

39. European University Association. Doctoral programmes for the European knowledge society. Brussels: EUA Publication, 2005.

40. European University Association. Doctoral programmes in Europe's universities: Achievements and challenges. Brussels: EUA Publication, 2007.

41. Egbert Dozekal. Die deutsche Universität-Ein kritischer Durchgang durch Wissenschaft, Ausbildung und Hochschulreform heute. Bremen: AstA Uni Bremen, 2003.

42. Eric Ashby. The future of the nineteenth century idea of a university. Minerva vi.

43. Eva Bosbach: Von Bologna nach Boston? -Perspektiven und Reformansätze in der Doktorandenausbildung anhand eines Vergleichs zwischen Duetschland und den USA. Akademische Verlagsanstalt,Leipzig:2009.

44. Fritz-Thyssen-Stiftung. Jahresbericht 1982-1988, Köln.

45. Gavin Kendall.The crisis in doctoral education: A sociological diagnosis. Higher Education Research &Development, Vol.21, No.2, 2002.

46. Gernot Böhme, Wolfgang von den Daele & Wolfgang Krohn. Die Finalisierung der Wissenschaft. Zeitschrift für Soziologie, 1974(4).

47. Grit Würmseer. Auf dem Weg zu neün Hochschultypen.Wiesbaden: VS Verlag für Sozialwissenschaften, 2010.

48. Hansgert Peisert, Gerhild Framheim. Das Hochschulsystem in Deutschland. Bon: Bundesministerium für Bildung und Forschung, 1994.

49. Hans-Ulrich Küpper. Effizienzreform der deutschen Hochschulen nach 1990-Hintergründe, Ziele, Komponenten. Beiträge zur Hochschulforschung. 2009(4).

50. Hans-Willy Hohn. Uwe Schimank. Konflikte und Gleichgesichte im Forschungssystem: Akteurkonstellationen und Entwicklungspfade in der staatlich finanzierten außeruniversitären Forschung. Frankfurt/New York: Campus Verlag, 1990.

51.Hartmut Boehme, Klaus R. Scherpe (Hg.).Literatur und Kulturwissenschaften. Positionen, Theorien, Modelle. Reinbek bei Hamburg: Rowohlt-Taschenbuch-Verlag, 1996.

52. Helmut Schelsky. Der Mensch in der wissenschaftlichen Zivilisation. Köln: Westdeutscher Verlag,1961.

53. Helga Nowotny, Peter Scott, Michael Gibbons. Re-thinking science-knowledge and the public in an age of uncertainty. Cambridge: Polity Press, 2001.

54. Henry Etzkowitz .The dynamics of innovation: from National Systems and "Mode 2" to a Triple Helix of university–industry–government relations. Research Policy Volume 29, Issue 2, February 2000.

55. Hermann Roehrs.The classical German concept of the university and its influence on higher education in the United States.Frankfurt/M: peter Lang, 1995.

56. Hermann Heimpel. Probleme und Problematik der Hochschulreform. Göttingen: Otto Schwartz, 1956.

57. Hochshculrektorenkonferenz. Ungewoehnliche Wege zur Promotion?. Bonn: HRK, 2006:11.

58. Hochshculrektorenkonferenz. Doctoral Studies. Resolution of the 179th plenary session of the Conference of Rectors and Presidents of Universities and other Higher Education Institutions in the Federal Republic of Germany. Bonn: HRK, 1996.

59. Hochshculrektorenkonferenz. Increasing the appeal of German universities by enhancing international compatibility. Bonn: HRK, 1997.

60. IHF. Beiträge zur Hochschulforschung. 2005(1).

61. Ingo von Münch. Promotion. Tübingen: Mohr Siebeck, 2002.

62. Jan Sadlak ed. Doctoral studies and qualifications in Europe and the United States: Status and prospects. Bucharest: UNESCO-CEPES, 2004.

63. Jahn Ziman. Postacademic Science: Constructing knowledge with networks and norms. Science Studies, 1996(1).

64. Joseph Ben-David. Centers of Learning: Britain, France, Germany, United States. New York: McGraw-Hill, 1977.

65. Jürgen Enders. Die wissenschaftlichen Mitarbeiter: Ausbildung, Beschäftigung und Karriere der Nachwuchswissenschaftler und Mittelbauangehörigen an den Universitäten. Frankfurt/Main, New York: Campus Verlag, 1996.

66. Jürgen Enders, Andrea Kottmann: Neü Ausbildungsformen −Andere Werdegänge?Ausbildungsbedingungen in denDFG-Graduiertenkollegs der1990er-Jahre, DFG Forschungsberichte, 2009.

67. Jürgen Enders, Lutz Bornmann. Karriere mit Doktortitel? Frankfurt a.M. / New York: Campus, 2001.

68. Jürgen Enders. „Germany". Huisman and Bartelse et al. Academic careers: A comparative perspective. Enschede: Twente University, Center for Higher Education and Policy Studies, 2000.

69. Jürgen Schriewer. Globalization in education: process and discourse. Policy Futures in Education. 2003(2).

70. Jürgen Schriewer. "Bologna" – ein neu-europäischer "Mythos"?Zeitschrift für Pädagogik, 2007(2).

71. Julie T. Klein. Crossing boundaries-knowledge, disciplinarities and interdisciplinarities. Charlottesville and London: University Press of Virginia, 1996.

72. Karola Hahn. Die Internationalisierung der deutschen Hochschulen: Kontext, Kernprozesse, Konzepte und Strategien. Wiesbaden: VS Verlag für Sozialwissenschaften, 2004.

73. Kartrin Girgensohn(Hg.):Kompetent zum Doktortitel-Konzepte zur Foerderung Promovierender, VS Verlag, Wiesbaden, 2009.

74. Keith Allan Noble. Changing doctoral degrees-An international perspective. Buckingham: SRHE & Open University Press,1994.

75. Kerstin Janson, Harald Schomburg, Ulrich Teichler: Wege zur Professur: Qualifizierung und Beschäftigung an Hochschulen in Deutschland und den USA. Munster: Waxmann:2008.

76. Liora Salter.Mandated Science: Science and scientists in the making of standards. Dordrecht: Kluwer Academic Publishers, 1988.

77. Malcolm Tight. Higher education research as tribe, territory and/or community: a co-citation analysis. Higher Education. 2008(5).

78. Maresi Nerad & Mimi Heggelund eds. Toward a global PhD? Forces and forms in doctoral education worldwide. Seattle:University of Washington Press,2008.

79. Maresi Nerad. Postgraduale Qualifizierung und Studienstrukturreform: Untersuchung ausgewählter Graduiertenkollegs in Hessen im Vergleich mit dem Promotionsstudium in den USA. Kassel: Arbeispapiere des Wissenschaftlichen Zentrums für Berufs- und Hochschulforschung an der Gesamthochschule Kassel. Nr.32. 1994.

80. Marget Wintermantel(Hg.): Promovieren heute-Zur Entwicklung der deutschen Doktorandenausbildung im europäischen Hochschulraum, Edition Koerber-Stiftung, Hamburg:2010.

81. Max Scheler. Die Wissensformen und die Gesellschaft. Bern: Francke Verlag Bern und München, 1980.

82. Merle Jacob, Tomas Hellström (ed.). The future of knowledge production in the academy. Buckingham: The Society for Research into Higher Eduction,2000.

83. Michael Gibbons et al. The new production of knowledge-the dynamics of science and research in contemporary societies. London: SAGE Publications, 1994.

84.Michael Sondermann, Dagmar Simon, Anne-Marie Scholz, Stefan Hornbostel: Monitorung der Exzellenzinitiative des Bundes und der Länder: Bericht zur Implementierungsphase: iFQ:2008.

85. Mitchell G. Ash (ed.). German Universities past and future: Crisis or renewal? Providence · Oxford: Berghahn Books, 1997.

86. Norbert Froehler (Hg.). Is'was, Doc? Das neue Hochschulrahmengesetz, der wissenschaftliche Nachwuchs und die Zukunft der Doktorandenausbildung. Oldenburg : Paulo Freire Verl., 2005.

87. OECD.Postgraduate Education in the 1980s. Paris: 1987.

88. OECD.Postgraduate Education Today: Changing Structures for a Changing Europe. Paris:1991.

89. OECD.Research Training.Present & Future. Paris:1995.

90. OECD. Science, technology and industry outlook. Paris:2002.

91. Phlip G. Altbach. Globalization and the university: myths and realities in an unequal world. Tertiary Education and Management. 2004, (10).

92. Reinhard Brandt. Wo zu noch Universitäten? Hamburg: Felix Meiner Verlag, 2011.

93. Reinhard Kreckel (Hg.). Zwischen Promotion und Professur. Leipzig: Akademische Verlagsanstalt,2008.

94. Rolf Kreibich. Die Wissenschaftsgesellschaft. Frankfurt: Suhrkamp, 1986.

95. Robert Bosch Stiftung GmbH. Bericht 1982-1991. Stuttgart: Robert Bosch Stifung.

96. Rosalind Pritchard. Trends in the restructuring of German universities. Comparative Education Review, vol. 50, no. 1.

97. Rosemary Deen. Globalisation, New managerialism, academic capitalism and entrepreneurialism in universities: is the local dimension still important? Comparative Education. 2001(1).

98. Stiftung-Volkswagenwerk: Jahesbericht 1985-1988, Hannover.

99. Sharon Parry. Disciplines and doctorates. Dordrecht: Spinger,2007.

100. Silvio Funtowicz, Jerome Ravetz. The emergence of post-normal science. Rene von Schomberg,

101. ed., Science, politics, and morality. Scientific uncertainty and decision making, Dordrecht, Boston, London: Kluwer Academic Publishers,1993.

102. Studienausschuss für Hochschulreform. Gutachten zur Hochschulreform. Hamburg: 1948.

103. Stuart Powell, Howard Green (eds.). The doctorate worldwide.Berkshire: Open University Press,2007.

104. Thomas Ellwein: Die deutsche Universität vom Mittelalter bis zur Gegenwart. Frankfurt am Main: Verlag Anton Hain GmbH, 1992.

105. Ulrich Beck. Was ist Globalisierung? Irrtümer des Globalismus – Antworten auf Globalisierung. Frankfurt/M: Suhrkamp Verlag, 2007.

106. Ulrich Teichler (Hg.). Das Hochschulwesen in der Bundesrepublik. Weinheim: Deutscher Studien Verlag, 1990.

107. Ulrich Teichler. Hochschulstrukturen im Umbruch. Frankfurt/New York : Campus Berlag, 2005.

108. Ulrich Teichler. Hochschulsysteme und Hochschulpolitk : Quantitative und strukturelle Dynamiken, Differenzierungen und der Bologna-Prozess. Münster : Waxmann Verlag, 2005.

109. Wissenschaftsrat. Empfehlungen zur Struktur des Studiums, Köln: 1986.

110. Wissenschaftsrat. Empfehlung zur Förderung von Graduiertenkollegs, Köln: 1988.

111. Wissenschaftsrat. Empfelungen zur Neustrukturierung der Doktorandenausbildung und Foerderung. Drs. 2040/95. Saarbrücken: 1995.

112. Wissenschaftsrat. Empfehlungen zur Einfürhrung neuer Studienstrukturen und abschlüsse in Deutschland Drs.4418/00. Berlin: 2000.

113. Wissenschaftrat. Empfehlungen zur Doktorandenausbildung, Köln: 2002.

114. World Bank. Constructing knowledge societies: New challenges for tertiary education. Washington, D.C.: The World Bank, 2002.

115. William Clark. Academic charisma and the origins of the research university. Chicago: University of Chicago Press, 2006.

附录 1：访谈提纲

研究生院负责人/教授访谈提纲：

1. 在您所在的院系，从什么时候开始有结构化的博士生培养项目？之前的结构化项目是什么样的？

2. 请您介绍一下这所研究生院建立的过程。

3. 研究生院的组织形式和人员结构大致是什么样的？管理工作是怎样安排的？

4. 研究生院如何进行招生？博士生和导师的指导关系是如何确立的？

5. 研究生院的培养方案包括哪些内容？有哪些核心的制度安排？

6. 对于导师指导研究生院有哪些制度约束？导师与博士生日常是如何进行交流的？

7. 研究生院是否为博士生提供奖学金？博士生的主要资助方式有哪些？

8. 研究生院对博士生是否有学术发表的要求？

9. 博士论文评定是如何进行的？

10. 您所在的研究生院博士毕业生的就业大致是怎样的情况？

11. 为什么要在这一领域建立研究生院？研究生院的主要目标是什么？研究生院中的博士生培养与传统模式有哪些不同？

12. 在组织结构上，研究生院与大学和大学中的相关学院、教席是怎样的关系？学校给予研究生院哪些支持？

13. 在您所在的领域，科研方式在过去这些年有怎样的变化趋势？

14. 研究生院有哪些内部或外部的监督、评估机制？

15. 研究生院未来有哪些发展规划？研究生院的发展有哪些实际困难？

博士生访谈提纲：

1. 您为什么选择来这所研究生院读博士？

2. 请您介绍一下您申请研究生院的过程。

3. 请您谈谈在研究生院参加课程学习的情况？课程量、具体的课程内容、上课方式和考核方式都是怎样的？课程对您有哪些帮助？您对课程有哪些意见或建议？

4. 研究生院有哪些常规的学术活动？您是否参加了这些活动？对这些活动有何评价？

5. 您是怎样联系到现在博士导师的？导师以什么方式对您进行指导？研究生院对导师指导有哪些规定或监督？

6. 您是否有奖学金资助？是否担任学术助理？不同资助方式的博士生在研究生院的学习情况有什么不同？

7. 研究生院对博士生有哪些中期的监督、考核机制？您对这些机制有何评价？

8. 您是否已经在读博期间发表或计划发表论文？在您的学术领域是否有学术发表的压力？

9. 在您看来，研究生院的组织框架与您所属或相关的学术单位——导师的教席/所在的研究团队/实验室之间是怎样的关系？

10. 您为博士论文进行的个人研究与您参与的其他研究工作（实验室/研究团队）之间是怎样的关系？

11. 您未来有什么样的就业意向？

12. 您对研究生院这种博士生培养模式有怎样的评价、意见或建议？

附录 2：重要译名德中对照

Graduiertenkollegs　研究训练小组

Graduiertenschulen　研究生院

Exzellenzinitiative　卓越倡议

Habilitation 高校执教资格考试

Promotionsordnung　博士考试章程

Juniorprofessur　助理教授

Nachwuchsgruppenleiter/Forschungsgruppenleiter　青年研究团队负责人

Wissenschaftliche Mitarbeiter 学术助理

Wissenschaftliche Nachwuchs　学术后备力量

Drittmittel 第三方经费

Institut für Forschungsinformation und Qualitätssicherung (iFQ) 德国科研质量研究所

Hochschulrahmengesetz　高校框架法

Landeshochschulgesetzen（州）高等学校法

Fakultäten 学院

Fachbereiche 专业领域/系

Wissenschaftsrat（WR）科学审议会

Deutsche Forschungsgemeinschaft（DFG）德国科研基金会

Hochschulrektorenkonferenz（HRK）高校校长联席会议

Deutscher Akademischer Austausch Dienst（DAAD）德意志学术交流中心

Prüfungsberechtigung 考试权

Sonderforschungsbereich（SFB）（德国科研基金会）合作研究中心